실전+수능
고쟁이

핵심문항으로 부족함 없이!

체계적인 학습 솔루션, 빠르고 확실하게!

수학 II

200제 + 미니 모의고사 10회

- 우수 신출 문항 200문항 수록
- 실전 대비 **고난도 8문항 미니모의고사** 10회 제공
- N제 8일 + 미니모의고사 1회씩 10회 총 **18일 완성**

이투스북

| STAFF |

발행인 정선욱
퍼블리싱 총괄 남형주
개발 김태원 김한길 김진솔 김민정
기획·디자인·마케팅 조비호 김정인 framewalk
유통·제작 서준성 신성철

| 집필 |

이투스북 수학연구실

실전+수능 고쟁이 수학 II | 202112 제1판 1쇄 202411 제1판 4쇄
펴낸곳 이투스에듀㈜ 서울시 서초구 남부순환로 2547
고객센터 1599-3225 **등록번호** 제2007-000035호 **ISBN** 979-11-389-0209-0 [53410]

실전 ➕ 수능
고쟁이

수학 II

Structure

1. 유형별 핵심문제

- 단원별 빈출 유형 5~10유형으로 1일 평균 3유형씩 학습 가능
  - 틀린 문항은 문항 번호 옆 Check Box를 활용하여 재도전 및 복습
- 100% 우수 신출 200문항 수록
- 고득점 쟁취의 핵심이 되는 어려운 3점, 쉬운 4점 난이도 문항 수록

2. 실전 대비 고난도 미니모의고사

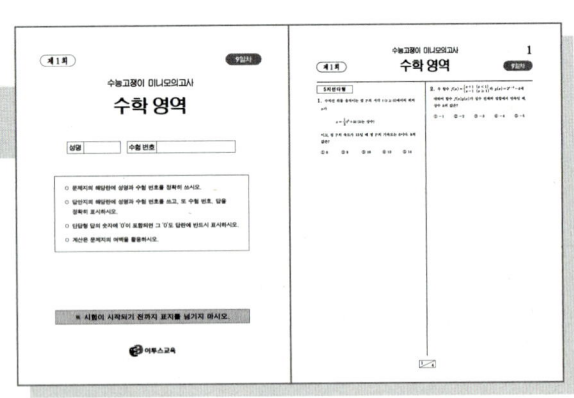

- 8문항씩 10회차 구성
- 모든 회차에 수능 원점수 100점을 위한 킬러 2문항 수록

3. 정답과 풀이

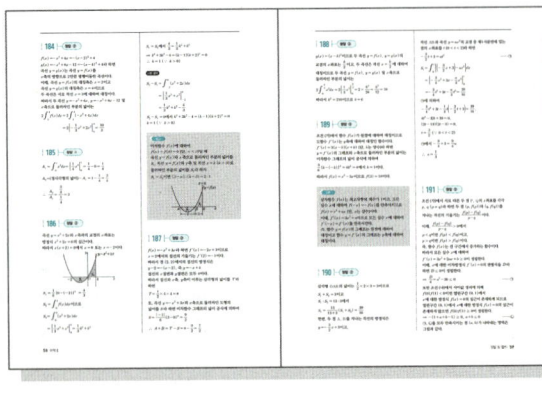

- 본풀이, 다른 풀이 등 다양한 아이디어 학습 가능
  - **기본 개념** 문제 풀이에 활용되는 핵심 개념 정리
  - **TIP** 문제 풀이의 핵심 아이디어 정리
  - **참고** 부가적이거나 심층적인 설명
- **문제 다시 보기** 실전 대비 고난도 미니모의고사 복습시 활용 가능하도록 해설지에서 문제 다시 보기 제공

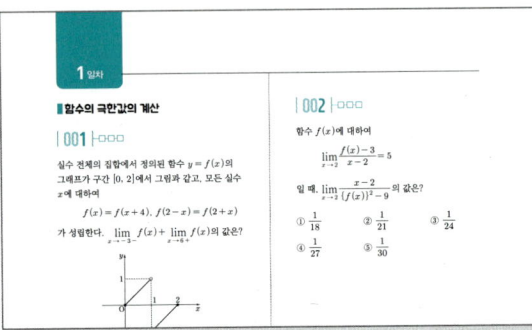

이애희 부평 해법수학교실
이원재 이루다교육학원
이필규 엠베스트SE학원
임지우 자유자재학원
장영철 동산고등학교
장효근 유레카수학학원
전우진 인사이트수학학원
정대웅 전문과외
정윤교 온풀이수학1관학원
정은영 밀턴수학학원
정은혜 비상영수학원
정혜진 잇올스파르타 인천청라센터
조민관 서이학원
지영환 이능수학학원
채수현 밀턴수학학원
최경수 코다에듀
최문경 영웅아카데미
최 진 절대학원
최 훈 수학의시선
추승형 무결 수학학원
한영진 전문과외
허진선 수학나무
현미선 써니수학
홍창우 인성여자고등학교
황면식 늘품과학수학학원

대구
강민영 선재학원
강민주 T.O.P.EDU
강민지 용산김샘학원
구정모 함지고등학교
구현태 나인쌤수학전문학원
권기현 이렇게좋은수학
권보경 수%수학
김동영 통쾌한수학교습소
김득현 차수학 사월보성점
김미소 에스엠과학수학학원
김성민 업앤탑수학과학학원
김수영 봉덕 김쌤수학
김연화 업앤탑수학과학학원
김영진 정앤진학원
김재홍 경일여자중학교
김채영 학문당믿음수학
김한서 한수학학원
김혜빈 대원고등학교
문윤정 능인고등학교
박경득 파란수학
박나영 믿음수학학원
박산성 Venn수학
박원철 경원고등학교
박준혁 PNK수학교습소
박태호 프라임수학
박현주 Math플래너
백태민 송원학원
손혜진 인피니티수학학원
양강일 양쌤수학학원
오예운 오쌤수학
유화진 진수학
윤기호 샤인수학
윤선하 윤쌤수학
윤태권 브라운학원
이규철 조은수학
이상범 Math플래너

이우승 이우승수학전문학원
이은주 전문과외
이인호 본투비수학교습소
이진욱 시지이룸수학학원
이태형 가토수학과학학원
이한조 닥터엠에스수학과학
장두영 가토수학과학학원
장세완 장선생수학
장재홍 수학연구소
장현정 남산고등학교
전지영 전지영수학
정민호 J.STEADY수학
주기헌 경원고등학교
진국령 업앤탑수학과학학원
최대진 엠프로수학
최영성 페르마학원
최현정 MQ멘토수학
하태호 월성 이투스수학학원
황지현 위드제스트수학학원

광주
강승완 첨단시매쓰수학학원
김광현 한수위수학학원
김국진 김국진짜학원
김나형 원탑영수전문학원
김수홍 김수홍수학학원
김원진 메이블수학
김재현 김재현수학학원
김종민 하이퍼수학
김태완 루트원수학학원
나혜경 고수학
류창남 멘토영수학원
마채연 마채연수학전문학원
문정연 수학의정석
박상현 유베스트학원
배진문 광주양산학원
변석주 유클리드아카데미
설주홍 공신수학학원
손광일 송원고등학교
손영준 G1230 오치캠퍼스
신성호 신성호수학공화국
양귀제 양선생수학전문학원
양동식 1등급수리수학원
이강우 대치공감학원
이요한 제일수학원
이주현 리얼매쓰수학전문학원
이헌기 보문고등학교
임태관 매쓰멘토수학학원
장민경 장민경플랜수학학원
장영진 공감학원
정다원 광주인성고
정다희 다희쌤수학
정원섭 수리수학학원
정태규 가우스수학전문학원
정형진 BMA롱맨영수학원
정희현 현수학
조윤환 문성중고등학교
조은영 전문과외
천슬기 페르마수학학원
최수연 538수학학원
최지웅 매쓰피아

대전
강유식 연세제일학원

강은옥 셀파5단지공부방
강홍규 최강학원
고지훈 지적공감학원
김근아 닥터매쓰205
김기범 경일학원
김기평 둔산필즈학원
김복응 더브레인코어학원
김승환 청운학원
김윤화 나래수학
김윤환 양영학원
김지현 파스칼대덕학원
김 진 발상의전환수학전문학원
김홍철 토브수학교습소
나효명 열린아카데미입시학원
박연실 빅마수학
박진수 양영학원
배용제 L&K한울학원
배지후 다빈치영재입시센터
서민재 종로엡스쿨학원
선진규 로하스학원
손일형 둔산 손일형수학
송정은 달곰수학공부방
송진협 전문과외
양상규 생각의힘수학학원
우현석 에이투지학원
윤석주 윤석주수학전문학원
이규영 쉐마수학학원
이수진 대전관저중학교
이일녕 대전 양영학원
이지훈 이지훈수학과학
전하윤 배수근수학학원
조충현 로하스학원
차영진 연세언더우드수학
홍진국 와이즈만 대덕테크노센터

울산
권상수 호크마수학전문학원
권유혜 전문과외
김경문 크레뱅크수학학원
김민정 김민정수학
김봉조 퍼스트클래스수학영어전문학원
김영배 화정 김쌤수학과학학원
김제득 퍼스트클래스학원
나순현 물푸레수학교습소
문준호 파워영수학원
문호영 pmp영어수학전문학원
박국진 강한수학
박원기 에듀프레소종합학원
성수경 위룰수학영어학원
신현승 토모수학
안재희 안쌤수학학원
이원택 파워영수전문학원
정세은 현대청운고등학교
정운용 멘토영어수학학원
최규종 뉴토모수학전문학원
최영희 재미진최쌤공부방

세종
권민우 스파르타 서울대관
김영웅 새롬고등학교
김재현 세종국제고등학교
김혜림 전문과외
민관식 NCTM학원
박지연 리얼매쓰

안종훈 보람고등학교
오설향 해밀수학과학학원
윤여민 전문과외
이요한 소담고등학교
이태호 상상이상
이현아 현수학-전문과외
정유진 세종다정고등학교
허 욱 전문과외

경기
강민종 수학쉼터 수학학원
강예슬 수학의품격
강태희 한민고등학교
고안나 기찬에듀기찬수학학원
권용진 수학당
권정현 전문과외
김경민 바른길수학학원
김경진 경진수학학원
김남진 산본 파스칼수학학원
김도완 양서고등학교
김동현 JK영어수학전문학원
김미미 수학놀이터
김민경 더원수학공부방
김민정 어울림수학공부방
김민정 생각숲
김상오 리더포스학원
김상윤 막강한수학학원
김석현 G1 MATH
김선정 수공감학원
김선혜 기찬에듀기찬수학
김성은 블랙박스수학과학전문학원
김성진 수학의아침 수지캠퍼스
김세영 에스프라임학원
김소영 예스셈올림피아드
김수민 통수학학원
김양진 나무아카데미
김영빈 이든학원
김영식 수학대가
김영옥 서원고등학교
김영준 청솔수학
김용덕 매쓰토리수학제2관학원
김윤경 국빈학원
김윤재 이투스신영통학원
김은지 탑브레인수학과학학원
김은지 파스칼수학학원
김재영 한국디지털미디어고등학교
김정호 큐매쓰학원
김정환 필립스아카데미
김정훈 죽전 파인만학원
김종남 제너스학원
김종찬 김종찬입시전문학원
김종화 퍼스널개별지도학원
김종환 바른수학학원
김준형 석필학원
김지윤 광교오드수학
김진국 스터디MK
김진우 페르마수학학원
김창선 백영고등학교
김창영 에듀포스학원
김태학 평택드림에듀학원
김현경 스카이학원
김현자 생각하는수학공간학원
김현정 더클레버수학학원

김호숙 호수학원
김호원 원수학학원
김희성 멘토수학교습소
나혜원 청북고등학교
노예리 더바른수학학원
류혜영 용신중학교
문기수 하늘아이학원
문혜연 입실론
박민주 카라Math
박상준 몬스터교육_대입몬스터
박선영 알고수학
박성우 문산제일고등학교
박성준 수원칠보고등학교
박연지 상승에듀
박영주 쉬운수학 일산
박용주 동탄트리즈솔빛나루수학학원
박장우 기찬에듀기찬수학학원
박정수 특작수학 시흥퍼펙트
박정현 서울삼육고등학교
박종필 정석수학학원
박종현 하이탑수학
박주리 수학에반하다
박주희 명인학원
박찬웅 템수학
박하늘 일산후곡 쉬운수학
박한술 Snp수학학원
박홍영 전문과외
방미영 JMI수학학원
배재준 연세영어고려수학학원
배준용 솔로몬학원
배형진 에임하이수학학원
백경주 지트
변춘호 김종우ATP학원
봉우리 하이클래스공부방
서용준 와이즈만영재교육학원
서지은 JMI수학학원
서한울 수학의품격
설성환 설쌤수학학원
성기주 토라모리아
성혜경 배움이자라는교실수학교습소
소상완 고잔고등학교
손석운 tn학원
손상태 와부고등학교
송승은 의정부고등학교
송지수 송지수공부방
송치호 대치명인학원
송태원 맑은숲수학학원
신경성 한수학전문학원
신동휘 김덕환수리연구소
신승현 동화중고교
신정화 SnP수학학원
신지현 CEM학원
신혜선 인창유투엠
안일근 맨투맨학원
안연수 포스텍수학학원
양동연 오산 위드학원
양은진 수플러스수학
양진철 유신고등학교
어재성 수학의아침
염철호 박선생수학전문학원
오승빈 뿌리깊은나무학원
오지혜 수톡수학학원

용다혜 에듀플렉스학원	조 욱 청산유수수학	박정길 아쿰수학학원	정용재 성영재수학전문학원
우선혜 엠코드수학	조의상 청유에듀타운	박주연 마산무학여자고등학교	정혜승 샤인학원
유승진 E&T수학학원	조재욱 지니학원	배미나 이루다학원	**충남**
유진성 마테마티카수학학원	조현웅 추담교육컨설팅	유인영 마산중앙고등학교	권오운 프라임스터디
유현진 에이치알수학	조형숙 차수학 서재캠퍼스	유훈희 고등부수학과외방	김은배 올림피아드유투엠학원
윤여태 103동수학	지슬기 지수학	이근영 매스마스터수학전문학원	남구현 강의하는아이들
이경민 차수학앤국풍2000학원	진인수 11월의로렐학원	이아름 애시앙수학맛집	남기현 부여여자고등학교
이경애 원픽수학교습소	차성규 셀프에듀학원	이정훈 장정미수학학원	신경미 이지수학 수학의 힘
이경희 임수학교습소	채희성 이투스수학학원	이채윤 거창대성고등학교	윤보희 충남삼성고등학교
이도일 OLA수학학원	최귀종 판다교육	전창근 엠베스트SE	이근영 천북중학교
이명환 다산 더원수학학원	최근혁 업앤업보습학원	조창래 한빛국제학교	이봉란 탑매쓰학원
이봉주 성지학원	최다혜 싹수학학원	하윤석 정금학원	이승엽 청운학원
이상준 E&T수학전문학원	최성필 서진수학	한희광 성신학원	이승훈 탑씨크리트교육
이성희 피타고라스 셀파수학교실	최소영 조이매쓰	황진호 타임수학학원	이은아 개념원리홍성학원
이소연 김덕환수리연구소	최수지 싹수학학원	황초롱 마산중앙고등학교	이재진 깊은수학학원
이소정 위즈덤수학교습소	최수진 재있는수학공부방	**경북**	장정수 천안페르마학원
이소진 수학의아침	최영성 에이블수학영어	공영대 늘품학원	장진구 더다움학원
이수동 부천 E&T수학전문학원	최영식 수학의신학원	권오준 필수학영어학원	전성호 시너지S클래스학원
이수진 청춘날다	최유미 파인만학원	권호준 인투학원	정세진 쌘뿔여중고등학교
이아라 cni수학원	최현기 김포고등학교	김득락 우석여자고등학교	채영미 미-매쓰공부방
이아현 전문과외	표광수 풀무질수학전문학원	김성용 이리풀수학	최원석 명사특강
이원녕 이퓨스터디학원	한관희 에듀플렉스	김재인 우석여자고등학교	한호선 두드림영어수학학원
이장훈 세일학원	한규욱 김포 윤쌤학원	민청식 종로엠스쿨	허영재 와이즈만 서산센터
이재호 플로우수학	한미정 한쌤수학	박유건 닥터박수학학원	**충북**
이정찬 하길중학교	한수민 SM수학학원	박진성 포항제철고등학교	구태우 이천 비상에듀기숙학원
이지연 브레인리그	한유호 에듀셀파 독학기숙학원	소효진 전문과외	김대호 온수학전문학원
이지인 신한고등학교	한준희 매스탑수학학원	손나래 이든샘영수학원	김동영 이룸수학학원
이진주 원수학학원	한지희 이음수학	손주희 이루다수학과학	김미화 참수학공방
이창수 와이즈만	함보연 포천여자중학교	염성균 근화여자고등학교	김재광 노블가온수학학원
이창훈 나인에듀학원	함영호 함영호 이과전문 수학클럽	이경하 풍산중고등학교	김주희 매쓰프라임수학학원
이철호 파스칼수학학원	허형근 HK STUDY	이민선 공감수학	김현주 루트수학학원
이태희 펜타수학학원	현승평 화성중고등학교	이상현 인투학원	박준범 충주고등학교
이현욱 teambasis덕소	홍규성 필탑학원 강의하는아이들	이성국 포스카이학원	설세령 페르마학원
이형강 HK 수학	홍성민 수학의봉학원	정주용 문일학원	염명호 유클리드수학학원
임맑은 이지매쓰수학학원	홍윤기 강남에이디수학	조현정 올댓수학교습소	윤성길 엑스클래스수학학원
임보람 펜토수학	홍의찬 원수학학원	홍영준 하이맵수학학원	이종무 신의한수수학학원
임새롬 JMI수학학원	황삼철 멘토수학공부방	홍현기 비상아이비츠학원	정수연 정수학
임성진 천천고등학교	황석진 낙생고등학교	**전남**	전병호 시매쓰학원
임영주 해법수학학원	황애리 애리수학교습소	김성문 창평고등학교	조선경 혜윰수학
임우빈 2웨이수리관	황은지 맨토수학	김은경 목포덕인고등학교	한상호 한메쓰수학전문학원㈜
임율인 탑수학교습소	**경남**	박미옥 폴리아학원	**강원**
임은정 마테마티카수학학원	강경희 T.O.P영수학원	박진성 한가람학원	김선희 MDA교육
장재영 이자경수학학원 권선관	강병국 전문과외	성준우 광양제철고등학교	김성영 빨리강해지는수학과학학원
전애진 전문과외	강장현 T.O.P에듀학원	이강화 강승학원	노명훈 노명훈쌤의일수학학원
전은혜 청유에듀타운	강철영 티오피에듀학원	이유선 하이탑학원	박상윤 박상윤수학공부방
전 일 생각하는수학공간학원	고병옥 옥쌤수학과학	이지현 목포제일여자고등학교	백경수 이코수학학원
전진아 대치명인학원	김두성 두성수학	임정원 매산고등학교	오준환 초석대입전문학원
정승호 이프수학	김미양 오렌지클래스학원	진양수 목포덕인고등학교	이지예 교동 에듀플렉스
정연순 탑클래스	김민석 한수위수학학원	**전북**	전대윤 춘천 Kwon Class학원
정영진 공부의자신감학원	김병철 CL학숙	김성혁 S수학전문학원	천혜림 장은년수학전문학원
정은선 용인필탑학원	김양식 이투스247 진주점	나호진 전주한일고등학교	최수남 강릉 영·수 배움교실
정은주 전문과외	김양준 이룸학원	문승혜 이일여자고등학교	최재현 원주 KUESB수학과학학원
정장선 생각하는황소수학	김옥경 김해 반디수학과학학원	박미화 엄쌤수학전문학원	**제주**
정진섭 큐매쓰학원	김해성 전문과외	성영재 성영재수학전문학원	김지영 생각티움수학교습소
정진욱 수원 메가스터디	김해은 전문과외	송시영 블루오션수학학원	김지현 뿌리와샘
정해도 목동혜윰수학	김혜송 윤선생영어숲진해용원학원	안형진 청람수학	박 찬 찬수학학원
정황우 운정정석수학학원	김혜영 엠페스공부방	양재호 양재호카이스트학원	오동조 에임하이학원
조기민 연천중고등학교	남준기 거제고등학교	양형준 대들보수학학원	유지훈 신제주 뉴스터디
조병욱 신영동수학학원	민동록 거제민쌤수학(전문과외)	유현수 수학당	이수정 온새미로수학학원
조상숙 수학의아침	박규태 에듀탑영수학원	유혜정 수학당	이승환 예일분석수학
조성민 유클리드수학학원	박상은 영광의아침국어수학학원	윤병오 이투스247 학원	정혁진 샤iN학원
조성화 SH수학	박소현 오름 수학전문학원	이혜상 에스수학전문학원	

Contents

I

함수의
극한과 연속

■ 함수의 극한값의 계산

|001|┤□□□

실수 전체의 집합에서 정의된 함수 $y = f(x)$의 그래프가 구간 $[0, 2]$에서 그림과 같고, 모든 실수 x에 대하여

$$f(x) = f(x+4), \quad f(2-x) = f(2+x)$$

가 성립한다. $\displaystyle\lim_{x \to -3-} f(x) + \lim_{x \to 6+} f(x)$의 값은?

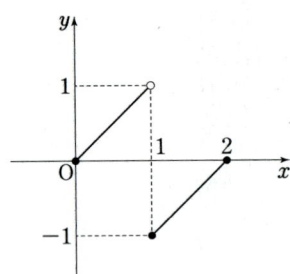

① -2 ② -1 ③ 0

④ 1 ⑤ 2

|002|┤□□□

함수 $f(x)$에 대하여

$$\lim_{x \to 2} \frac{f(x) - 3}{x - 2} = 5$$

일 때, $\displaystyle\lim_{x \to 2} \frac{x-2}{\{f(x)\}^2 - 9}$의 값은?

① $\dfrac{1}{18}$ ② $\dfrac{1}{21}$ ③ $\dfrac{1}{24}$

④ $\dfrac{1}{27}$ ⑤ $\dfrac{1}{30}$

003 ▫▫▫

함수 $f(x)$에 대하여 $\lim\limits_{x \to 1+} f(x) = \infty$,

$\lim\limits_{x \to 1-} f(x) = 0$이고, $\lim\limits_{x \to 1} \dfrac{2f(x)+k}{f(x)+3}$ 의 값이

존재할 때, 상수 k의 값을 구하시오.

004 ▫▫▫

실수 전체의 집합에서 정의된 함수 $f(x)$에

대하여 $\lim\limits_{x \to 0} \dfrac{x}{f(x)} = \dfrac{1}{2}$일 때,

$\lim\limits_{x \to 1} \dfrac{x^2 + 2x - 3}{f(x-1)}$ 의 값은?

① 1   ② 2   ③ 3

④ 4   ⑤ 5

| 005 |⊢□□□

함수 $f(x)$가 $\lim_{x \to 0} \dfrac{x^2 + x}{f(x)} = 2$를 만족시킬 때,

$\lim_{x \to 0} \dfrac{f(2x)}{x}$의 값은?

① $\dfrac{1}{4}$ ② $\dfrac{1}{2}$ ③ 1

④ 2   ⑤ 4

| 006 |⊢□□□

1보다 큰 실수 x에 대하여 함수 $f(x)$가

$x^2 + x - 2 < f(x) < x^3 - 1$

을 만족시킨다. $\lim_{x \to 1+} \dfrac{f(x)}{x - 1}$의 값은?

① 0   ② 1   ③ 2

④ 3   ⑤ 4

007 ┤□□□

실수 k에 대하여 원 $x^2 + y^2 = 1$과 직선 $y = k$가 만나는 점의 개수를 $f(k)$라 하자.

$$\lim_{k \to a-} f(k) \neq f(a)$$

를 만족시키는 정수 a의 개수를 m,

$$\lim_{k \to b+} f(k) \neq f(b)$$

를 만족시키는 정수 b의 개수를 n이라 할 때, $m^2 + n^2$의 값은?

① 1   ② 2   ③ 4

④ 5   ⑤ 8

008 ┤□□□

그림과 같이 좌표평면 위에 세 점 $A(1, 0)$, $B(3, 0)$, $P(0, t)(t > 0)$가 있다. 각 APB의 이등분선이 x축과 만나는 점을 Q라 할 때, 점 Q의 x좌표를 $f(t)$라 하자. $\lim_{t \to 0+} f(t) = \dfrac{b}{a}$일 때, $a + b$의 값을 구하시오.

(단, a와 b는 서로소인 자연수이다.)

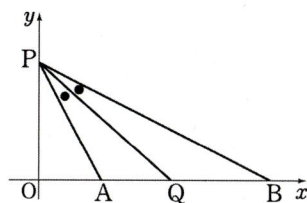

그림과 같이 $\overline{AB}=\overline{BC}$ 이고 넓이가 18인
직각이등변삼각형 ABC가 있다. 선분 AB 위의
점 P, 선분 AC 위의 점 Q, 선분 BC 위의 점
R에 대하여 $\overline{BR}=x$인 직사각형 PQRB의
넓이를 $S(x)$라 할 때, $\displaystyle\lim_{x\to 6-}\frac{S(x)}{36-x^2}$의 값은?

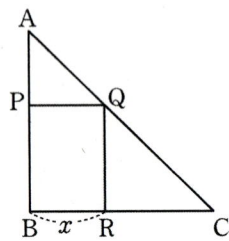

① $\dfrac{1}{5}$　　② $\dfrac{1}{4}$　　③ $\dfrac{1}{3}$

④ $\dfrac{1}{2}$　　⑤ 1

그림과 같이 반원 $x^2+y^2=1\ (y\geq 0)$에
내접하고 x축에 접하는 원의 중심의 x좌표를 a,
반지름의 길이를 $f(a)$라 하자. $\displaystyle\lim_{a\to 1-}\frac{f(a)}{1-a}$의
값은?

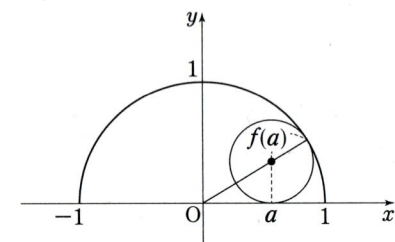

① 0　　② $\dfrac{1}{4}$　　③ $\dfrac{1}{2}$

④ $\dfrac{3}{4}$　　⑤ 1

| 011 | ⊢□□□

그림과 같이 곡선 $y = x^2$ 위의 점 $P(t, t^2)(t > 1)$ 을 중심으로 하고 x축과 점 Q에서 접하는 원이 y축과 만나는 서로 다른 두 점을 각각 A, B라 하자. 삼각형 PAB의 넓이를 $f(t)$, 삼각형 OPQ의 넓이를 $g(t)$라 할 때, $\lim\limits_{t \to \infty} \dfrac{f(t)}{g(t)}$ 의 값은?

(단, O는 원점이다.)

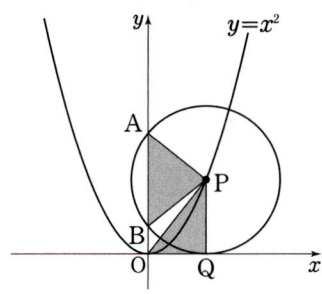

① $\dfrac{1}{2}$ 　　② $\dfrac{\sqrt{2}}{2}$ 　　③ 1

④ $\sqrt{2}$ 　　⑤ 2

▌ 미정계수의 결정

| 012 | ⊢□□□

$\lim\limits_{x \to \infty} (\sqrt{x^2 + ax + 1} - x + b) = 1$을 만족하는 두 상수 a, b에 대하여 $a + 2b$의 값을 구하시오.

| 013 | ⊦□□□

$\lim\limits_{x \to 2} \dfrac{x^2 + x - 6}{x^2 - a} = b\,(b \neq 0)$가 성립하도록 상수 a, b의 값을 정할 때, ab의 값을 구하시오.

▌다항식의 결정

| 014 | ⊦□□□

다항함수 $f(x)$에 대하여

$$\lim_{x \to 0} \frac{f(x)}{x(x+1)(x+2)} = 1,$$

$$\lim_{x \to \infty} \frac{x^3 - f(x)}{x^2} = 0$$

일 때, $f(3)$의 값을 구하시오.

| 015 | ㅁㅁㅁ

다항식 $f(x)$가 다음 조건을 만족시킬 때,
$\lim\limits_{x \to 3} \dfrac{f(x)}{x-3}$의 값을 구하시오.

> (가) $\lim\limits_{x \to \infty} \dfrac{f(x)}{x^2+2x+3} = \dfrac{11}{3}$
>
> (나) $\lim\limits_{x \to 0} \dfrac{f(x)}{x} = -11$

| 016 | ㅁㅁㅁ

두 다항함수 $f(x)$, $g(x)$가 다음 조건을 만족시킬
때, $\lim\limits_{x \to \infty} \dfrac{f(x)+g(x)}{x^3}$의 값은?

> (가) $\lim\limits_{x \to \infty} \dfrac{f(x)-2g(x)}{x^2} = 1$
>
> (나) $\lim\limits_{x \to \infty} \dfrac{f(x)+3g(x)}{x^3} = 1$

① $\dfrac{1}{5}$ ② $\dfrac{2}{5}$ ③ $\dfrac{3}{5}$

④ $\dfrac{4}{5}$ ⑤ 1

017 ⊢□□□

최고차항의 계수가 1인 이차함수 $f(x)$가

$$\lim_{x \to a} \frac{f(x) + (x-a)}{x-a} = 2$$

를 만족시킨다. 방정식 $f(x) = 0$의 두 근의 곱이 6일 때, $f(5)$의 최댓값을 구하시오.

(단, a는 상수이다.)

018 ⊢□□□

삼차함수 $f(x)$가

$$\lim_{x \to 1} \frac{f(x)}{x-1} = 1, \quad \lim_{x \to 2} \frac{f(x)}{x-2} = 2$$

을 만족시킬 때, 방정식 $f(x) = 0$의 서로 다른 실근의 합은?

① 3   ② $\dfrac{11}{3}$ ③ $\dfrac{13}{3}$

④ 5   ⑤ $\dfrac{17}{3}$

019

다항함수 $f(x)$에 대하여

$$\lim_{x \to n} \frac{(x^2 - n)f(x)}{x - n} = n \ (n = 1, 2, 3)$$

이 성립할 때,
$\lim\limits_{x \to 0} \dfrac{f(x+1)f(x+2)f(x+3)}{x^2}$ 의 값은?

① $\dfrac{1}{2}$ ② $\dfrac{1}{3}$ ③ $\dfrac{1}{4}$

④ $\dfrac{1}{5}$ ⑤ $\dfrac{1}{6}$

020

다항함수 $f(x)$가 다음 조건을 만족시킨다.

> (가) $\lim\limits_{x \to \infty} \left\{ \sqrt{f(x)} - x \right\} = 3$
>
> (나) $\lim\limits_{x \to 1} \dfrac{f(x) - 10}{x - 1}$ 의 값이 존재한다.

$f(-1)$의 값은?

① -5 ② -4 ③ -3

④ -2 ⑤ -1

다항함수 $f(x)$가 다음 조건을 만족시킬 때,
$f(3)$의 값을 구하시오.

(가) $\lim\limits_{x \to \infty} \dfrac{f(x)}{x^3} = 0$

(나) $\lim\limits_{x \to 1} \dfrac{f(x)}{x-1} = 1$

(다) 방정식 $f(x) = 2x$의 한 근이 2이다.

■ **함수의 연속과 미정계수의 결정**

| 022 |⊢□□□

함수

$$f(x) = \begin{cases} -x^2 + 1 & (x \le 0) \\ |x-2| + a & (x > 0) \end{cases}$$

가 $x = 0$에서 불연속이고, 함수 $|f(x)|$가
$x = 0$에서 연속이 되도록 하는 상수 a의 값은?

① -1 ② -2 ③ -3
④ -4 ⑤ -5

| 023 |⊢□□□

두 함수

$$f(x) = \begin{cases} x^2 - 4x + 6 & (x < 2) \\ 1 & (x \ge 2) \end{cases},$$
$$g(x) = ax + 1$$

에 대하여 함수 $\dfrac{g(x)}{f(x)}$가 실수 전체의 집합에서

연속일 때, 상수 a의 값은?

① $-\dfrac{5}{4}$ ② -1 ③ $-\dfrac{3}{4}$

④ $-\dfrac{1}{2}$ ⑤ $-\dfrac{1}{4}$

최고차항의 계수가 1인 이차함수 $f(x)$와 함수

$$g(x) = \begin{cases} a & (x = 1) \\ \dfrac{1}{x-1} & (x \neq 1) \end{cases}$$

에 대하여 함수 $f(x)g(x)$가 실수 전체의 집합에서 연속일 때, $f(5)$의 값을 구하시오.

(단, a는 상수이다.)

함수 $f(x) = x^2 + 2x + k$에 대하여 함수 $g(x)$를

$$g(x) = \begin{cases} f(x-1) & (x \leq 1) \\ 1 - f(x) & (x > 1) \end{cases}$$

이라 할 때, 함수 $\{g(x)\}^2$은 실수 전체의 집합에서 연속이다. 상수 k의 값은?

① -2 ② -1 ③ 0

④ 1 ⑤ 2

| **026** |----□□□

실수 전체의 집합에서 정의된 함수

$$f(x) = \begin{cases} -1 & (x < 2) \\ -2ax + a^2 + 6 & (2 \le x < 3) \\ 1 & (x \ge 3) \end{cases}$$

에 대하여 함수 $g(x) = f(x)\{f(x) - 2\}$가
한 점에서만 불연속이 되도록 하는 모든 실수 a의
값의 합을 구하시오.

■ 함수의 연속성 판단과 불연속

| **027** |----□□□

실수 전체의 집합에서 정의된 함수 $y = f(x)$의
그래프가 구간 $[0, \infty)$에서 그림과 같고, 모든 실수
x에 대하여 $f(-x) = -f(x)$이다. 최고차항의
계수가 1인 삼차함수 $g(x)$에 대하여 함수
$f(x)g(x)$가 실수 전체의 집합에서 연속일 때,
$g(3)$의 값은?

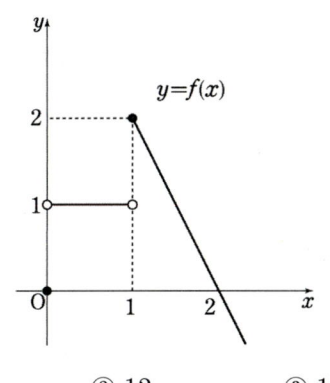

① 8   ② 12   ③ 16
④ 20   ⑤ 24

함수 $y = f(x)$ 의 그래프가 그림과 같을 때, 옳은 것만을 〈보기〉에서 있는 대로 고른 것은?

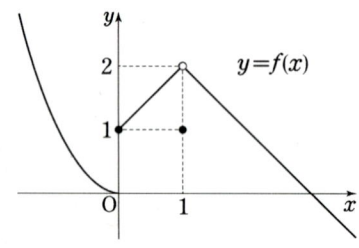

───〈보 기〉───
ㄱ. $\lim\limits_{x \to 0+} f(x) = 1$

ㄴ. $\lim\limits_{x \to 1} f(x) = f(1)$

ㄷ. 함수 $(x-1)f(x)$ 는 $x = 1$ 에서 연속이다.

① ㄱ   ② ㄴ   ③ ㄱ, ㄷ
④ ㄴ, ㄷ   ⑤ ㄱ, ㄴ, ㄷ

함수 $f(x) = \begin{cases} x & (|x| \geq 1) \\ -x & (|x| < 1) \end{cases}$ 에 대하여,

〈보기〉에서 옳은 것만을 있는 대로 고른 것은?

───〈보 기〉───
ㄱ. 함수 $f(x)$ 가 불연속인 점은 2개이다.

ㄴ. 함수 $(x-1)f(x)$ 는 $x = 1$ 에서 연속이다.

ㄷ. 함수 $\{f(x)\}^2$ 은 실수 전체의 집합에서 연속이다.

① ㄱ   ② ㄴ   ③ ㄱ, ㄴ
④ ㄱ, ㄷ   ⑤ ㄱ, ㄴ, ㄷ

030 |⊢□□□

실수 전체의 집합에서 정의된 함수 $y = f(x)$의 그래프의 일부가 그림과 같고, 모든 실수 x에 대하여 $f(-x) = -f(x)$이다. 〈보기〉에서 옳은 것만을 있는 대로 고른 것은?

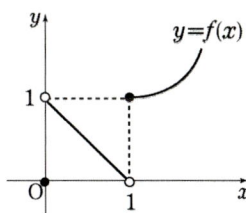

〈보 기〉

ㄱ. $\lim\limits_{x \to -1-} f(x) = -1$

ㄴ. $\lim\limits_{x \to 0+} f(x) + \lim\limits_{x \to 0-} f(x) = 0$

ㄷ. 함수 $(x-1)f(x)$는 $x = 1$에서 연속이다.

① ㄱ   ② ㄴ   ③ ㄱ, ㄴ

④ ㄴ, ㄷ   ⑤ ㄱ, ㄴ, ㄷ

031 |⊢□□□

세 함수

$$f(x) = \begin{cases} \dfrac{|x|}{x^2} & (x \neq 0), \\ 1 & (x = 0) \end{cases}$$

$$g(x) = x, \ h(x) = x^2$$

에 대하여 $x = 0$에서 연속인 함수를 〈보기〉에서 있는 대로 고른 것은?

〈보 기〉

ㄱ. $f(x)$

ㄴ. $f(x)g(x)$

ㄷ. $f(x)h(x)$

① ㄱ   ② ㄴ   ③ ㄷ

④ ㄴ, ㄷ   ⑤ ㄱ, ㄴ, ㄷ

032

사차함수 $f(x)$에 대하여 함수

$$g(x) = \begin{cases} \dfrac{f(x)}{x^2 - 4} & (|x| < 2) \\ f(0) & (|x| \geq 2) \end{cases}$$

이 실수 전체의 집합에서 연속일 때, $\dfrac{f(1)}{f(0)}$의 값은?

① $-\dfrac{1}{16}$ ② $-\dfrac{1}{8}$ ③ $-\dfrac{3}{16}$

④ $-\dfrac{1}{4}$ ⑤ $-\dfrac{5}{16}$

033

삼차함수 $f(x)$에 대하여 함수

$$g(x) = \frac{x^3 - 4x^2 + 5x - 2}{f(x)}$$

는 $x = 3$에서 불연속이고 $\lim_{x \to 1} g(x) = 1$이다.

$f(0)$의 값은?

① $-\dfrac{3}{2}$ ② -3 ③ $-\dfrac{9}{2}$

④ -6 ⑤ $-\dfrac{15}{2}$

034 ┤□□□

실수 전체의 집합에서 정의된 함수 $f(x)$가

$$f(x) = \begin{cases} x+1 & (x \le a) \\ -x-1 & (x > a) \end{cases}$$

이고, 일차함수 $g(x)$와 이차함수 $h(x)$에 대하여 다음 조건을 만족시키는 모든 상수 a의 값의 합은?

> (가) 함수 $f(x)g(x)h(x)$는 실수 전체의 집합에서 연속이다.
> (나) 함수 $y = g(x)$의 그래프와 함수 $y = h(x)$의 그래프는 두 점 $(1, -3)$, $(5, 5)$에서 만난다.
> (다) $\displaystyle\lim_{x \to \infty} \frac{h(x)}{x^2} = 1$

① $\dfrac{11}{2}$ ② $\dfrac{13}{2}$ ③ $\dfrac{15}{2}$

④ $\dfrac{17}{2}$ ⑤ $\dfrac{19}{2}$

035 ┤□□□

실수 전체의 집합에서 연속인 두 함수 $f(x)$, $g(x)$에 대하여

$$\lim_{x \to 0} \frac{f(x)}{x} = \alpha, \quad \lim_{x \to 0} \frac{g(x)}{x^2} = \beta$$

일 때, 〈보기〉에서 옳은 것만을 있는 대로 고른 것은? (단, α, β는 상수이다.)

> ──〈보 기〉──
> ㄱ. $f(0) = g(0)$
> ㄴ. $\alpha\beta > 0$이면 $\displaystyle\lim_{x \to 0} \frac{f(x)g(x)}{x^3} > 0$이다.
> ㄷ. $\alpha = 0$이면 $\displaystyle\lim_{x \to 0} \frac{f(x)}{g(x)}$가 수렴한다.

① ㄱ ② ㄴ ③ ㄱ, ㄴ
④ ㄴ, ㄷ ⑤ ㄱ, ㄴ, ㄷ

036

실수 a에 대하여 직선 $y = a$가 곡선
$y = |x^2 - 4|$와 만나는 점의 개수를 $f(a)$라 하자.
함수 $f(a)$의 불연속인 점의 개수를 구하시오.

037

구간 $[-3, 3]$에서 정의된 두 함수 $y = f(x)$,
$y = g(x)$의 그래프가 그림과 같을 때,
함수 $(f \circ g)(x)$가 $x = 0$에서 연속이 되도록
하는 상수 a의 값을 구하시오. (단, $0 < a \leq 3$)

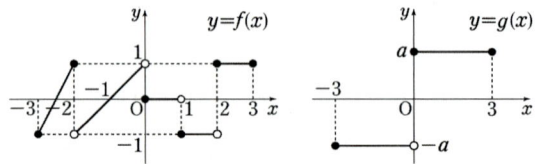

|038| ├─□□□

실수 전체의 집합에서 정의된 함수 $y = f(x)$의 그래프가 그림과 같다.

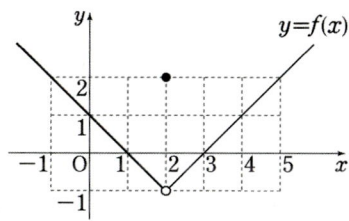

합성함수 $(f \circ f)(x)$가 $x = a$에서 불연속이 되는 모든 a의 값의 합은? (단, $-1 \leq a \leq 5$이다.)

① 3   ② 4   ③ 5
④ 6   ⑤ 7

|039| ├─□□□

실수 t에 대하여 함수

$$f(x) = \begin{cases} x^2 - x & (|x| > 1) \\ 0 & (|x| = 1) \\ -x^2 + x & (|x| < 1) \end{cases}$$

가 열린구간 $(t-1, \, t+1)$에서 불연속인 점의 개수를 $g(t)$라 하자. 〈보기〉에서 옳은 것만을 있는 대로 고른 것은?

┌──────────〈보 기〉──────────┐

ㄱ. $\displaystyle\lim_{x \to -1+} f(x) + \lim_{x \to 0-} g(x) = -1$

ㄴ. $\displaystyle\lim_{x \to -1} g(f(x)) = 0$

ㄷ. 함수 $(f \circ g)(x)$는 $x = -2$에서
　　연속이다.

└─────────────────────────┘

① ㄱ   ② ㄱ, ㄴ   ③ ㄱ, ㄷ
④ ㄴ, ㄷ   ⑤ ㄱ, ㄴ, ㄷ

실수 t에 대하여 직선 $y = t$가 곡선
$y = |x^2 - 2x|$와 만나는 점의 개수를 $f(t)$라
하자. 최고차항의 계수가 1인 이차함수 $g(t)$에
대하여 함수 $f(t)g(t)$가 모든 실수 t에서 연속일
때, $f(3) + g(3)$의 값을 구하시오.

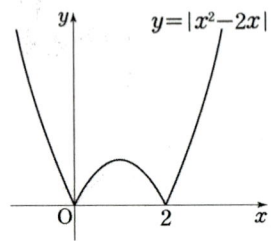

■ 사잇값 정리

다항함수 $f(x)$가

$$\lim_{x \to 1} \frac{f(x)}{x-1} = a, \ \lim_{x \to 2} \frac{f(x)}{2-x} = b$$

이고, $ab < 0$이 성립할 때, 방정식 $f(x) = 0$은
적어도 n개의 실근을 갖는다고 한다. 자연수 n의
최댓값을 구하시오. (단, a, b는 상수이다.)

042 |□□□

함수 $f(x)$가 닫힌구간 $[0, 3]$에서 연속이고

$$f(0) = -1, \ f(1) = -2,$$
$$f(2) = 3, \ f(3) = 0$$

을 만족시킬 때, 방정식 $f(x) - x = 0$이 구간 $(0, 3)$에서 적어도 n개의 근을 갖는다. 자연수 n의 최댓값은?

① 1   ② 2   ③ 3

④ 4   ⑤ 5

043 |□□□

함수 $y = f(x)$의 그래프가 그림과 같다.

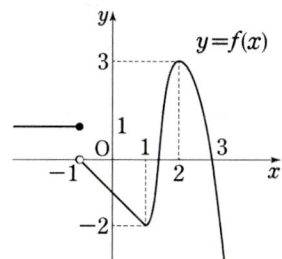

〈보기〉에서 옳은 것만을 있는 대로 고른 것은?

〈보 기〉

ㄱ. $\displaystyle\lim_{x \to -1-} f(x) = f(-1)$

ㄴ. 함수 $(x+1)f(x)$는 실수 전체의 집합에서 연속이다.

ㄷ. 방정식 $f(x) - x = 0$이 열린구간 $(0, 3)$에서 적어도 2개의 실근을 갖는다.

① ㄱ   ② ㄴ   ③ ㄱ, ㄴ

④ ㄴ, ㄷ   ⑤ ㄱ, ㄴ, ㄷ

삼차함수 $y = f(x)$와 일차함수 $y = g(x)$의
그래프가 그림과 같다. 〈보기〉에서 옳은 것만을
있는 대로 고른 것은?

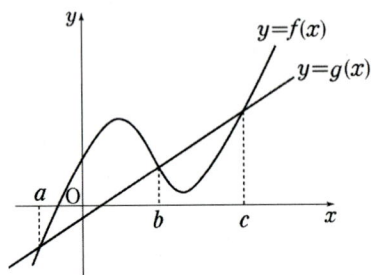

<보 기>

ㄱ. 방정식 $f(x)g(x) = 0$은 서로 다른 두
   실근을 갖는다.

ㄴ. 열린구간 (a, b)에서
   방정식 $f(x) + g(x) = 0$은 적어도
   하나의 실근을 갖는다.

ㄷ. $\lim\limits_{x \to a} \dfrac{f(x) - g(x)}{x - a} < 0$

① ㄱ   ② ㄴ   ③ ㄱ, ㄴ
④ ㄴ, ㄷ   ⑤ ㄱ, ㄴ, ㄷ

II
미분

▌평균변화율과 미분계수

| **045** |─□□□

함수 $f(x) = x^2 - 3x + 2$에 대하여

$\lim\limits_{x \to 2} \dfrac{xf(x) - 2f(2)}{x - 2}$의 값은?

① 1 　　② 2 　　③ 3

④ 4 　　⑤ 5

| **046** |─□□□

함수 $f(x) = x^2 + x - 2$에 대하여 부등식

$$\lim\limits_{x \to 1} \dfrac{f(x) - f(1)}{x - 1} < \dfrac{f(a) - f(3)}{a - 3}$$

을 만족시키는 3보다 작은 정수 a의 개수는?

① 1 　　② 2 　　③ 3

④ 4 　　⑤ 5

| 047 |-□□□

함수 $f(x) = x^2 - x$에 대하여 $x = -1$에서 $x = a$까지 변할 때의 평균변화율이 -1일 때, $\displaystyle\lim_{h \to 0} \frac{f(a+10h) - f(a)}{h}$의 값을 구하시오.

(단, $a > -1$)

| 048 |-□□□

최고차항의 계수가 1인 이차함수 $f(x)$가

$$\lim_{h \to 0} \frac{f(3+2h) - f(3-h)}{h} = 9$$

를 만족시킬 때, $f'(0)$의 값은?

① -1 ② -2 ③ -3
④ -4 ⑤ -5

삼차함수 $f(x)$에 대하여

$$\lim_{x \to 1} \frac{f(x)}{(x-1)^2} = 5, \quad \lim_{x \to 2} \frac{f(x)-k}{x-2} = 13$$

일 때, 상수 k의 값은?

① 6   ② 7   ③ 8

④ 9   ⑤ 10

다항함수 $f(x)$, $g(x)$가

$$\lim_{x \to 1} \frac{f(x)-2}{x-1} = 3, \quad \lim_{x \to 1} \frac{g(x)+1}{x^3-1} = 2$$

를 만족시킨다. $h(x) = f(x)g(x)$라 할 때,
$h'(1)$의 값을 구하시오.

▌함수의 미분가능성

|051| ├─□□□

함수

$$f(x) = \begin{cases} x^2 + ax + 3 & (x < 2) \\ x + b & (x \geq 2) \end{cases}$$

가 실수 전체의 집합에서 미분가능할 때, $a+b$의 값은? (단, a, b는 상수이다.)

① -5 ② -4 ③ -3
④ -2 ⑤ -1

|052| ├─□□□

함수 $f(x) = |x-1| \times (x^2 + kx)$가 $x = 1$에서 미분가능할 때, 실수 k의 값은?

① -2 ② -1 ③ 0
④ 1 ⑤ 2

최고차항의 계수가 1인 삼차함수 $f(x)$가 다음
조건을 만족시킨다.

> (가) $f(2) = f'(2) = 0$
>
> (나) $\displaystyle\lim_{x \to k+} \frac{|f(x)| - |f(k)|}{x - k}$
>
> $\quad - \displaystyle\lim_{x \to k-} \frac{|f(x)| - |f(k)|}{x - k} = 18$을
>
> 만족시키는 음수 k가 존재한다.

실수 a에 대하여 함수 $g(x) = |f(x)f(a - x)|$가
실수 전체의 집합에서 미분가능할 때, 가능한 모든
$g(0)$의 값의 합을 구하시오.

최고차항의 계수가 1인 삼차함수 $f(x)$에 대하여
함수 $g(x)$가 다음 조건을 만족시킨다.

> (가) $0 \le x < 2$일 때,
>
> $\quad g(x) = \begin{cases} f(x) & (0 \le x < 1) \\ f(2 - x) & (1 \le x < 2) \end{cases}$ 이다.
>
> (나) 모든 실수 x에 대하여
> $\quad g(x + 2) = g(x)$이다.
>
> (다) 함수 $g(x)$는 실수 전체의 집합에서
> 미분가능하다.

$g(6) - g(3) = \dfrac{q}{p}$ 라 할 때, $p + q$의 값을

구하시오. (단, p와 q는 서로소인 자연수이다.)

055 |—□□□

좌표평면 위에 그림과 같이 어두운 부분을 내부로 하는 도형이 있다. 이 도형과 네 점 $(0, 0)$, $(t, 0)$, (t, t), $(0, t)$를 꼭짓점으로 하는 정사각형이 겹치는 부분의 넓이를 $f(t)$라 하자. 열린구간 $(0, 4)$에서 함수 $f(t)$가 미분가능하지 않은 모든 t의 값의 합은?

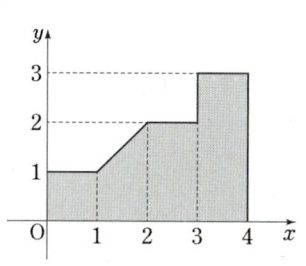

① 2   ② 3   ③ 4
④ 5   ⑤ 6

■ 미분법의 활용

056 |—□□□

최고차항의 계수가 양수인 다항함수 $f(x)$가 다음 조건을 만족시킬 때, $f(3)$의 값은?

(가) $\lim\limits_{x \to \infty} \dfrac{f(x)f'(x)}{x^3} = 8$

(나) $\lim\limits_{x \to 1} \dfrac{f(x)}{x-1} = 3$

① 14   ② 16   ③ 18
④ 20   ⑤ 22

최고차항의 계수가 1인 두 다항함수 $f(x)$, $g(x)$가 다음 조건을 만족시킨다.

(가) $\displaystyle\lim_{x \to \infty} \dfrac{f(x)+g(x)}{x^2+1} = 2$

(나) $\displaystyle\lim_{x \to 1} \dfrac{f(x)+g(x)}{x-1} = 0$

$f'(2)=1$일 때, $g'(0)$의 값은?

① -2 ② -1 ③ 0

④ 1 ⑤ 2

실수 전체의 집합에서 미분가능한 함수 $f(x)$가 $f(1)=2$, $f'(1)=3$이고, 함수 $g(x)$를

$$g(x) = \begin{cases} \dfrac{axf(x)-2a}{x-1} & (x \neq 1) \\ 9 & (x = 1) \end{cases}$$

라 하자. 함수 $g(x)$가 $x=1$에서 연속일 때, 상수 a의 값은?

① $\dfrac{3}{2}$ ② $\dfrac{2}{3}$ ③ $\dfrac{5}{2}$

④ $\dfrac{2}{5}$ ⑤ $\dfrac{9}{5}$

059 ┠─□□□

두 다항함수 $f(x)$, $g(x)$가 모든 실수 x에 대하여

$$f'(x) = g(x),$$
$$\{f(x) + g(x)\}' = x^3 + 3x^2 + 4x + 5$$

를 만족시킬 때, $g(3)$의 값을 구하시오.

060 ┠─□□□

최고차항의 계수가 1인 삼차함수 $f(x)$에 대하여

$$f(2) = f(4) = f(6)$$

일 때, $f'(4)$의 값은?

① 4　　　　② 3　　　　③ 0

④ −3　　　⑤ −4

삼차함수 $f(x)$가 다음 조건을 만족시킬 때,
$f(2)$의 값을 구하시오.

(가) $\displaystyle\lim_{x \to 0}\frac{f(x)}{x}=0$

(나) 모든 실수 x에 대하여
$f(x)+f(-2-x)=2$이다.

삼차함수 $f(x)=(x-1)(x^2+ax+b)$와 함수
$g(x)$가 다음 조건을 만족시킨다.

(가) 모든 실수 x에 대하여
$g(x+2)=g(x)+2$이다.

(나) $g(x)=\begin{cases} f(x) & (0 \leq x < 1) \\ f'(x) & (1 \leq x < 2) \end{cases}$

함수 $g(x)$가 실수 전체의 집합에서 연속일 때,
$f(5)$의 값을 구하시오. (단, a, b는 상수이다.)

| 063 |⊢□□□

최고차항의 계수가 1인 두 다항함수 $f(x)$, $g(x)$가 다음 조건을 만족시킨다.

(가) $\lim\limits_{x \to 1} \dfrac{f(x)}{x-1} = \lim\limits_{x \to 2} \dfrac{g(x)}{x-2} = 1$

(나) $f'(x)g(x) + 2f(x)g'(x)$
$\quad = (x-1)^2(8x^2 - 15x + 2)$

$f(3)g(4)$의 값을 구하시오.

■ 접선의 방정식

| 064 |⊢□□□

곡선 $y = 2x^3 - 9x^2 + 14x + 1$ 위의 서로 다른 두 점 A, B에서의 접선이 서로 평행하다. 점 A의 x좌표가 1일 때, 점 B에서의 접선의 y절편은?

① 1   ② 2   ③ 3

④ 4   ⑤ 5

직선 $y=-x+2$가 곡선 $y=x^3+ax$에 접할 때,
상수 a의 값은?

① -5 ② -4 ③ -3

④ -2 ⑤ -1

곡선 $y=x^2+3$ 위의 점 $A(1, 4)$에서의 접선과
수직인 직선이 점 A를 지날 때, y축과 만나는 점을
B라 하자. 선분 AB의 길이는?

① $\dfrac{\sqrt{2}}{2}$ ② $\dfrac{\sqrt{3}}{2}$ ③ 1

④ $\dfrac{\sqrt{5}}{2}$ ⑤ $\dfrac{\sqrt{6}}{2}$

067 |–□□□

두 곡선 $y = x^2 + ax + 3$, $y = bx^2 + c$ 는 점 $(-1, 1)$에서 만나고, 그 교점에서의 접선이 서로 일치한다. $a - b + c$의 값을 구하시오.

(단, a, b, c는 상수이다.)

068 |–□□□

곡선 $y = x^3 - ax^2 + 2ax + 1$은 실수 a의 값에 관계없이 항상 지나는 두 점이 있다. 이 두 점에서의 접선이 서로 수직일 때, 서로 다른 모든 a의 값의 합을 구하시오.

| **069** | □□□

곡선 $y = 2x^2 - 3x + 3$ 위의 점 P와 두 점
A$(0, -5)$, B$(6, 1)$로 이루어진 삼각형 PAB의
넓이의 최솟값을 구하시오.

| **070** | □□□

그림과 같이 곡선 $y = -x^3 + 3x^2 + x + 1$에서
제2사분면 위의 임의의 점 (a, b)에 대하여 $\dfrac{b}{a}$의
최댓값은?

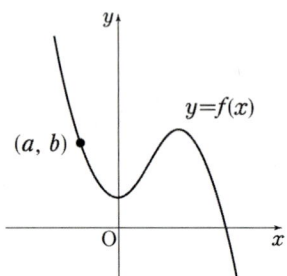

① -3

② $-\dfrac{11}{4}$

③ $-\dfrac{5}{2}$

④ $-\dfrac{9}{4}$

⑤ -2

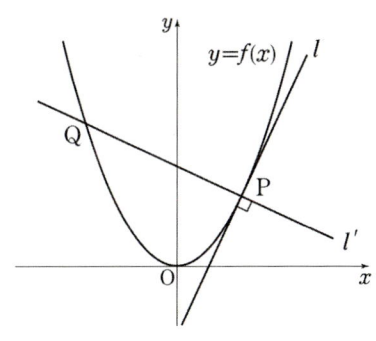

071

실수 t에 대하여 $y = 2x^3 + x$ 위의 점
$P(t, 2t^3 + t)$에서의 접선과 원점 사이의 거리를
$f(t)$라 하자. 상수 α에 대하여
$\lim\limits_{t \to \infty} \dfrac{f(t)}{t} = \alpha$일 때, 30α의 값을 구하시오.

072

그림과 같이 함수 $f(x) = \dfrac{1}{4}x^2$에 대하여 곡선
$y = f(x)$ 위의 원점이 아닌 점 P에서의 접선을
l이라 하고, 점 P를 지나고 접선 l과 수직인 직선
l'이 곡선 $y = f(x)$와 만나는 점 중 P가 아닌
점을 Q라 하자. 점 Q의 좌표가 $(-6, 9)$일 때,
점 P의 x좌표는 a 또는 b이다. $a + b$의 값은?

(단, $a \neq b$이다.)

① 6   ② 7   ③ 8
④ 9   ⑤ 10

자연수 n에 대하여 사차함수
$f(x) = x^4 - 6x^2 + 4nx$의 그래프가 점
$(k, f(k))$에서 직선 $y = f(k)$에 접하도록 하는
서로 다른 실수 k의 개수를 a_n이라 하자.
$\sum_{n=1}^{5} a_n$의 값을 구하시오.

두 다항함수 $f(x)$, $g(x)$가 다음 조건을
만족시킨다.

(가) $g(x) = x^3 f(x) - 7$
(나) $\lim_{x \to 2} \dfrac{f(x) - g(x)}{x - 2} = 2$

곡선 $y = g(x)$ 위의 점 $(2, g(2))$에서의 접선의
방정식이 $y = ax + b$일 때, $a^2 + b^2$의 값을
구하시오. (단, a, b는 상수이다.)

| 075 | ▫▫▫

함수

$$f(x) = \frac{1}{3}x^3 - kx^2 + 1 \ (k > 0 \text{인 상수})$$

의 그래프 위의 서로 다른 두 점 A, B에서의 접선 l, m의 기울기가 모두 $3k^2$이다. 곡선 $y = f(x)$에 접하고 x축에 평행한 두 직선과 접선 l, m으로 둘러싸인 도형의 넓이가 24일 때, k의 값은?

① $\dfrac{1}{2}$ ② 1 ③ $\dfrac{3}{2}$

④ 2 ⑤ $\dfrac{5}{2}$

| 076 | ▫▫▫

그림과 같이 정사각형 ABCD의 두 꼭짓점 A, C는 y축 위에 있고, 두 꼭짓점 B, D는 x축 위에 있다. 변 AB와 변 CD가 각각 삼차함수 $y = x^3 - 5x$의 그래프에 접할 때, 정사각형 ABCD의 둘레의 길이를 구하시오.

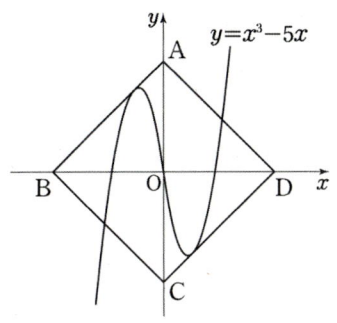

■ 평균값의 정리

| 077 | ⊦□□□

열린구간 (a, b)에서 미분가능한 함수 $y = f(x)$의 그래프가 그림과 같을 때, $\dfrac{f(b) - f(a)}{b - a} = f'(c)$를 만족시키는 상수 c의 개수는? (단, $a < c < b$)

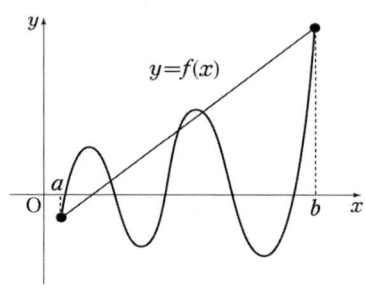

① 1   ② 2   ③ 3
④ 4   ⑤ 5

| 078 | ⊦□□□

다항함수 $f(x)$에 대하여 $f(1) = 1$, $f(3) = 2$, $f(4) = 7$일 때, 〈보기〉에서 옳은 것만을 있는 대로 고른 것은?

─────〈보 기〉─────

ㄱ. $f'(x) = 2$인 x가 열린구간 $(1, 4)$에 적어도 하나 존재한다.

ㄴ. $f'(x) = 5$인 x가 열린구간 $(1, 4)$에 적어도 하나 존재한다.

ㄷ. $g(x) = f(x) - \dfrac{x}{2}$에 대하여 $g'(x) = 0$인 x가 열린구간 $(1, 4)$에 적어도 하나 존재한다.

① ㄱ   ② ㄷ   ③ ㄱ, ㄴ
④ ㄱ, ㄷ   ⑤ ㄱ, ㄴ, ㄷ

| 079 | ⊢□□□

함수 $f(x) = \dfrac{1}{3}x^3 + 2x^2 + 3$에 대하여 구간 $[-5, 0]$에 속하는 서로 다른 임의의 두 실수 a, b에 대하여 $\dfrac{f(b) - f(a)}{b - a} = k$를 만족시키는 모든 정수 k의 개수를 구하시오.

| 080 | ⊢□□□

다음 조건을 만족시키는 모든 함수 $f(x)$에 대하여 $f(3)$의 최댓값과 최솟값을 각각 M, m이라 할 때, Mm의 값은?

(가) 함수 $f(x)$는 닫힌구간 $[0, 3]$에서 연속이고 열린구간 $(0, 3)$에서 미분가능하다.

(나) $0 < t < 3$인 모든 t에 대하여 $|f'(t)| \leq 4$이다.

(다) $f(0) = 1$

---

① -120 ② -143 ③ -168

④ -195 ⑤ -224

■ 함수의 증가와 감소

| 081 |┤□□□

함수 $f(x) = x^3 + 3x^2 + 9|x - k|$가 구간 $(-\infty, \infty)$에서 증가하도록 하는 실수 k의 최댓값은?

① -3 ② -2 ③ -1

④ 0 ⑤ 1

| 082 |┤□□□

삼차함수 $f(x) = \dfrac{1}{3}x^3 + kx^2 + (7k - 10)x$와

모든 실수 x에 대하여 $(g \circ f)(x) = x$를
만족시키는 함수 $g(x)$가 존재하도록 하는 상수
k의 최댓값은?

① 1 ② 2 ③ 3

④ 4 ⑤ 5

| 083 | ▢▢▢

함수 $f(x) = x^3 + 3x^2 + 9|x - k| + 1$에 대하여
함수 $f(x)$의 역함수가 존재하도록 하는 실수 k의
최댓값은?

① -5　　　　② -3　　　　③ -1

④ 1　　　　⑤ 3

| 084 | ▢▢▢

함수 $f(x) = x^4 - 16x^2$에 대하여 다음 조건을
만족시키는 모든 정수 k 값의 제곱의 합을
구하시오.

> (가) 구간 $(k, \ k+1)$에서 $f'(x) < 0$이다.
> (나) $f'(k)f'(k+2) < 0$

■ **함수의 극대와 극소**

| 085 ├─□□□

삼차함수 $f(x) = x^3 + ax^2 + (a+6)x + 2$가
극값을 갖지 않도록 하는 모든 정수 a의 개수는?

① 8 ② 9 ③ 10
④ 11 ⑤ 12

| 086 ├─□□□

함수 $f(x) = x^3 + ax^2 + bx + c$의 도함수
$y = f'(x)$의 그래프가 그림과 같다. 함수 $f(x)$의
극댓값이 5일 때, 극솟값은?

(단, a, b, c는 상수이다.)

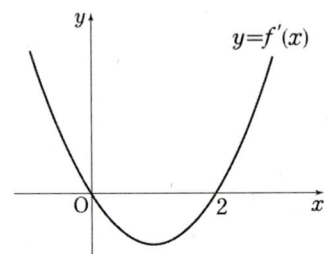

① -2 ② -1 ③ 0
④ 1 ⑤ 2

087 ┠▫▫▫

최고차항의 계수가 1인 삼차함수 $f(x)$가 모든
실수 x에 대하여

$$f(x) + f(-x) = 2$$

를 만족시킨다. 함수 $f(x)$의 극댓값과 극솟값의
차가 4일 때, $f(3)$의 값을 구하시오.

088 ┠▫▫▫

삼차함수 $f(x)$의 도함수 $f'(x)$가 모든 실수 x에
대하여 $f'(1+x) = f'(3-x)$를 만족시킨다.
함수 $f(x)$가 $x = a$에서 극댓값, $x = b$에서
극솟값을 가질 때, $a + b$의 값을 구하시오.

| **089** |▫️□□□

삼차함수 $f(x) = x^3 + ax^2 - ax$가
$-4 < x < 0$에서 극댓값을 갖고, $x > 0$에서
극솟값을 갖도록 하는 모든 정수 a의 값의 합은?

① 10   ② 15   ③ 20

④ 25   ⑤ 30

| **090** |▫️□□□

최고차항의 계수가 -1인 사차함수 $f(x)$가 다음
조건을 만족시킨다.

(가) 모든 실수 x에 대하여
    $f(1-x) = f(1+x)$이다.
(나) 함수 $f(x)$는 $x = 2$에서 극댓값을 갖는다.

$f'(x) < 0$을 만족시키는 10 이하의 자연수 x의
개수는?

① 5   ② 6   ③ 7

④ 8   ⑤ 9

| 091 | ㅁㅁㅁ

삼차함수 $f(x)$의 도함수 $f'(x)$와 이차함수
$g(x)$의 도함수 $g'(x)$에 대하여 두 함수
$y = f'(x)$, $y = g'(x)$ 의 그래프가 그림과 같다.
$h(x) = f(x) - g(x)$라 할 때, 〈보기〉에서 옳은
것만을 있는 대로 고른 것은?

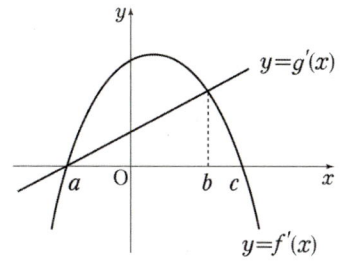

〈보 기〉
ㄱ. 함수 $f(x)$는 $x = c$에서 극댓값을 갖는다.
ㄴ. $a < x < b$에서 함수 $h(x)$는 증가한다.
ㄷ. 함수 $h(x)$는 $x = c$에서 극댓값을 갖는다.

① ㄱ   ② ㄱ, ㄴ   ③ ㄱ, ㄷ
④ ㄴ, ㄷ   ⑤ ㄱ, ㄴ, ㄷ

| 092 | ㅁㅁㅁ

삼차함수 $y = f(x)$와 일차함수 $y = g(x)$의
그래프가 그림과 같고, $f'(b) = f'(d) = 0$이다.

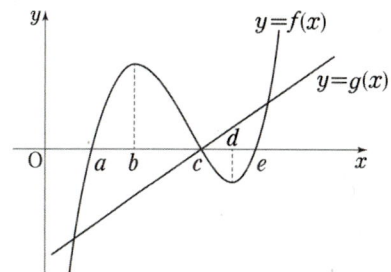

함수 $y = f(x)g(x)$는 $x = p$와 $x = q$에서
극소이다. 다음 중 옳은 것은? (단, $p < q$)

① $a < p < b$이고 $c < q < d$
② $a < p < b$이고 $d < q < e$
③ $b < p < c$이고 $c < q < d$
④ $b < p < c$이고 $d < q < e$
⑤ $c < p < d$이고 $d < q < e$

▌함수의 최대와 최소

| 093 |─□□□

두 함수

$$f(x) = -x^3 + 12x - 2, \ g(x) = x^2 + 1$$

에 대하여 함수 $(f \circ g)(x)$의 최댓값을 구하시오.

| 094 |─□□□

닫힌구간 $[-2, 1]$에서 함수

$$f(x) = (x^3 - 3x + 3)^3 \\ - 3(x^3 - 3x + 3) + 3$$

의 최댓값을 M, 최솟값을 m이라 할 때,
$M + m$의 값을 구하시오.

| **095** ├─□□□

실수 a에 대하여 x에 대한 이차방정식
$x^2 + a^2 x + a^3 = 0$이 두 실근을 갖는다.
이 방정식의 두 실근을 α, β라 할 때,
$\alpha^2 + \alpha\beta + \beta^2$의 최솟값은?

① 0   ② 1   ③ 2

④ 3   ⑤ 4

| **096** ├─□□□

함수 $f(x) = (x-3)^2$에 대하여 곡선 $y = f(x)$
위의 점 $\mathrm{P}(t, f(t))$에서의 접선과 x축, y축으로
둘러싸인 삼각형의 넓이를 $S(t)$라 하자.
$0 < t < 3$에서 $S(t)$의 최댓값을 구하시오.

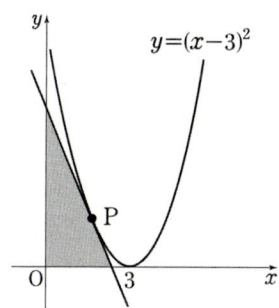

097 ⊢□□□

그림과 같이 좌표평면 위의 세 점 A$(0, 1)$, B$(1, 0)$, C$(1, 1)$과 x축 위의 점 P$(t, 0)$ $(0 < t < 1)$이 있다. 점 P를 지나고 선분 AP와 수직인 직선이 선분 BC와 만나는 점을 Q라 할 때, 삼각형 OPQ의 넓이를 $S(t)$라 하자. $S(t)$의 최댓값은? (단, O는 원점이다.)

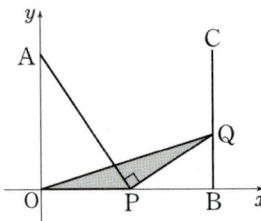

① $\dfrac{1}{27}$ ② $\dfrac{2}{27}$ ③ $\dfrac{1}{9}$

④ $\dfrac{4}{27}$ ⑤ $\dfrac{5}{27}$

098 ⊢□□□

실수 t에 대하여 닫힌구간 $[t-1, t]$에서 함수 $f(x) = x^3 - x$의 최댓값을 $g(t)$라 하면 함수 $g(t)$는 $t = p$에서 미분가능하지 않다. $p + g'(0)$의 값은?

① -2 ② -1 ③ 0
④ 1 ⑤ 2

| 099 |

그림과 같이 한 변의 길이가 1인 정사각형
ABCD의 두 대각선의 교점의 좌표는 $(0, 1)$이고,
한 변의 길이가 1인 정사각형 EFGH의
두 대각선의 교점은 곡선 $y = x^2$ 위에 있다.
두 정사각형의 내부의 공통부분의 넓이의 최댓값은?
(단, 정사각형의 모든 변은 x축 또는 y축에
평행하다.)

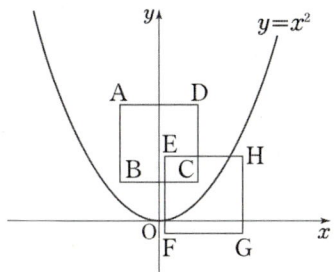

① $\dfrac{4}{27}$ ② $\dfrac{1}{6}$ ③ $\dfrac{5}{27}$

④ $\dfrac{11}{54}$ ⑤ $\dfrac{2}{9}$

| 100 |

함수
$f(x) = -3x^4 + 4(a-1)x^3 + 6ax^2 \,(a > 0)$과
실수 t에 대하여, $x \le t$에서 $f(x)$의 최댓값을
$g(t)$라 하자. 함수 $g(t)$가 실수 전체의 집합에서
미분가능하도록 하는 a의 최댓값은?

① 1   ② 2   ③ 3
④ 4   ⑤ 5

방정식과 부등식에의 활용

| 101 | ┠□□□

두 함수 $y = x^3 - 4x^2 + 4x$,

$y = 2x^2 - 5x + k$의 그래프가 서로 다른 두 점에서 만나도록 하는 양수 k의 값은?

① 1   ② 2   ③ 3

④ 4   ⑤ 5

| 102 | ┠□□□

두 다항함수

$$f(x) = x^2 + 1,$$
$$g(x) = x^3 - 9x^2 + 24x + k$$

에 대하여 함수 $\dfrac{f(x)}{g(x)}$의 불연속인 점의 개수가

3이 되도록 하는 모든 정수 k의 개수는?

① 1   ② 2   ③ 3

④ 4   ⑤ 5

103 ⊢□□□

x에 대한 방정식

$$|x^3 + 3x^2| + 1 - a = 0$$

의 서로 다른 실근이 3개일 때, 실수 a의 값은?

① 1   ② 2   ③ 3
④ 4   ⑤ 5

104 ⊢□□□

좌표평면에서 두 함수

$$f(x) = |x^2 - 6x|, \ g(x) = mx$$

에 대하여 방정식 $f(x) = g(x)$의 서로 다른 실근의 개수가 3이 되도록 하는 모든 정수 m의 값의 합을 구하시오.

105 |□□□

최고차항의 계수가 1인 삼차함수 $f(x)$에 대하여 곡선 $f(x)$ 위의 점 $(1, f(1))$에서의 접선의 방정식은 $y = x$이다. 방정식 $f(x) = x$를 만족시키는 모든 실근의 합이 5일 때, $f(5)$의 값은?

① 31   ② 33   ③ 35
④ 37   ⑤ 39

106 |□□□

두 함수

$$f(x) = 3x^2 + 1, \quad g(x) = 2x^3 + k$$

에 대하여 $x > 0$인 모든 실수 x에서 부등식 $f(x) \leq g(x)$가 항상 성립하도록 하는 자연수 k의 최솟값을 구하시오.

107 ├─□□□

함수 $f(x) = x^3 + 4x^2 + 1$에 대하여 닫힌구간 $[0, 2]$에서 부등식

$$f(x) \geq x^2 + k$$

가 성립하도록 하는 상수 k의 최댓값은?

① 1   ② 2   ③ 3

④ 4   ⑤ 5

108 ├─□□□

두 함수 $f(x) = x^3 - 4x^2 + a$,

$g(x) = 2x^2 + 1$이 있다. $-1 < x < 5$에서 부등식 $f(x) \geq g(x)$가 성립하도록 하는 상수 a의 최솟값은?

① 31   ② 32   ③ 33

④ 34   ⑤ 35

함수 $f(x) = x^3 - 3x^2 + 2x + 2$에 대하여
닫힌구간 $[0, 2]$에서 부등식

$$kx - 2 \leq f(x) \leq kx + 2$$

가 항상 성립하도록 하는 실수 k의 값을 구하시오.

x에 대한 방정식 $x^3 - 3x^2 - 9x + a = 0$이 서로
다른 세 실근을 갖고, 이 중 적어도 하나는 자연수가
되도록 하는 모든 실수 a의 값의 합은?

① 31 ② 42 ③ 53
④ 64 ⑤ 75

■ **함수의 그래프 추론**

| 111 |□□□

두 함수 $f(x) = x^4 + x^2 - 3$, $g(x) = -x^2 + a$의 그래프의 교점의 개수가 1이 되도록 하는 상수 a의 값은?

① -3 ② -2 ③ -1

④ 1 ⑤ 2

| 112 |□□□

미분가능한 두 함수 $f(x)$, $g(x)$에 대하여 두 함수 $y = f'(x)$, $y = g'(x)$의 그래프가 그림과 같다. $f(k) = g(k)$일 때, 함수 $y = f(x) - g(x)$의 그래프가 x축과 만나는 점의 개수는?

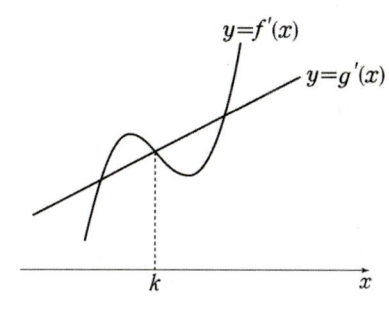

① 0 ② 1 ③ 2

④ 3 ⑤ 4

113

최고차항의 계수가 1인 삼차함수 $f(x)$가 다음 조건을 만족시킨다.

(가) $y = |f(x)|$의 극소인 점의 개수는 1이다.
(나) $f'(1) = 0$이다.

$f'(3)$의 값은?

① 3   ② 6   ③ 9
④ 12   ⑤ 15

114

사차함수 $f(x)$의 도함수 $y = f'(x)$의 그래프가 그림과 같다. $f(x)$에 대한 설명으로 〈보기〉에서 옳은 것만을 있는 대로 고른 것은?

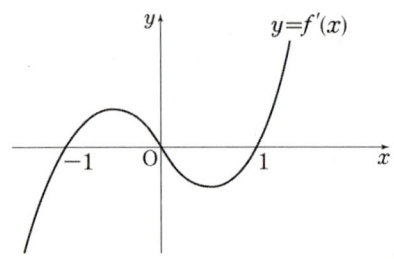

〈보 기〉
ㄱ. $x = -2$에서 접선의 기울기는 양수이다.
ㄴ. $x = 1$에서 극솟값을 갖는다.
ㄷ. 모든 실수 x에 대하여
    $f(x) = f(-x)$이다.

① ㄱ   ② ㄴ   ③ ㄷ
④ ㄴ, ㄷ   ⑤ ㄱ, ㄴ, ㄷ

115

사차함수 $f(x)$의 도함수 $y = f'(x)$의 그래프가 그림과 같다.

$$f(a) < f(c) < 0 < f(b)$$

일 때, 〈보기〉에서 옳은 것만을 있는 대로 고른 것은?

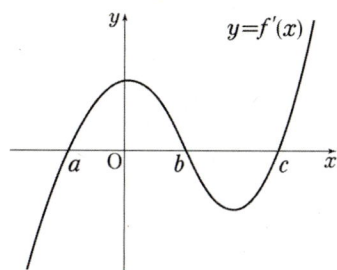

─────〈보 기〉─────

ㄱ. 함수 $f(x)$는 $x = a$에서 극소이다.
ㄴ. 모든 실수 x에 대하여
 $f(b-x) = f(b+x)$이다.
ㄷ. 함수 $y = f(x)$의 그래프는 x축과 서로
 다른 네 개의 교점을 갖는다.

① ㄱ ② ㄴ ③ ㄱ, ㄴ
④ ㄱ, ㄷ ⑤ ㄴ, ㄷ

116

최고차항의 계수가 1인 삼차함수 $y = f(x)$의 그래프 위의 점 $(1, 2)$에서의 접선의 기울기가 3이고

$$f(10) - f(1) = 9f'(1)$$

이 성립한다. 부등식 $f(x) < 3x - 1$을 만족시키는 모든 자연수 x의 값의 합을 구하시오.

| 117 |⊢□□□

삼차함수 $f(x)$가 다음 조건을 만족시킬 때,
$f(-3)$의 값을 구하시오.

(가) $f(x)$의 최고차항의 계수는 -1이다.
(나) $f(-1) = 0$
(다) 모든 실수 x에 대하여 $xf(x) \leq 0$이다.

| 118 |⊢□□□

최고차항의 계수가 1인 삼차함수 $f(x)$가 다음
조건을 만족시킨다.

(가) 함수 $f(x)$는 $x = 1$에서 극댓값 0을
가진다.
(나) $(x-2)f(x) \geq 0$

$f(3)$의 값은?

① 3   ② 4   ③ 5
④ 6   ⑤ 7

| **119** | ⊢□□□

다음 조건을 만족시키며 최고차항의 계수가 음수인 모든 삼차함수 $f(x)$에 대하여 $\dfrac{f'(3)}{f(3)}$의 값은?

> (가) 방정식 $(x-1)f(x) = 0$의 실근은 0, 1, 2뿐이다.
> (나) 모든 실수 x에 대하여 $xf(x) \le 0$이다.

① $\dfrac{1}{3}$ ② 1 ③ $\dfrac{5}{3}$

④ $\dfrac{7}{3}$ ⑤ 3

| **120** | ⊢□□□

두 삼차함수 $f(x)$와 $g(x)$가 모든 실수 x에 대하여

$$f(x)g(x) = (x-1)^2(x-2)^2(x-3)^2$$

을 만족시킨다. $g(x)$의 최고차항의 계수가 3이고, $g(x)$가 $x = 2$에서 극댓값을 가질 때,

$f'(0) = \dfrac{q}{p}$이다. $p+q$의 값을 구하시오.

(단, p와 q는 서로소인 자연수이다.)

5개의 실수 a, b, c, d, e $(a < b < c < d < e)$에 대하여 최고차항의 계수가 양수인 사차함수 $f(x)$가 다음 조건을 만족시킨다.

(가) x에 대한 방정식 $f(x)f'(x) = 0$의 실근은 a, b, c, d, e이다.

(나) 열린구간 (a, c)에서 함수 $f(x)$의 최솟값은 $f(b)$가 아니다.

다음 중 옳은 것은?

① $f'(b) < f'(c) < f'(e)$

② $f'(b) < f'(e) < f'(c)$

③ $f'(c) < f'(e) < f'(b)$

④ $f'(c) < f'(b) < f'(e)$

⑤ $f'(e) < f'(c) < f'(b)$

함수 $f(x) = x^3 + 3x^2 - 9x$가 있다. 실수 t에 대하여 함수

$$g(x) = \begin{cases} f(x) & (x < a) \\ t - f(x) & (x \geq a) \end{cases}$$

가 실수 전체의 집합에서 연속이 되도록 하는 실수 a의 개수를 $h(t)$라 하자. 예를 들어 $h(0) = 3$이다. $h(t) = 3$을 만족시키는 모든 정수 t의 개수를 구하시오.

123

최고차항의 계수가 1인 이차함수 $f(x)$가 모든 실수 x에 대하여

$$f(x) \geq |x-3|$$

을 만족시킨다. $f(0)$의 값이 최소일 때, $f(2)$의 값은?

① 1   ② 3   ③ 5
④ 7   ⑤ 9

124

다음 조건을 만족시키는 최고차항의 계수가 1인 모든 사차함수 $f(x)$에 대하여 $f(2)$의 최댓값은?

> (가) 모든 실수 x에 대하여
> $$f(1-x) = f(1+x)$$이다.
> (나) $f(1) = 0$
> (다) 부등식 $f(x) \leq 0$를 만족시키는 정수 x의 개수는 7이다.

① -10 ② -8 ③ -6
④ -4 ⑤ -2

125 |⊢□□□

최고차항의 계수가 1이고 원점을 지나는 사차함수 $f(x)$에 대하여 함수 $y = |f(x) - f(-1)|$의 그래프가 단 한 점에서만 미분가능하지 않고, 방정식 $f'(x) = 0$의 서로 다른 모든 실근의 곱이 1일 때, $f(5)$의 값은?

① 65 ② 70 ③ 75
④ 80 ⑤ 85

126 |⊢□□□

함수 $f(x) = x^3 - 3x^2 - 9x - 1$과 실수 m에 대하여 함수 $g(x)$를

$$g(x) = \begin{cases} f(x) & (f(x) \geq mx) \\ mx & (f(x) < mx) \end{cases}$$

라 하자. $g(x)$가 실수 전체의 집합에서 미분가능할 때, m의 값은?

① -14 ② -12 ③ -10
④ -8 ⑤ -6

| 127 | ▫▫▫

이차함수 $f(x)$는 $x = -1$에서 극솟값을 갖고, $f(0) = 0$이며 삼차함수 $g(x)$는 최고차항의 계수가 양수이다. 함수

$$h(x) = \begin{cases} f(x) & (x \leq 0) \\ g(x) & (x > 0) \end{cases}$$

이 실수 전체의 집합에서 미분가능하고 다음 조건을 만족시킬 때, $f(-3) + g(4)$의 값을 구하시오.

> (가) 방정식 $h(x) = -2$의 서로 다른 실근의 개수는 3이고, 서로 다른 모든 실근의 합은 0이다.
> (나) 어떤 음수 k에 대하여 닫힌구간 $[-2, 2]$에서 함수 $h(x)$의 최솟값은 $h(k)$, 최댓값은 $h\left(k + \dfrac{3}{2}\right)$이다.

| 128 | ▫▫▫

최고차항의 계수가 1이고 $f(2) = 3$인 삼차함수 $f(x)$에 대하여 함수

$$g(x) = \begin{cases} \dfrac{ax - 9}{x - 1} & (x < 1) \\ f(x) & (x \geq 1) \end{cases}$$

이 다음 조건을 만족시킨다.

> 함수 $y = g(x)$의 그래프와 직선 $y = t$가 서로 다른 두 점에서만 만나도록 하는 모든 실수 t의 값의 집합은 $\{t \mid t = -1 \text{ 또는 } t \geq 3\}$이다.

$(g \circ g)(-1)$의 값을 구하시오.

(단, a는 상수이다.)

최고차항의 계수가 양수인 삼차함수 $f(x)$에 대하여 방정식

$$(f \circ f)(x) = x$$

의 모든 실근이 0, 1, a, 2, b이다.

$$f'(1) < 0, \ f'(2) < 0,$$
$$f'(0) - f'(1) = 6$$

일 때, $f(5)$의 값을 구하시오. (단, $1 < a < 2 < b$)

■ 속도와 가속도

수직선 위를 움직이는 점 P의 시각 t에서의 위치 $x(t)$가

$$x(t) = \frac{1}{4}t^4 - t^3 + at$$

이다. 점 P가 출발 후에 운동 방향을 총 2번 바꾸도록 하는 모든 정수 a의 값의 합을 구하시오.

131

수직선 위를 움직이는 두 점 P, Q의 시각 t에서의 위치는 각각

$$x_P(t) = -t^3 + 2t^2, \ x_Q(t) = t^2 - t + k$$

이다. 두 점 P, Q의 속도가 같아지는 순간 두 점 P, Q 사이의 거리가 3일 때, 모든 상수 k의 값의 합을 구하시오.

132

다음은 수직선 위를 움직이는 점 P의 시각 $t \ (0 \le t \le 10)$에서의 위치 $x(t)$를 나타내는 그래프이다. $x(t)$는 열린구간 $(0, 10)$에서 미분가능한 함수이고 $t = 5$에서 극대일 때, 〈보기〉에서 옳은 것만을 있는 대로 고른 것은?

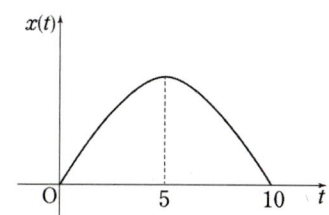

─〈보 기〉─

ㄱ. 점 P의 $t = 5$일 때의 속도는 0이다.
ㄴ. 점 P는 출발 후 방향을 바꾸지 않는다.
ㄷ. $5 < t < 10$일 때의 속도는 양수이다.

① ㄱ 　② ㄴ 　③ ㄱ, ㄴ
④ ㄱ, ㄷ 　⑤ ㄴ, ㄷ

III

적분

■ 부정적분

| **133** | ─□□□

다항함수 $f(x)$가 모든 실수 x에 대하여 등식

$$\int xf(x)dx = x^4 + 2x^2 + C$$

가 성립할 때, $f(2)$의 값은?

(단, C는 적분상수이다.)

① 4 　　　　② 8 　　　　③ 12
④ 16 　　　　⑤ 20

| **134** | ─□□□

다항함수 $f(x)$의 도함수 $f'(x)$가
$f'(x) = 6x^2 + 4$이다. 함수 $y = f(x)$의 그래프가
점 $(0, 6)$을 지날 때, $f(1)$의 값을 구하시오.

135 ⊢□□□

함수 $f(x) = \displaystyle\int (x^2 + 2x)dx$ 일 때,

$\displaystyle\lim_{h \to 0} \frac{f(2+h) - f(2-h)}{h}$ 의 값은?

① 14　　　　② 16　　　　③ 18

④ 20　　　　⑤ 22

136 ⊢□□□

함수 $f(x) = \displaystyle\int \left\{ \frac{d}{dx}(x^2 - 6x) \right\}dx$ 에 대하여

$f(x)$ 의 최솟값이 8 일 때, $f(1)$ 의 값을 구하시오.

137 ☐☐☐

다항함수 $f(x)$는 $f(-1)=6$이고,

$$\int f(x)dx = xf(x)+2x^3+3x^2+C$$

를 만족시킨다. $f(1)$의 값은?

(단, C는 적분상수이다.)

① -6 ② -4 ③ -2

④ 2 ⑤ 4

138 ☐☐☐

다항함수 $f(x)$가 모든 실수 x에 대하여

$$\lim_{t \to x}\frac{f(t)-f(x)}{t^2-x^2}=2x^2+1$$

을 만족시키고 $f(0)=2$일 때, $f(1)$의 값은?

① 1 ② 2 ③ 3

④ 4 ⑤ 5

139

곡선 $y = f(x)$ 위의 임의의 점 $P(x, y)$에서의 접선의 기울기가 $3x^2 - 12$이고 함수 $f(x)$의 극솟값이 3일 때, 함수 $f(x)$의 극댓값을 구하시오.

140

모든 실수에서 미분가능한 함수 $f(x)$의 도함수 $f'(x)$는

$$f'(x) = \begin{cases} 1 & (x < 1) \\ 2 - x & (x \geq 1) \end{cases}$$

이고 $f(0) = 1$이다. $(f \circ f)(4)$의 값은?

① 0 ② $\dfrac{1}{2}$ ③ 1

④ $\dfrac{3}{2}$ ⑤ 2

최고차항의 계수가 1인 삼차함수 $f(x)$가 다음 조건을 만족시킬 때, $f(2)$의 값을 구하시오.

> (가) 함수 $|f(x)|$는 $x = -3$과 $x = 1$에서만 극솟값을 갖는다.
> (나) $f(0) = -16$

최고차항의 계수가 1인 삼차함수 $f(x)$가 $f(0) = 0$, $f(\alpha) = 0$, $f'(\alpha) = 0$이고 함수 $g(x)$가 다음 두 조건을 만족시킬 때, $g\left(\dfrac{\alpha}{3}\right)$의 값은? (단, α는 양수이다.)

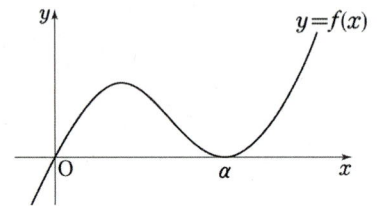

> (가) 모든 실수 x에 대하여
> $g'(x) = f(x) + xf'(x)$이다.
> (나) $g(x)$의 극댓값이 81이고 극솟값이 0이다.

① 56   ② 58   ③ 60
④ 62   ⑤ 64

| **143** | ☐☐☐

사차함수 $f(x)$의 도함수 $y = f'(x)$의 그래프가 그림과 같고,
$f'(-\sqrt{2}) = f'(0) = f'(\sqrt{2}) = 0$이다.

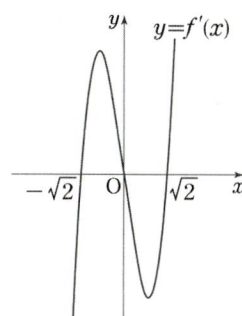

$f(0) = 1$, $f(\sqrt{2}) = -3$일 때,
$f(m)f(m+1) < 0$을 만족시키는 모든 정수 m의 값의 합은?

① -2 ② -1 ③ 0

④ 1 ⑤ 2

■ 정적분

| **144** | ☐☐☐

$\displaystyle\int_{1}^{5} (|x-2| + |x-3|)dx$ 의 값은?

① 9 ② 11 ③ 13

④ 15 ⑤ 17

| **145** |⊢□□□

함수 $f(x)$가

$$f(x) = \begin{cases} x^2 & (x \le 1) \\ -x & (x > 1) \end{cases}$$

일 때, $\displaystyle\int_{-1}^{2} xf(x+1)dx$ 의 값은?

① $-\dfrac{19}{4}$ ② -4 ③ $-\dfrac{13}{4}$

④ $-\dfrac{5}{2}$ ⑤ $-\dfrac{7}{4}$

| **146** |⊢□□□

실수 전체의 집합에서 정의된 함수 $f(x)$가

$$f(x) = \begin{cases} 2x & (x < 2) \\ -2x+8 & (2 \le x < 4) \\ x-4 & (4 \le x < 6) \\ -x+8 & (x \ge 6) \end{cases}$$

일 때, $\displaystyle\int_{a}^{a+4} f(x)dx \ge 0$ 을 만족시키는 정수 a의 개수는?

① 6 ② 7 ③ 8

④ 9 ⑤ 10

147 ▯▯▯

삼차함수 $f(x)$가

$$f(0) = f(1) = f(2) = 2$$

를 만족시킬 때, $\int_0^2 f(x)dx$의 값을 구하시오.

148 ▯▯▯

다항함수 $f(x)$에 대하여

$$\int_1^3 \{3x^2 - f'(x)\}dx = 1, \quad f(1) = -1$$

일 때, $f(3)$의 값을 구하시오.

149 ⊢□□□

함수 $f(x) = \dfrac{1}{2}x + a$의 역함수를 $g(x)$라 할 때, $\displaystyle\int_{1}^{g(2)} f(x)dx = 4$가 성립한다. $g(2)$의 값을 구하시오. (단, a는 상수이다.)

150 ⊢□□□

삼차함수 $f(x)$가 다음 조건을 만족시킨다.

> (가) 모든 실수 x에 대하여
> $(x+3)f(x) = xf(x+1)$이다.
> (나) $\displaystyle\int_{1}^{2} f'(x)dx = 3$

$f(1) + f(2)$의 값은?

① 3   ② 5   ③ 7
④ 9   ⑤ 11

실수 전체의 집합에서 연속인 두 함수 $f(x)$, $g(x)$가 모든 실수 x에 대하여 다음 조건을 만족시킨다.

> (가) 함수 $f(x)$가 미분가능하지 않은 점의 개수는 2이다.
> (나) $f(x)+g(x)=x^2-x+6$
> (다) $f(x)g(x)=(x^2-2x+3)(x+3)$

$f(1)<g(1)$일 때, $\displaystyle\int_{-1}^{1}f(x)dx$의 값은?

① $\dfrac{25}{6}$ ② $\dfrac{13}{3}$ ③ $\dfrac{9}{2}$

④ $\dfrac{14}{3}$ ⑤ $\dfrac{29}{6}$

최고차항의 계수가 1이고 다음 조건을 만족시키는 모든 삼차함수 $f(x)$에 대하여 $\displaystyle\int_{0}^{3}f(x)dx$의 최솟값을 m이라 할 때, $4m$의 값을 구하시오.

> (가) $f(0)=0$
> (나) 모든 실수 x에 대하여 $f'(2-x)=f'(2+x)$이다.
> (다) 모든 실수 x에 대하여 $f'(x)\geq-3$이다.

| **153** |⊢□□□

이차함수 $f(x)$가 $f(0) = 0$이고 다음 조건을 만족시킨다.

(가) $\displaystyle\int_0^2 |f(x)| dx = -\int_0^2 f(x) dx = 4$

(나) $\displaystyle\int_2^3 |f(x)| dx = \int_2^3 f(x) dx$

$f(5)$의 값을 구하시오.

| **154** |⊢□□□

열린구간 $(-2, 2)$에서 정의된 연속함수 $f(x)$의 도함수 $y = f'(x)$의 그래프가 그림과 같다.

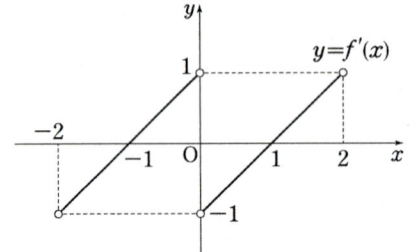

〈보기〉에서 옳은 것만을 있는 대로 고른 것은?

─────〈보 기〉─────

ㄱ. 함수 $f(x)$는 극댓값을 갖는다.

ㄴ. $f(-1) = 1$이면 $f(1) = 1$이다.

ㄷ. 함수 $y = f(x)$의 그래프와 직선 $y = k$가 서로 다른 세 점에서 만나도록 하는 실수 k가 존재한다.

① ㄱ   ② ㄴ   ③ ㄱ, ㄴ

④ ㄴ, ㄷ   ⑤ ㄱ, ㄴ, ㄷ

**우함수와 기함수의 정적분과
주기함수의 정적분**

| **155** ├─□□□

$\int_{-1}^{1} (x^2 + x + 1)(x^2 - x + 1)dx$ 의 값은?

① 3

② $\dfrac{46}{15}$

③ $\dfrac{47}{15}$

④ $\dfrac{16}{5}$

⑤ $\dfrac{49}{15}$

| **156** ├─□□□

함수 $f(x) = 4x^3 + 3x^2 + 2x + 1$에 대하여

$\int_{-a}^{a} f(x)dx = 4$일 때, 실수 a의 값은?

① -2

② -1

③ 0

④ 1

⑤ 2

| 157 | ▸□□□

$-1 \le x \le 0$에서 $f(x) = x + 1$이며, 모든 실수 x에 대하여

$$f(x) = f(-x),\ f(x) = f(x+2)$$

를 만족시킬 때, $\displaystyle\int_{-2}^{3} f(x)dx$의 값은?

① $\dfrac{3}{2}$　　　② 2　　　③ $\dfrac{5}{2}$

④ 3　　　⑤ $\dfrac{7}{2}$

| 158 | ▸□□□

이차함수 $f(x)$가

$$f(1) = f(-1),\ f(0) = -1,$$
$$\int_{-3}^{3} f(x)dx = 0$$

을 만족시킬 때, $f(3)$의 값을 구하시오.

| 159 | ┤□□□

다항함수 $f(x)$가 모든 실수 x에 대하여

$$f(x) + f(-x) = 3x^2 + 2$$

를 만족시킬 때, $\displaystyle\int_{-1}^{1} f(x)dx$의 값은?

① 0   ② 1   ③ 2

④ 3   ⑤ 4

| 160 | ┤□□□

다항함수 $f(x)$가 모든 실수 x에 대하여
$f(-x) = f(x)$를 만족시킬 때,

$$\int_{-a}^{a} f(x)dx - \int_{0}^{a} f(x)dx + \int_{a}^{0} f(x)dx$$

를 간단히 하면? (단, a는 상수이다.)

① $-2\displaystyle\int_{0}^{a} f(x)dx$ ② $-\displaystyle\int_{0}^{a} f(x)dx$

③ 0   ④ $\displaystyle\int_{0}^{a} f(x)dx$

⑤ $2\displaystyle\int_{0}^{a} f(x)dx$

161 ⊢□□□

모든 일차함수 $f(x)$에 대하여

$$\int_{-1}^{1} (x^2 + ax + b)f(x)dx = 0$$

을 만족시킬 때, 두 실수 a, b의 합 $a+b$의 값은?

① $-\dfrac{1}{12}$ ② $-\dfrac{1}{6}$ ③ $-\dfrac{1}{4}$

④ $-\dfrac{1}{3}$ ⑤ $-\dfrac{1}{2}$

162 ⊢□□□

다항함수 $f(x)$가 모든 실수 x에 대하여

$f(-x) = f(x)$이고 $\displaystyle\int_{0}^{a} f(x)dx = 3$일 때,

$2\displaystyle\int_{-a}^{a} f(x)dx + \int_{-a}^{a} xf(x)dx$의 값을 구하시오.

(단, a는 상수이다.)

| **163** |－□□□

함수 $f(x)$가

$$f(x) = \begin{cases} -3x - 6 & (-2 \le x < -1) \\ 3x & (-1 \le x < 1) \\ -3x + 6 & (1 \le x < 2) \end{cases}$$

이고, 모든 실수 x에 대하여 $f(x+4) = f(x)$를 만족시킨다. $\displaystyle\int_{-5}^{5} xf(x)dx$ 의 값은?

① 2　　　　② 4　　　　③ 6
④ 8　　　　⑤ 10

| **164** |－□□□

삼차함수 $f(x) = x^3 + 3x^2 - 9x - a$ (a는 실수)에 대하여

$$\int_{-n}^{n} \{|f(x)| + f(x)\}dx = 0$$

을 만족시키는 자연수 n의 개수가 3 이상이 되도록 하는 a의 최솟값을 구하시오.

정적분으로 정의된 함수

| 165 |─□□□

다항함수 $f(x)$에 대하여

$$f(x) = x^3 - 3x + \int_0^2 f(t)dt$$

일 때, $f(0)$의 값은?

① 1　　　　② 2　　　　③ 3
④ 4　　　　⑤ 5

| 166 |─□□□

이차함수 $f(x)$가

$$f(x) = \frac{12}{7}x^2 - 2x\int_1^2 f(t)dt + \left\{\int_1^2 f(t)dt\right\}^2$$

일 때, $10\int_1^2 f(x)dx$의 값을 구하시오.

| 167 | ☐☐☐

다항함수 $f(x)$가 모든 실수 x에 대하여

$$\int_1^x f(t)dt = x^3 + a$$

를 만족시킬 때, $f(a)$의 값은? (단, a는 상수이다.)

① 1   ② 2   ③ 3

④ 4   ⑤ 5

| 168 | ☐☐☐

다항함수 $f(x)$가 $f(1) = -3$이고 모든 실수 x에 대하여

$$\int_1^x \{f(t)\}^2 dt = \frac{4}{3}x^3 + 2x^2 + x - \frac{13}{3}$$

을 만족시킨다. $\int_0^2 f(x)dx$의 값은?

① -6 ② -3 ③ 0

④ 3   ⑤ 6

169 ⊢□□□

일차함수 $f(x)$에 대하여 함수 $g(x)$가

$$g(x) = x\int_0^x f'(t)dt$$

일 때, $\displaystyle\sum_{x=1}^{5} g'(x) = 60$이다. $f'(1)$의 값은?

① 2   ② 3   ③ 4
④ 5   ⑤ 6

170 ⊢□□□

다항함수 $f(x)$에 대하여

$$\int_0^x f(t)dt = x^3 - 2x^2 - 2x\int_0^1 f(t)dt$$

일 때, $f(0) = a$라 하자. $60a$의 값을 구하시오.

171

다항함수 $f(x)$가 모든 실수 x에 대하여

$$\int_{-1}^{x} (x-t)f(t)dt = 2x^3 + ax^2 - 1$$

을 만족시킬 때, $f(1)$의 값을 구하시오.

172

다항함수 $f(x)$가 모든 실수 x에 대하여

$$\int_{0}^{x} (x-t)f(t)dt = x^3 + x^2 \int_{1}^{2} f(t)dt$$

를 만족시킨다. $f(5)$의 값은?

① 12   ② 13   ③ 14

④ 15   ⑤ 16

173 ⊢□□□

다항함수 $f(x)$는 모든 실수 x에 대하여

$$xf(x) = \frac{1}{3}x^3 + x^2 + \int_0^x f(t)dt$$

를 만족시키고 $f(0) = 3$이다. $f(1)$의 값은?

① 5　　　　② $\dfrac{11}{2}$　　　　③ 6

④ $\dfrac{13}{2}$　　　⑤ 7

174 ⊢□□□

함수 $f(x) = \dfrac{d}{dx}\displaystyle\int_2^x (t^3 - 2xt)dt$에 대하여

$f(4)$의 값은?

① 12　　　　② 16　　　　③ 20
④ 24　　　　⑤ 28

| 175 | ☐☐☐

다항함수 $f(x)$가 모든 실수 x에 대하여

$$\int_1^x \frac{d}{dt}f(t)dt = x^3 + ax^2 - 2$$

를 만족시킬 때, $f(3) - f(1)$의 값을 구하시오.
(단, a는 상수이다.)

| 176 | ☐☐☐

다항함수 $f(x)$가 모든 실수 x에 대하여

$$\int_1^x f'(t)dt = 2x^3 - 4x^2 - f(x)$$

를 만족시킬 때, $f(2)$의 값은?

① -2 ② -1 ③ 0
④ 1 ⑤ 2

$\lim\limits_{x \to 1} \dfrac{1}{x-1} \displaystyle\int_{1}^{x} (2t^{10} + t^9 - 2)dt$ 의 값을
구하시오.

다항함수 $f(x)$가 다음 조건을 만족시킬 때, $f(9)$의 값은?

(가) $\lim\limits_{x \to 0+} x^3 f\!\left(\dfrac{1}{x}\right) = 0$

(나) $\lim\limits_{x \to n} \dfrac{1}{x-n} \displaystyle\int_{n}^{x} f(t)dt = n \,(n = 1, 2, 3)$

① 3　　　　② 6　　　　③ 9
④ 12　　　⑤ 15

179

두 다항함수 $f(x)$, $g(x)$가 다음 조건을 만족시킬 때, $f(1)+g(1)+a+b$의 값은?

(단, a, b는 상수이다.)

(가) $\displaystyle\int_1^x \{2f(t)-g(t)\}dt = 3x^2 - 3x + a$

(나) $\displaystyle\int_1^x \{f(t)+2g(t)\}dt$
$\quad = 5x^3 - x^2 + x + b$

① 0 　　　　② 1 　　　　③ 2
④ 3 　　　　⑤ 4

180

함수 $f(x) = -x^2 + 2x + a$에 대하여 함수

$$g(x) = \int_0^x f(t)dt$$

가 열린구간 $(0, 4)$에서 오직 하나의 극값을 갖도록 하는 정수 a의 최댓값을 M, 최솟값을 m이라 할 때, $M+m$의 값을 구하시오.

181

함수 $f(x)$가 모든 실수 x에 대하여

$$f(x) = 4x^3 + 12x^2 \int_{-a}^{a} f(t)dt + ax$$

(단, a는 양수)

를 만족시키고, $f(-1) = 0$일 때, $f(1)$의 값은?

① 1   ② 3   ③ 5

④ 7   ⑤ 9

182

양수 a, b에 대하여 함수

$$f(x) = \int_{0}^{x} (t-a)(t-b)dt$$가 다음 조건을

만족시킬 때, $a+b$의 값은?

> (가) 함수 $f(x)$는 $x = \dfrac{1}{2}$에서 극값을 갖는다.
>
> (나) $f(a) - f(b) = \dfrac{1}{6}$

① 1   ② 2   ③ 3

④ 4   ⑤ 5

■ **정적분과 넓이**

| **183** ├─□□□

곡선 $y = -2x^2 + 3x$와 직선 $y = x$로 둘러싸인

부분의 넓이가 $\dfrac{q}{p}$일 때, $p+q$의 값을 구하시오.

(단, p와 q는 서로소인 자연수이다.)

| **184** ├─□□□

그림과 같이 두 곡선

$$y = -x^2 + 4x, \; y = -x^2 + 8x - 12$$

및 x축으로 둘러싸인 부분의 넓이는?

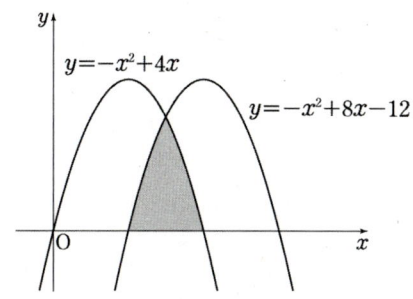

① 3   ② $\dfrac{10}{3}$ ③ $\dfrac{11}{3}$

④ 4   ⑤ $\dfrac{13}{3}$

| 185 ├─□□□

곡선 $y = x^3$과 x축 및 직선 $x = 1$로 둘러싸인
부분의 넓이를 A_1, 곡선 $y = x^3$과 y축 및 직선
$y = 1$로 둘러싸인 부분의 넓이를 A_2라 할 때,
$\dfrac{A_2}{A_1}$의 값을 구하시오.

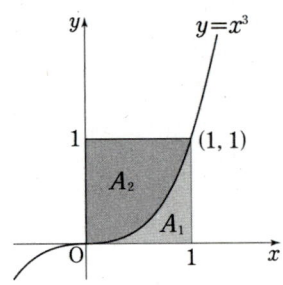

| 186 ├─□□□

그림과 같이 곡선 $y = x^2 + 2x$와 x축으로
둘러싸인 부분의 넓이를 S_1, 양수 k에 대하여
곡선 $y = x^2 + 2x$와 x축 및 직선 $x = k$로
둘러싸인 부분의 넓이를 S_2라 하자. $S_1 = S_2$일
때, k의 값은?

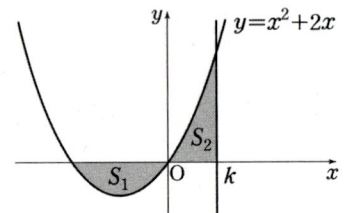

① $\dfrac{1}{2}$ ② 1 ③ $\dfrac{3}{2}$

④ 2 ⑤ $\dfrac{5}{2}$

187 ├─□□□

그림과 같이 곡선 $y = -x^2 + 3x$ 위의 점 $(2, 2)$ 에서의 접선과 곡선 $y = -x^2 + 3x$ 및 x축으로 둘러싸인 영역의 넓이를 A라 하고, 곡선 $y = -x^2 + 3x$ 위의 점 $(2, 2)$에서의 접선과 곡선 $y = -x^2 + 3x$ 및 y축으로 둘러싸인 영역의 넓이를 B라 할 때, $A + B$의 값은?

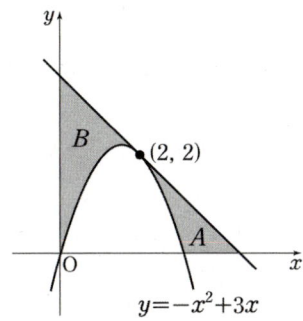

① $\dfrac{19}{6}$ ② $\dfrac{10}{3}$ ③ $\dfrac{7}{2}$

④ $\dfrac{11}{3}$ ⑤ $\dfrac{23}{6}$

188 ├─□□□

함수 $f(x) = x^2$에 대하여 $y = f(x)$의 그래프를 x축의 방향으로 k만큼 평행이동하면 함수 $y = g(x)$의 그래프와 일치한다. 두 곡선 $y = f(x)$, $y = g(x)$ 및 x축으로 둘러싸인 부분의 넓이가 18일 때, 양수 k의 값은?

① 2 ② 4 ③ 6

④ 8 ⑤ 10

최고차항의 계수가 1인 삼차함수 $f(x)$가 다음 조건을 만족시킬 때, $f(3)$의 값은?

(가) 모든 실수 x에 대하여
$f(-x) = -f(x)$이다.
(나) $y = f'(x)$의 그래프와 x축으로
둘러싸인 부분의 넓이는 4이다.

① 12   ② 15   ③ 18
④ 21   ⑤ 24

그림과 같이 좌표평면 위의 두 점 A$(2, 0)$, B$(0, 3)$을 지나는 직선과 곡선 $y = ax^2 \, (a > 0)$ 및 y축으로 둘러싸인 부분 중에서 제1 사분면에 있는 부분의 넓이를 S_1이라 하자. 또한, 직선 AB와 곡선 $y = ax^2$ 및 x축으로 둘러싸인 부분의 넓이를 S_2라 하자. $S_1 : S_2 = 13 : 3$일 때, 상수 a의 값은?

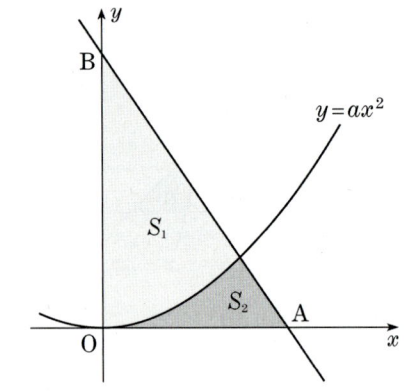

① $\dfrac{2}{9}$ ② $\dfrac{1}{3}$ ③ $\dfrac{4}{9}$

④ $\dfrac{5}{9}$ ⑤ $\dfrac{2}{3}$

191

삼차함수 $f(x) = x^3 + ax^2 + bx - 1$이 다음
조건을 만족시킬 때, 두 실수 a, b에 대하여
좌표평면에서 점 (a, b)가 나타내는 영역의 넓이는?

(가) 곡선 $y = f(x)$ 위의 임의의 서로 다른
두 점 P, Q에 대하여 직선 PQ의
기울기가 양수이다.

(나) 열린구간 $(0, 1)$에서 x에 대한 방정식
$f(x) = 0$의 실근이 존재하지 않는다.

---

① $\dfrac{7}{6}$ ② $\dfrac{4}{3}$ ③ $\dfrac{3}{2}$

④ $\dfrac{5}{3}$ ⑤ $\dfrac{11}{6}$

192

최고차항의 계수가 1인 삼차함수 $y = f(x)$는
다음 조건을 만족시킨다.

(가) $f(0) = f(6) = 0$

(나) 함수 $y = f(x)$의 그래프와 함수
$y = -f(x-k)$ 의 그래프가 서로 다른
세 점 $(\alpha, f(\alpha))$, $(\beta, f(\beta))$, $(\gamma, f(\gamma))$
(단, $\alpha < \beta < \gamma$)에서 만나면 k의 값에
관계없이

$$\int_{\alpha}^{\gamma} \{f(x) + f(x-k)\} dx = 0$$이다.

함수 $y = f(x)$의 그래프와 함수
$y = -f(x-k)$의 그래프가 다음 그림과 같이
서로 다른 세 점에서 만나고 가운데 교점의

x좌표의 값이 4일 때, $\displaystyle\int_{0}^{k} f(x)dx$의 값을

구하시오.

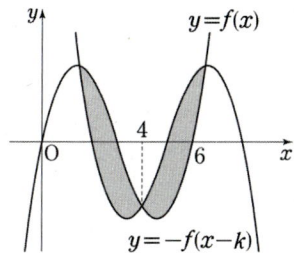

속도와 거리

| 193 | □□□

수직선 위를 움직이는 점 P의 시각 $t\,(t \geq 0)$ 에서의 속도 $v(t)$가

$$v(t) = -2t + 4$$

이다. $t = 0$부터 $t = 4$까지 점 P가 움직인 거리는?

① 8   ② 9   ③ 10

④ 11   ⑤ 12

| 194 | □□□

수직선 위를 움직이는 점 P의 시각 $t\,(t \geq 0)$ 에서의 속도가 $v(t) = t^2 - 3t + 2$일 때, 점 P가 출발 후 두 번째로 운동 방향을 바꿀 때까지 움직인 거리는?

① $\dfrac{5}{6}$ ② 1   ③ $\dfrac{7}{6}$

④ $\dfrac{4}{3}$ ⑤ $\dfrac{3}{2}$

| 195 | ⊢□□□

수직선 위를 움직이는 점 P의 시각 t $(t \geq 0)$ 에서의 속도 $v(t)$가

$$v(t) = -2t + 6$$

이다. 시각 $t = 3$에서 점 P의 위치와 시각 $t = 0$부터 시각 $t = 5$까지 점 P가 움직인 거리가 같을 때, 시각 $t = 0$에서의 점 P의 위치는?

① 1   ② 2   ③ 3
④ 4   ⑤ 5

| 196 | ⊢□□□

수직선 위를 움직이는 점 P의 시각 t $(t \geq 0)$ 에서의 속도 $v(t)$가

$$v(t) = t^2 + (1-a)t - a$$

이다. 점 P가 시각 $t = 0$일 때부터 움직이는 방향이 바뀔 때까지 움직인 거리가 $\dfrac{10}{3}$일 때, 시각 $t = a$에서 점 P의 가속도는?

(단, a는 양수이다.)

① 1   ② 2   ③ 3
④ 4   ⑤ 5

197

원점에서 출발하여 수직선 위를 움직이는 점 P의 시각 $t\,(0 \le t \le 5)$에서의 속도 $v(t)$의 그래프가 그림과 같다. 점 P가 $t = 4$일 때 다시 원점을 지나고

$$\int_0^2 v(t)dt = 16, \quad \int_2^5 v(t)dt = 9$$

이다. 점 P가 시각 $t = 0$에서 시각 $t = 5$까지 움직인 거리를 구하시오.

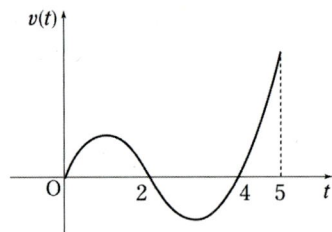

198

수직선 위의 점 P가 좌표가 8인 점에서 출발하여 움직일 때, 시각 $t\,(t \ge 0)$에서의 속도는 $v(t) = 12t^3 - 12t^2$이다. 점 P가 움직인 후 원점과 가장 가까이 있게 되는 시각은 a이고, 그때의 위치는 b일 때, $a + b$의 값은?

① 5   ② 6   ③ 7
④ 8   ⑤ 9

199

수직선 위를 움직이는 두 점 P, Q가 있다. 점 P는 점 A(48)에서 출발하고 점 Q는 점 B(100)에서 출발할 때, 시각 t $(t \geq 0)$에서의 속도가 각각

$$f(t) = 3t^2 - 2, \ g(t) = 1$$

이다. 두 점 P, Q가 동시에 출발할 때, $t = k$에서 두 점이 만난다. 상수 k의 값은?

① 1   ② 2   ③ 3

④ 4   ⑤ 5

200

원점에서 동시에 출발하여 수직선 위를 움직이는 두 점 P, Q의 시각 t에서의 속도는 각각

$$f(t) = 3t^2 - 3, \ g(t) = 18t - 18$$

이다. $0 \leq t \leq 6$에서 두 점 P와 Q 사이의 거리의 최댓값을 구하시오.

수능고쟁이 미니모의고사

수학 영역

성명		수험 번호	

○ 문제지의 해당란에 성명과 수험 번호를 정확히 쓰시오.

○ 답안지의 해당란에 성명과 수험 번호를 쓰고, 또 수험 번호, 답을
  정확히 표시하시오.

○ 단답형 답의 숫자에 '0'이 포함되면 그 '0'도 답란에 반드시 표시하시오.

○ 계산은 문제지의 여백을 활용하시오.

※ 시험이 시작되기 전까지 표지를 넘기지 마시오.

제 1 회

5지선다형

1. 수직선 위를 움직이는 점 P의 시각 $t\,(t \geq 0)$에서의 위치 x가

$$x = \frac{1}{3}t^3 + kt\,(k\text{는 상수})$$

이고, 점 P의 속도가 15일 때 점 P의 가속도는 6이다. k의 값은?

① 6　　　② 8　　　③ 10　　　④ 12　　　⑤ 14

2. 두 함수 $f(x) = \begin{cases} x+1 & (x < 1) \\ x-1 & (x \geq 1) \end{cases}$ 과 $g(x) = 2^{x-k} - 4$에

대하여 함수 $f(x)g(x)$가 실수 전체의 집합에서 연속일 때, 상수 k의 값은?

① -1　　　② -2　　　③ -3　　　④ -4　　　⑤ -5

3. 양수 t에 대하여 곡선 $y = 2x^2 - 3x$와 직선 $y = tx$로 둘러싸인 부분의 넓이를 $S(t)$라 할 때, $\lim\limits_{t \to \infty} \dfrac{S(t)}{t^3}$의 값은?

① $\dfrac{1}{48}$ ② $\dfrac{1}{24}$ ③ $\dfrac{1}{16}$ ④ $\dfrac{1}{12}$ ⑤ $\dfrac{5}{48}$

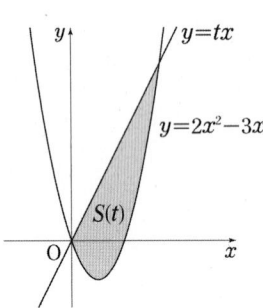

4. 최고차항의 계수가 양수인 삼차함수 $f(x)$가 다음 조건을 만족시킨다.

(가) $f'(1) = f'(3) = 0$
(나) $f(f'(0)) = f(f'(k)) = f(1)$을 만족시키는 1보다 작은 양수 k가 존재한다.

$f'(6)$의 값은?

① 16 ② 20 ③ 24 ④ 28 ⑤ 32

5. 두 양수 p, q에 대하여 함수 $f(x) = (x-p)^2 + q$가 있다. 자연수 n에 대하여 $\int_n^k f(x)dx = 2$를 만족시키는 실수 k의 값을 a_n이라 할 때, <보기>에서 옳은 것만을 있는 대로 고른 것은?

<보 기>

ㄱ. $a_2 = 3$, $a_3 = 4$이면 $f(2) = \dfrac{8}{3}$이다.

ㄴ. $p = 3$이고, $\int_1^5 f(x)dx < 8$이면 $a_3 > 4$이다.

ㄷ. $0 < p < 1$이면 모든 자연수 n에 대하여 $a_{n+1} - a_n < 1$이다.

① ㄱ   ② ㄴ   ③ ㄱ, ㄴ

④ ㄴ, ㄷ   ⑤ ㄱ, ㄴ, ㄷ

단답형

6. 최고차항의 계수가 1인 이차함수 $f(x)$에 대하여 함수 $g(x)$를

$$g(x) = \int_0^x f(t)dt + x$$

라 하자. 함수 $g(x)$가 $x = 1$에서 1을 극값으로 가질 때, $f(4)$의 값을 구하시오.

7. 실수 전체의 집합에서 정의된 함수

$$f(x) = \begin{cases} (x-m)^2 & (x < m) \\ -4x+m^2 & (x \geq m) \end{cases}$$

가 $\lim\limits_{x \to 2-} f(x) - \lim\limits_{x \to 4+} f(x) = 8$을 만족시키도록 하는 모든

자연수 m의 값의 합을 구하시오.

8. 삼차함수 $y = x^3 - 3x$의 그래프를 x축의 방향으로 a만큼, y축의 방향으로 b만큼 평행이동시킨 그래프를 갖는 함수 $y = f(x)$가 다음 조건을 만족시킨다.

> (가) $f(0) = 0$
> (나) 함수 $f(x)$의 극솟값은 자연수이다.
> (다) 두 함수 $y = f(x)$, $y = |x-k|+n$의 그래프의 교점의
>   개수가 2가 되도록 하는 실수 k와 자연수 n의 모든
>   순서쌍 (k, n)의 개수는 69이다.

$a+b$의 값을 구하시오. (단, a, b는 상수이다.)

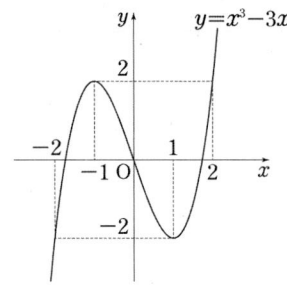

수능고쟁이 미니모의고사

수학 영역

이투스교육

수학 영역

5지선다형

1. 함수 $f(x) = \dfrac{1}{3}x^3 + ax^2 + 4x$의 역함수가 존재하도록 하는 모든 정수 a의 개수는?

① 1 ② 2 ③ 3 ④ 4 ⑤ 5

2. 다항함수 $f(x)$가 모든 실수 x에 대하여

$$\int_0^x f(t)\,dt = (x+1)f(x) + x^2 - kx \ (k \text{는 상수})$$

를 만족시킬 때, $f(3)$의 값은?

① -8 ② -6 ③ -4 ④ -2 ⑤ 0

3. 실수 t에 대하여 직선 $y=t$가 함수 $y=|2^x-1|+3$의 그래프와 만나는 점의 개수를 $f(t)$라 할 때, $f(3)+\lim\limits_{t\to 4-}f(t)$의 값은?

① 0　　② 1　　③ 2　　④ 3　　⑤ 4

4. 최고차항의 계수가 1이고 모든 실수 x에 대하여 $f(x)=-f(-x)$를 만족시키는 삼차함수 $f(x)$가 있다. 실수 t에 대하여 방정식 $f'(x)=\dfrac{f(t+3)-f(t)}{3}$를 만족시키는 $t<x<t+3$인 실수 x의 개수를 $g(t)$라 하자. 서로 다른 두 실수 $\alpha,\ \beta\,(\alpha<\beta)$에 대하여 실수 전체의 집합에서 정의된 함수 $g(t)$가 $t=\alpha$, $t=\beta$에서만 불연속일 때, $\alpha+\beta$의 값은?

① -2　　② -3　　③ -4　　④ -5　　⑤ -6

5. 최고차항의 계수가 1인 서로 다른 두 삼차함수 $f(x)$, $g(x)$가 다음 조건을 만족시킨다.

> (가) $\displaystyle\lim_{x\to 0}\frac{f(x)g(x)}{x^2}=0$, $\displaystyle\lim_{x\to 1}\frac{f(x)g(x)}{x-1}=0$
>
> (나) 방정식 $f(x)=g(x)$는 서로 다른 두 실근 0, 3을 갖는다.

좌표평면에서 두 곡선 $y=f(x)$, $y=g(x)$로 둘러싸인 부분의 넓이는?

① $\dfrac{7}{6}$ ② $\dfrac{4}{3}$ ③ $\dfrac{3}{2}$ ④ $\dfrac{5}{3}$ ⑤ $\dfrac{11}{6}$

단답형

6. 최고차항의 계수가 $\dfrac{1}{3}$인 삼차함수 $f(x)$는 다음 조건을 만족시킨다.

> (가) 모든 실수 x에 대하여 $f'(x)=f'(-x)$이다.
> (나) 어떤 상수 k에 대하여 $g(x)=f(x)-kx^2$이라 할 때, 함수 $g(x)$는 $x=1$과 $x=2$에서 극값을 가진다.

$f'(3)$의 값을 구하시오.

7. 점 $A(a)$에서 출발하여 수직선 위를 움직이는 점 P의 시각 $t \, (t \geq 0)$에서의 속도 $v(t)$가

$$v(t) = -20t(t-1)(t-2)$$

이다. 출발한 후 점 P가 원점을 두 번만 지났을 때, 상수 a의 값을 구하시오.

8. 함수

$$f(x) = \begin{cases} kx^2 & (x < 0) \\ |x-1| & (x \geq 0) \end{cases}$$

에 대하여

$$g(x) = \{f(x) + a\}\{f(x+b) + a\}$$

라 하자. 함수 $g(x)$가 실수 전체의 집합에서 연속이 되도록 하는 두 실수 a, b의 모든 순서쌍 (a, b)의 개수가 5일 때, 상수 k에 대하여 $60k$의 값을 구하시오.

수능고쟁이 미니모의고사

수학 영역

성명		수험 번호	

○ 문제지의 해당란에 성명과 수험 번호를 정확히 쓰시오.

○ 답안지의 해당란에 성명과 수험 번호를 쓰고, 또 수험 번호, 답을
정확히 표시하시오.

○ 단답형 답의 숫자에 '0'이 포함되면 그 '0'도 답란에 반드시 표시하시오.

○ 계산은 문제지의 여백을 활용하시오.

※ 시험이 시작되기 전까지 표지를 넘기지 마시오.

이투스교육

5지선다형

1. 실수 전체의 집합에서 연속인 함수 $f(x)$가 $x > 1$일 때

$$-x(x-1)(x-3) \le f(x) \le x^2 - 1$$

을 만족시킨다. $\lim\limits_{x \to 1+} \dfrac{f(x)}{x-1}$의 값은?

① 2 ② 3 ③ 4 ④ 5 ⑤ 6

2. 함수 $f(x)$의 도함수가

$$f'(x) = \begin{cases} x+2 & (x \le 1) \\ -x^2 + 4 & (x > 1) \end{cases}$$

이고 $f(0) = -\dfrac{3}{2}$일 때, 함수 $f(x)$의 극댓값은?

① 2 ② $\dfrac{7}{3}$ ③ $\dfrac{8}{3}$ ④ 3 ⑤ $\dfrac{10}{3}$

3. 최고차항의 계수가 1인 삼차함수 $f(x)$에 대하여 함수 $g(x)=|(x-1)f(x)|$는 한 점에서만 미분가능하지 않고 $x=4$에서 극댓값을 갖는다. 함수 $f(x)$의 극값이 존재할 때, 함수 $f(x)$의 극댓값과 극솟값의 합은?

① $-\dfrac{256}{9}$ ② $-\dfrac{128}{9}$ ③ $-\dfrac{256}{27}$ ④ $-\dfrac{128}{27}$ ⑤ $-\dfrac{64}{27}$

4. 1보다 큰 양수 a에 대하여 함수 $f(x)$를 $f(x)=x^2(x-1)+a$라 하자. 곡선 $y=f(x)$와 x축이 만나는 점의 x좌표를 b라 하고 b보다 큰 실수 t에 대하여 두 점 $(b,0)$, $(t,f(t))$를 이은 직선의 기울기를 $g(t)$라 하자. $t>b$에서 정의된 함수 $g(t)$의 최솟값이 1일 때, ab의 값은?

① -3 ② $-\dfrac{5}{2}$ ③ -2 ④ $-\dfrac{3}{2}$ ⑤ -1

5. 함수 $f(x)$가 모든 자연수 n에 대하여 다음 조건을 만족시킨다.

> (가) $\lim\limits_{x \to 0+} f(x) = f(2n-2) = 0$
>
> (나) 함수 $f(x)$의 그래프는 $n-1 < x \le n$에서 기울기가 1 또는 -1인 직선이다.
>
> (다) n이 3의 배수이면 $\lim\limits_{x \to n-} f(x) > \lim\limits_{x \to n+} f(x)$이고, n이 3의 배수가 아니면 $\lim\limits_{x \to n-} f(x) = \lim\limits_{x \to n+} f(x)$이다.

$f(1) + f(5) = \lim\limits_{x \to 6+} f(x)$일 때, $f(x) = -\dfrac{1}{2}$을 만족시키는 10 이하의 모든 양수 x의 값의 합은?

① $\dfrac{61}{2}$ ② 31 ③ $\dfrac{63}{2}$ ④ 32 ⑤ $\dfrac{65}{2}$

단답형

6. 두 다항함수 $f(x)$, $g(x)$가

$$\int_0^1 \{f(x) + 3g(x)\}dx = 10,$$

$$\int_1^0 \{f(x) - g(x)\}dx = 6$$

을 만족시킬 때, $\displaystyle\int_0^1 \{f(x) + g(x)\}dx$의 값을 구하시오.

7. 다항함수 $f(x)$가 다음 조건을 만족시킬 때, $f(1)$의 값을 구하시오.

> (가) $\lim\limits_{x \to \infty} \dfrac{f(x) - x^3}{x^2} = 3$
>
> (나) $\lim\limits_{x \to 0} \dfrac{f(x) - 1}{x} = \dfrac{f'(2)}{2}$

8. 수직선 위를 움직이는 두 점 P, Q의 시각 t $(t \geq 0)$에서의 속도를 각각 $v_P(t)$, $v_Q(t)$라 하면

$$v_P(t) = 2t - 1, \quad v_Q(t) = -3t^2$$

이고, 두 점 P, Q는 다음 조건을 만족시킨다.

> (가) 두 점 P, Q의 속도가 같아질 때, 점 P의 위치는 $\dfrac{16}{9}$이다.
>
> (나) 시각 $t = 0$일 때 점 Q의 원점으로부터의 거리는 점 P의 원점으로부터의 거리의 6배이다.
>
> (다) 점 Q는 처음 움직이기 시작한 후 원점을 지나지 않는다.

시각 $t = 1$일 때, 두 점 P, Q 사이의 거리를 구하시오.

수능고쟁이 미니모의고사

수학 영역

성명		수험 번호	

○ 문제지의 해당란에 성명과 수험 번호를 정확히 쓰시오.

○ 답안지의 해당란에 성명과 수험 번호를 쓰고, 또 수험 번호, 답을
   정확히 표시하시오.

○ 단답형 답의 숫자에 '0'이 포함되면 그 '0'도 답란에 반드시 표시하시오.

○ 계산은 문제지의 여백을 활용하시오.

※ 시험이 시작되기 전까지 표지를 넘기지 마시오.

이투스교육

수학 영역

5지선다형

1. 함수

$$f(x) = \begin{cases} 2x^4 + a & (x \le 1) \\ x^3 + bx + 1 & (x > 1) \end{cases}$$

이 실수 전체의 집합에서 미분가능할 때, $a+b$의 값은?

(단, a, b는 상수이다.)

① 10   ② 12   ③ 14   ④ 16   ⑤ 18

2. 다항함수 $f(x)$가 모든 실수 x에 대하여

$$\int_a^x f(t)\,dt = x^2 - 5x + 6$$

을 만족시킨다. $f(a) > 0$일 때, $\int_a^{2a} f'(x)\,dx$의 값은?

(단, a는 상수이다.)

① 6   ② 8   ③ 10   ④ 12   ⑤ 14

3. 최고차항의 계수가 1인 이차함수 $f(x)$는 $f(1) < 0$을 만족시킨다. 실수 t에 대하여 함수 $y = |f(x)|$의 그래프와 직선 $y = t$가 만나는 점의 개수를 $g(t)$라 하자. 함수 $f(x)g(x)$가 실수 전체의 집합에서 연속일 때, $f(3)$의 값은?

① 0   ② -1 ③ -2 ④ -3 ⑤ -4

4. 최고차항의 계수가 1인 이차함수 $f(x)$가 다음 조건을 만족시킬 때, $f(2)$의 값은?

(가) $\displaystyle\lim_{x \to 1+} \frac{|f(x)| - |f(1)|}{x - 1} \times \lim_{x \to 1-} \frac{|f(x)| - |f(1)|}{x - 1} = -25$

(나) 임의의 실수 p에 대하여 $\displaystyle\lim_{x \to p} \frac{x^3 - 13x + 12}{f(x)}$의 값이 존재한다.

① 6   ② 7   ③ 8   ④ 9   ⑤ 10

5. 시각 $t=0$일 때 동시에 원점을 출발하여 수직선 위를 움직이는 두 점 P, Q가 있다. 다음은 시각 $t\,(0 \le t \le c)$에서 점 P의 속도 $f(t)$와 점 Q의 속도 $g(t)$를 나타내는 그래프이다.

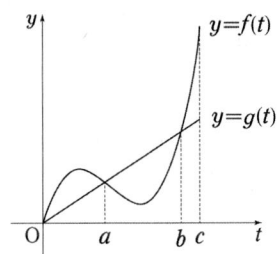

$\int_0^c \{f(t) - g(t)\}dt = 0$이고 $f(a) = g(a)$, $f(b) = g(b)$일 때, <보기>에서 옳은 것만을 있는 대로 고른 것은?

(단, $0 < a < b < c$이다.)

<보 기>

ㄱ. 시각 $t=0$에서 $t=c$까지 점 P는 운동방향을 바꾸지 않는다.

ㄴ. 시각 $t=0$에서 $t=c$까지 두 점 P와 Q가 움직인 거리는 같다.

ㄷ. 시각 $t=a$에서 $t=b$까지 두 점 P와 Q의 위치가 같아지는 순간이 적어도 한 번 존재한다.

---

① ㄱ   ② ㄱ, ㄴ   ③ ㄱ, ㄷ
④ ㄴ, ㄷ   ⑤ ㄱ, ㄴ, ㄷ

단 답 형

6. 양의 실수 전체의 집합에서 정의된 함수 $f(x)$가 모든 양의 실수 x에 대하여

$$2x^2 + 3x \le \frac{f(x)}{2x} \le 4x^2 + 3x$$

를 만족시킬 때, $\displaystyle\lim_{x \to 0+} \frac{f(x)}{x^2}$의 값을 구하시오.

7. 그림과 같이 곡선 $y = 3x^2 - 2x + 5$와 x축, y축 및 직선 $x = 1$로 둘러싸인 부분의 넓이가 두 직선 $y = ax + 1$, $x = 1$ 및 x축, y축으로 둘러싸인 부분의 넓이의 2배일 때, 상수 a의 값을 구하시오.

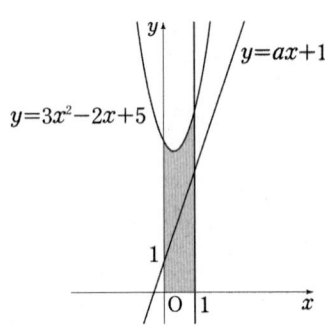

8. 최고차항의 계수가 1이고 $f(0) = 0$인 사차함수 $f(x)$가 다음 조건을 만족시킨다.

> (가) 함수 $f(x)$는 극댓값을 갖는다.
> (나) 함수 $|f(x) - f(2)|$가 $x = a$에서 극값을 갖는 서로 다른 실수 a의 개수는 3이다.

$f'(0) = f'(2)$이고 $f'(1)f(1) \le 0$일 때, $f(-1)$의 최댓값과 최솟값의 합을 구하시오.

수능고쟁이 미니모의고사

수학 영역

성명		수험 번호	

○ 문제지의 해당란에 성명과 수험 번호를 정확히 쓰시오.

○ 답안지의 해당란에 성명과 수험 번호를 쓰고, 또 수험 번호, 답을
정확히 표시하시오.

○ 단답형 답의 숫자에 '0'이 포함되면 그 '0'도 답란에 반드시 표시하시오.

○ 계산은 문제지의 여백을 활용하시오.

※ 시험이 시작되기 전까지 표지를 넘기지 마시오.

이투스교육

5지선다형

1. 함수 $f(x) = \dfrac{x+1}{x^2+kx+6}$ 이 실수 전체의 집합에서 연속이

되도록 하는 모든 정수 k의 개수는?

① 5　　　② 6　　　③ 7　　　④ 8　　　⑤ 9

2. 삼차함수 $f(x)$가 $\displaystyle\lim_{x \to -1} \frac{f(x)}{x^2-1} = 3$, $\displaystyle\lim_{x \to 2} \frac{f(x)}{x^2-3x+2} = 15$를

만족시킬 때, $f(4)$의 값은?

① 40　　　② 50　　　③ 60　　　④ 70　　　⑤ 80

3. 수직선 위를 움직이는 점 P의 시각 $t\,(t \geq 0)$에서의 위치 x가

$$x = t^4 + t^3 - 3t^2$$

이다. $t = p$에서 점 P의 가속도가 0일 때, $t = p$에서 점 P의 속도는 q이다. $p+q$의 값은? (단, $p > 0$)

① $-\dfrac{1}{4}$ ② $-\dfrac{1}{2}$ ③ $-\dfrac{3}{4}$ ④ -1 ⑤ $-\dfrac{5}{4}$

4. 삼차함수 $y = f(x)$의 도함수 $y = f'(x)$의 그래프가 그림과 같다.

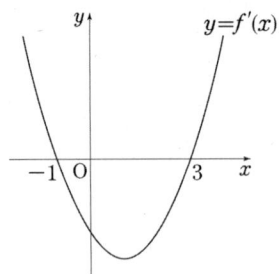

$f'(-1) = f'(3) = 0$이고 곡선 $y = f'(x)$와 x축으로 둘러싸인 부분의 넓이가 8일 때, $f(4) - f(0)$의 값은?

① -1 ② -2 ③ -3 ④ -4 ⑤ -5

5. 함수 $f(x) = x^2(3k-x)$에 대하여 함수 $g(x)$를

$$g(x) = \int_0^x (x-t)f(t)dt$$

라 하자. 함수 $g(x)$가 다음 조건을 만족시킬 때, $f(4)$의 값은?
(단, k는 상수이다.)

함수 $g(x)$의 극댓값을 a, 함수 $g'(x)$의 극댓값을 b라
하면 $9a = 16b$이다.

---

① -19 ② -17 ③ -15 ④ -13 ⑤ -11

6. 함수 $f(x) = 2x^2 + 1$에서 x의 값이 0에서 k까지 변할 때의
평균변화율이 함수 $f(x)$의 $x = 6$에서의 미분계수와 같게
되도록 하는 실수 k의 값을 구하시오.

7. 그림과 같이 함수 $f(x) = x^2$과 양수 t에 대하여 곡선 $y = f(x)$ 위의 점 $P(t, f(t))$에서의 접선을 l이라 하고 점 $Q(-t, f(-t))$에서의 접선을 m이라 하자. 두 직선 l, m과 곡선 $y = f(x)$로 둘러싸인 부분의 넓이를 $S(t)$라 할 때, $S'(a) = 8$인 양수 a에 대하여 $S(a)$의 값은 $\dfrac{q}{p}$이다. $p+q$의 값을 구하시오. (단, p와 q는 서로소인 자연수이다.)

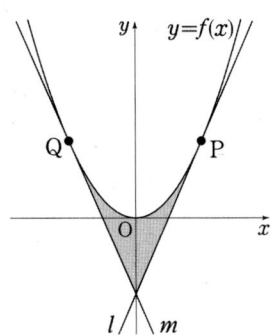

8. 함수 $f(x) = x^3 - 3x^2$에 대하여 실수 전체의 집합에서 미분가능한 함수 $g(x)$를

$$g(x) = \begin{cases} f(x) & (x < 3) \\ f(x-p) + q & (x \geq 3) \end{cases}$$

라 하자. 함수 $y = |g(x) - g(k)|$가 미분가능하지 않은 점의 개수가 1이 되도록 하는 10 이하의 모든 자연수 k의 값의 합을 구하시오. (단, p, q는 양수이다.)

수능고쟁이 미니모의고사

수학 영역

성명		수험 번호	

○ 문제지의 해당란에 성명과 수험 번호를 정확히 쓰시오.

○ 답안지의 해당란에 성명과 수험 번호를 쓰고, 또 수험 번호, 답을
  정확히 표시하시오.

○ 단답형 답의 숫자에 '0'이 포함되면 그 '0'도 답란에 반드시 표시하시오.

○ 계산은 문제지의 여백을 활용하시오.

※ 시험이 시작되기 전까지 표지를 넘기지 마시오.

이투스교육

5지선다형

1. $\lim\limits_{x \to 2}\left(\dfrac{1}{x-2}\displaystyle\int_{2}^{x} xt^2 dt\right)$의 값은?

① 4　　　② 8　　　③ 12　　　④ 14　　　⑤ 16

2. 0이 아닌 실수 t에 대하여 직선 $y = \dfrac{1}{t}x + 1$이 함수 $y = |\sin \pi x|$의 그래프와 만나는 점의 개수를 $f(t)$라 할 때, $\lim\limits_{t \to -1+} f(t) + \lim\limits_{t \to 3-} f(t)$의 값은?

① 4　　　② 5　　　③ 6　　　④ 7　　　⑤ 8

3. 다항함수 $f(x)$가 모든 실수 t에 대하여

$$\lim_{h \to 0}\frac{f(t+h)-f(t)}{h}=2t^3-f(t)$$

를 만족시킬 때, 곡선 $y=f(x)$ 위의 점 $(2, f(2))$에서의 접선의 y절편은?

① -22 ② -20 ③ -18 ④ -16 ⑤ -14

4. 실수 전체의 집합에서 미분가능한 함수 $f(x)$가 다음 조건을 만족시킨다.

(가) $f(0)=3$

(나) 열린구간 $(0,\ 1)$에서 $f'(x)=-2x$이다.

(다) $0<a<b<2$인 모든 실수 $a,\ b$에 대하여
    $f'(a) \geq f'(b)$이다.

$\displaystyle\int_0^2 f(x)dx$의 최댓값은?

① $\dfrac{8}{3}$ ② 3 ③ $\dfrac{10}{3}$ ④ $\dfrac{11}{3}$ ⑤ 4

5. 최고차항의 계수가 1이고 모든 실수 x에 대하여 $f(x) = -f(-x)$를 만족시키는 삼차함수 $f(x)$가 있다. $x \le t$에서 함수 $f(x)$의 최댓값을 $g(t)$라 하자. 함수 $f(x)$와 실수 전체의 집합에서 정의된 함수 $g(t)$에 대하여 <보기>에서 옳은 것만을 있는 대로 고른 것은?

---------------<보 기>---------------
ㄱ. $f'(2) - f'(1) = 9$

ㄴ. 함수 $g(t)$가 실수 전체의 집합에서 미분가능하면 방정식 $f'(x) = 0$은 서로 다른 두 실근을 갖는다.

ㄷ. 함수 $g(t)$가 $t = 6$에서만 미분가능하지 않으면 $f(-1) = 26$이다.
----

① ㄱ   ② ㄴ   ③ ㄱ, ㄴ

④ ㄱ, ㄷ   ⑤ ㄱ, ㄴ, ㄷ

단답형

6. 두 함수 $y = x^4 + x^3 + k$와 $y = x^4 + 12x$의 그래프가 서로 다른 두 점에서만 만나도록 하는 양수 k의 값을 구하시오.

7. 양수 a에 대하여

$$f(x) = \begin{cases} \dfrac{x+a}{x-a} & (x<0) \\ x-4 & (x \geq 0) \end{cases}$$

이라 하고, 양수 p에 대하여 함수 $g(x)$를

$$g(x) = f(x)f(x-p)$$

라 하자. 함수 $g(x)$가 실수 전체의 집합에서 연속일 때, $a+p$의 값을 구하시오.

8. 함수 $f(x) = x^2 + 2ax + 11$에 대하여 함수

$$g(x) = \int_0^x \{f(t) + f'(t)\}dt$$

가 역함수를 갖는다. 정수 a가 최대일 때와 최소일 때의 함수 $g(x)$의 역함수를 각각 $h_1(x)$, $h_2(x)$라 하자. 두 곡선 $y = h_1(x)$와 $y = h_2(x)$로 둘러싸인 부분의 넓이를 구하시오.

수능고쟁이 미니모의고사

수학 영역

성명		수험 번호	

○ 문제지의 해당란에 성명과 수험 번호를 정확히 쓰시오.

○ 답안지의 해당란에 성명과 수험 번호를 쓰고, 또 수험 번호, 답을 정확히 표시하시오.

○ 단답형 답의 숫자에 '0'이 포함되면 그 '0'도 답란에 반드시 표시하시오.

○ 계산은 문제지의 여백을 활용하시오.

※ 시험이 시작되기 전까지 표지를 넘기지 마시오.

이투스교육

5지선다형

1. 다항함수 $f(x)$가

$$\lim_{x \to 0} \frac{\int_0^x f(t)dt}{x^2 + 2x} = 2$$

를 만족시킬 때, $f(0)$의 값은?

① 1   ② 2   ③ 3   ④ 4   ⑤ 5

2. 함수 $f(x) = |x^2 - 8x + 13|$과 실수 t에 대하여 함수 $g(t)$를

$$g(t) = \lim_{x \to t-} \frac{f(x) - f(t)}{x - t}$$

라 하자. $a < b$이고 $g(a) = g(b)$일 때, $b-a$의 값은?

① 2   ② $2\sqrt{3}$ ③ 6   ④ $6\sqrt{3}$ ⑤ 18

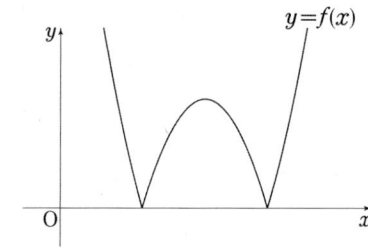

3. 양수 a에 대하여 함수 $f(x)=x^3+ax^2-ax+2$의 그래프 위의 점 $(1,3)$에서의 접선이 x축과 만나는 점을 P, y축과 만나는 점을 Q라 하자. 삼각형 OPQ의 넓이가 2일 때, a의 값은? (단, O는 원점이다.)

① 2   ② 3   ③ 4   ④ 5   ⑤ 6

4. 최고차항의 계수가 1인 두 이차함수 $f(x)$, $g(x)$가 다음 조건을 만족시킬 때, $f(1)$의 값은?

(가) $f(1)=g(1)$, $f(2)=2g(2)$, $f(3)=3g(3)$
(나) $f'(1)=g'(1)+5$

① 5   ② 6   ③ 7   ④ 8   ⑤ 9

5. 세 양수 a, b, c에 대하여 함수 $f(x)$를 다음과 같이 정의한다.

(가) $0 \leq x < 2$에서 $f(x) = \begin{cases} x^2 + ax & (0 \leq x < 1) \\ -x + b & (1 \leq x < 2) \end{cases}$ 이다.

(나) 모든 실수 x에 대하여 $f(x+2) = f(x) + c$이다.

함수 $f(x)$가 실수 전체의 집합에서 연속이고 $f(t) = f(1)$을 만족시키는 서로 다른 실수 t의 개수가 9일 때, $a+b+c$의 값은?

① $\dfrac{9}{4}$ ② $\dfrac{19}{8}$ ③ $\dfrac{5}{2}$ ④ $\dfrac{21}{8}$ ⑤ $\dfrac{11}{4}$

단답형

6. 함수 $f(x) = a(x^3 - bx^2 - 2bx)$가 $x = b$에서 극솟값 -1을 가질 때, $100ab$의 값을 구하시오.

(단, a, b는 0이 아닌 상수이다.)

7. 최고차항의 계수가 1인 이차함수 $f(x)$에 대하여 함수 $g(x)$를

$$g(x) = \int_1^x tf(t)\,dt$$

라 하면 함수 $g(x)$는 다음 조건을 만족시킨다.

(가) 함수 $g(x)$는 모든 실수 x에 대하여 $g(x) = g(-x)$이다.

(나) 함수 $g(x)$는 모든 실수 x에 대하여 $g(x) \geq g(2)$이다.

$g(3)$의 값을 구하시오.

8. 이차함수 $f(x) = ax(20-x)$에 대하여 다음 조건을 만족시키는 양수 a의 최솟값은 $\dfrac{q}{p \times 2^{10}}$이다.

세 실수 0, $\log f(8t)$, $\log f(5t)$가 이 순서대로 등차수열을 이루도록 하는 실수 t가 존재한다.

$p+q$의 값을 구하시오. (단, p와 q는 서로소인 자연수이다.)

수능고쟁이 미니모의고사

수학 영역

성명 [　　　　] 수험 번호 [　　　　　　　　]

- ○ 문제지의 해당란에 성명과 수험 번호를 정확히 쓰시오.

- ○ 답안지의 해당란에 성명과 수험 번호를 쓰고, 또 수험 번호, 답을 정확히 표시하시오.

- ○ 단답형 답의 숫자에 '0'이 포함되면 그 '0'도 답란에 반드시 표시하시오.

- ○ 계산은 문제지의 여백을 활용하시오.

※ 시험이 시작되기 전까지 표지를 넘기지 마시오.

이투스교육

5지선다형

1. 함수

$$f(x) = \begin{cases} \dfrac{x^2+ax+b}{x-1} & (x < 1) \\ x+2 & (x \geq 1) \end{cases}$$

이 실수 전체의 집합에서 연속일 때, $a-b$의 값은?

(단, a와 b는 상수이다.)

① -2 ② -1 ③ 1 ④ 2 ⑤ 3

2. 삼차함수 $f(x) = x^3 - 6x^2 + 5x$에 대하여 $0 \leq x \leq 4$에서 곡선 $y = f(x)$와 y축 및 직선 $y = x+a$로 둘러싸인 부분의 넓이를 S_1, 곡선 $y = f(x)$와 두 직선 $y = x+a$, $x = 4$로 둘러싸인 부분의 넓이를 S_2라 하자. $S_1 = S_2$일 때, 상수 a의 값은? (단, $-16 < a < 0$)

① -10 ② -9 ③ -8 ④ -7 ⑤ -6

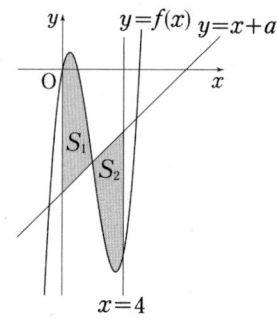

3. 그림과 같이 직선 $y=2x$ 위의 두 점 A$(t-1,\ 2t-2)$, B$(t,\ 2t)$와 x축 위의 점 C$(t-1,\ 0)$을 꼭짓점으로 하는 삼각형 ABC가 있다. 원점을 지나고 삼각형 ABC의 넓이를 이등분하는 직선의 기울기를 $m(t)$라 할 때, $\lim\limits_{t\to\infty} m(t)$의 값은?

(단, $t>1$이다.)

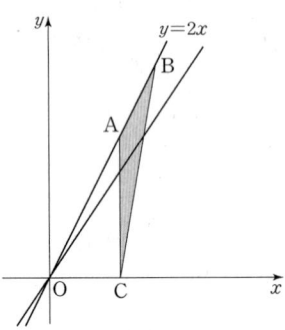

① $\sqrt{2}-\dfrac{1}{2}$ ② $\sqrt{2}-\dfrac{1}{4}$ ③ $\sqrt{2}$

④ $\sqrt{3}-\dfrac{1}{4}$ ⑤ $\sqrt{3}$

4. 두 함수

$$f(x)=2x^3-3x+k,$$
$$g(x)=x^3-3x^2+6x$$

에 대하여 방정식 $f(x)=g(x)$가 서로 다른 세 실근을 갖고, 그 세 실근의 곱이 양수가 되도록 하는 모든 정수 k의 개수는?

① 24   ② 26   ③ 28   ④ 30   ⑤ 32

5. 최고차항의 계수가 양수인 삼차함수 $y=f(x)$의 그래프 위의 한 점 $(a, f(a))$에서의 접선의 방정식을 $y=g(x)$라 하자. $h(x)=f(x)-g(x)$라 할 때, <보기>에서 옳은 것만을 있는 대로 고른 것은?

─────────<보 기>─────────
ㄱ. $h'(x)=f'(x)-f'(a)$
ㄴ. $h(b)=0$이고 $a \neq b$일 때, $f'(a) < f'(b)$이다.
ㄷ. 방정식 $h(x)=0$이 오직 한 실근을 가지면 함수 $f'(x)$는 $x=a$에서 극솟값을 갖는다.
────────────────────────

① ㄱ   ② ㄴ   ③ ㄱ, ㄴ
④ ㄱ, ㄷ   ⑤ ㄱ, ㄴ, ㄷ

─────────

단답형

6. 양수 k에 대하여 함수 $f(x)$를

$$f(x)=x^3-6x^2+9x+k$$

라 하고, 양수 t에 대하여 좌표평면에서 세 점 $(0, 0)$, $(t, 0)$, $(t, f(t))$를 꼭짓점으로 하는 삼각형의 넓이를 $S(t)$라 하자. $S'(3)=1$일 때, k의 값을 구하시오.

7. 최고차항의 계수가 같은 두 이차함수 $f(x)$, $g(x)$가 다음 조건을 만족시킨다.

(가) $f(1) = 0$

(나) $\displaystyle\lim_{x \to 1} \frac{g(x)}{(x-1)f(x)} = \lim_{x \to 2} \frac{f(x)}{xg(x)} = f(0)$

$f(7) - g(7)$의 값을 구하시오.

8. 두 자연수 a, b에 대하여 실수 전체의 집합에서 연속인 함수 $f(x)$와 $f(x)$의 한 부정적분 $F(x)$가 다음 조건을 만족시킨다.

(가) $0 \le x \le a$에서 $f(x) = 4x^3 - 18x + b$이다.

(나) 모든 정수 m에 대하여 $F(m+a) = F(m) + b$이다.

$\displaystyle\int_1^{10} f(x)dx$의 값을 구하시오.

수능고쟁이 미니모의고사

수학 영역

성명		수험 번호	

○ 문제지의 해당란에 성명과 수험 번호를 정확히 쓰시오.

○ 답안지의 해당란에 성명과 수험 번호를 쓰고, 또 수험 번호, 답을 정확히 표시하시오.

○ 단답형 답의 숫자에 '0'이 포함되면 그 '0'도 답란에 반드시 표시하시오.

○ 계산은 문제지의 여백을 활용하시오.

※ 시험이 시작되기 전까지 표지를 넘기지 마시오.

이투스교육

제9회

5지선다형

1. 원점을 동시에 출발하여 수직선 위를 움직이는 두 점 P, Q의 시각 $t\,(t \geq 0)$에서의 속도가 각각 $-t^2+4t$, $2t-3$이다. 점 P의 속도가 최대가 되는 순간 두 점 P, Q 사이의 거리는?

① $\dfrac{10}{3}$ ② $\dfrac{13}{3}$ ③ $\dfrac{16}{3}$ ④ $\dfrac{19}{3}$ ⑤ $\dfrac{22}{3}$

2. 양수 t에 대하여 좌표평면에서 두 점 $A(0,1)$, $B(t,0)$을 이은 선분의 길이를 $f(t)$라 하고, 원점 O에서 직선 AB까지의 거리를 $g(t)$라 하자. $\displaystyle\lim_{t\to\infty}\dfrac{f(t)-g(t)}{t}$의 값은?

① $\dfrac{1}{4}$ ② $\dfrac{1}{2}$ ③ $\dfrac{3}{4}$ ④ 1 ⑤ $\dfrac{5}{4}$

3. 닫힌구간 $[-3, 2]$에서 두 함수 $f(x)=x^4+a$,

$g(x)=6x^2-8x$의 그래프의 교점의 개수가 2가 되도록 하는

정수 a의 최댓값을 M, 최솟값을 m이라 하자. $M+m$의 값은?

① 18   ② 19   ③ 20   ④ 21   ⑤ 22

4. 함수 $f(x)$를 $f(x)=\dfrac{1}{3}x^3-\dfrac{1}{4}x^2+k$라 하자. 양수 a에

대하여 곡선 $y=f(x)$와 직선 $x=a$가 만나는 점을 A라 하고,

직선 OA의 기울기를 $g(a)$라 하자. 양의 실수 전체의 집합에서

정의된 함수 $g(a)$가 3을 최솟값으로 가질 때, 상수 k의 값은?

(단, O는 원점이다.)

① 4   ② $\dfrac{13}{3}$ ③ $\dfrac{14}{3}$ ④ 5   ⑤ $\dfrac{16}{3}$

5. 1 이상의 양수 k에 대하여 함수 $f(x)$를

$$f(x) = \int_x^{x+2} |t^2 - k|\, dt$$

라 할 때, <보기>에서 옳은 것만을 있는 대로 고른 것은?

<보 기>

ㄱ. $k = 1$일 때, $f(0) = 2$이다.

ㄴ. 모든 실수 x에 대하여 $f(-x-2) = f(x)$이다.

ㄷ. 방정식 $f(x) = 2$의 서로 다른 실근의 개수가 홀수일 때, $k = 2$이다.

① ㄱ   ② ㄴ   ③ ㄱ, ㄴ
④ ㄴ, ㄷ   ⑤ ㄱ, ㄴ, ㄷ

단답형

6. 자연수 n에 대하여 $a_n = (-1)^n \times n$이라 하고 $f(x) = x^2$이라 하자. 두 점 $(a_n, f(a_n))$, $(a_{n+1}, f(a_{n+1}))$을 지나는 직선과 곡선 $y = f(x)$로 둘러싸인 부분의 넓이를 $S(n)$이라 할 때, $S(m) > 100$을 만족시키는 자연수 m의 최솟값을 구하시오.

7. 함수 $f(x) = \begin{cases} -1 & (x < 0) \\ 3 & (0 \le x \le 2) \\ -3 & (x > 2) \end{cases}$ 에 대하여 함수

$\{f(x) - a\}^2\{(x+1)^3 - b\}$ 가 모든 실수 x에 대하여 연속이

되도록 하는 두 양수 a, b의 합 $a+b$의 값을 구하시오.

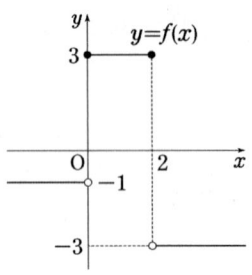

8. 최고차항의 계수가 양수인 사차함수 $f(x)$와 최고차항의

계수가 5인 삼차함수 $g(x)$에 대하여 함수 $h(x)$를

$$h(x) = \begin{cases} f(x) & (f(x) \ge 0) \\ g(x) & (f(x) < 0) \end{cases}$$

라 하면 함수 $h(x)$는 다음 조건을 만족시킨다.

(가) 함수 $h(x)$는 실수 전체의 집합에서 미분가능하다.

(나) 부등식

$$\lim_{x \to p-} \frac{|h(x)| - |h(p)|}{x - p} \times \lim_{x \to p+} \frac{|h(x)| - |h(p)|}{x - p} \le 0$$

을 만족하는 모든 실수 p는 -1 또는 1 또는 2로

세 개이다.

(다) $h\left(\dfrac{3}{2}\right) < 0$

$h(-4)$의 값을 구하시오.

수능고쟁이 미니모의고사

수학 영역

성명		수험 번호	

○ 문제지의 해당란에 성명과 수험 번호를 정확히 쓰시오.

○ 답안지의 해당란에 성명과 수험 번호를 쓰고, 또 수험 번호, 답을 정확히 표시하시오.

○ 단답형 답의 숫자에 '0'이 포함되면 그 '0'도 답란에 반드시 표시하시오.

○ 계산은 문제지의 여백을 활용하시오.

※ 시험이 시작되기 전까지 표지를 넘기지 마시오.

이투스교육

5지선다형

1. 최고차항의 계수가 a인 이차함수 $f(x)$가

$$\lim_{x \to a} \frac{f(x) - a}{f(x) + a} = \frac{4}{5}$$

를 만족시킨다. $f(0) = f(2) = -6$이 성립하도록 하는 양수 a의 값은?

① $\dfrac{1 + \sqrt{11}}{2}$ ② $\dfrac{2 + \sqrt{22}}{2}$ ③ $\dfrac{3 + \sqrt{33}}{2}$

④ $2 + \sqrt{11}$ ⑤ $\dfrac{5 + \sqrt{55}}{2}$

2. 양수 t에 대하여 두 곡선 $y = x^2$, $y = (x - t)^2$과 x축으로 둘러싸인 부분의 넓이를 $f(t)$라 하자. $f'(a) = 9$를 만족시키는 양수 a의 값은?

① 6 ② 7 ③ 8 ④ 9 ⑤ 10

3. 두 함수

$$f(x) = \begin{cases} 2x+4 & (x<1) \\ a & (x \geq 1) \end{cases},$$

$$g(x) = \begin{cases} b & (x<b) \\ b+1 & (x \geq b) \end{cases}$$

가 있다. 함수 $f(x)g(x)$가 실수 전체의 집합에서 연속이 되도록 하는 두 실수 a, b의 모든 순서쌍 (a,b)에 대하여 ab의 값의 합은?

① -9　　② -10　　③ -11　　④ -12　　⑤ -13

4. 최고차항의 계수가 1인 삼차함수 $f(x)$에 대하여 함수

$$g(x) = \begin{cases} 2x+1 & (x<0) \\ f(x) & (x \geq 0) \end{cases}$$

가 실수 전체의 집합에서 미분가능하다. 방정식 $|g(x)|=1$의 서로 다른 실근의 개수가 3일 때, $f(2)$의 값은?

① $13-6\sqrt{2}$　　② $13-8\sqrt{2}$　　③ $14-6\sqrt{2}$

④ $14-8\sqrt{2}$　　⑤ $15-6\sqrt{2}$

5. 음의 실수 t에 대하여 닫힌구간 $[t, t+1]$에서 함수 $f(x) = x^3 - 3t^2 x$의 최솟값을 $g(t)$라 할 때, <보기>에서 옳은 것만을 있는 대로 고른 것은?

<보기>

ㄱ. $g\left(-\dfrac{1}{2}\right) = -\dfrac{1}{4}$

ㄴ. $-\dfrac{1}{2} \leq t < 0$일 때 $g(t) = f(-t)$이다.

ㄷ. 방정식 $g(t) = -1$의 서로 다른 실근의 개수는 1이다.

① ㄱ   ② ㄴ   ③ ㄱ, ㄴ
④ ㄴ, ㄷ   ⑤ ㄱ, ㄴ, ㄷ

단답형

6. 최고차항의 계수가 1인 삼차함수 $f(x)$가 모든 양의 실수 x에 대하여

$$-x+1 \leq \frac{f(x)}{x} \leq \int_0^x f(t)dt + 1$$

을 만족시킨다. $f(1) = 1$일 때, $f(2)$의 값을 구하시오.

7. 함수 $f(x) = a\left(\dfrac{x^4}{4} - \dfrac{b}{3}x^3 - b^2x^2\right)$에 대하여 $f(b) > 0$이고

$f'(b) < 0$일 때, 함수 $f(x)$는 $x = 0$, $x = a$, $x = a^2 - 5$에서

서로 다른 극값을 갖는다. $80(a^2 + b^2)$의 값을 구하시오.

(단, a, b는 $ab \neq 0$인 상수이다.)

8. 최고차항의 계수가 1이고 $f(0) = 0$을 만족시키는 삼차함수

$f(x)$에 대하여 함수

$$g(x) = \begin{cases} f(x) & (f(x) \geq x) \\ x & (f(x) < x) \end{cases}$$

가 다음 조건을 만족시킬 때, $g(4)$의 값을 구하시오.

(가) 함수 $g(x)$가 미분가능하지 않은 점의 개수는 1이다.

(나) $\displaystyle\int_0^1 g(x)\,dx = \int_0^1 \{f(x) + x\}\,dx$

MEMO

MEMO

실전+수능
고쟁이

실전＋수능
고쟁이

너기출
평가원 기출
완전 분석

수능 수학을 책임지는
이투스북

어삼쉬사
Plus+
수능의 허리
완벽 대비

실전＋수능
고쟁이
실전 대비
고난도 집중 훈련

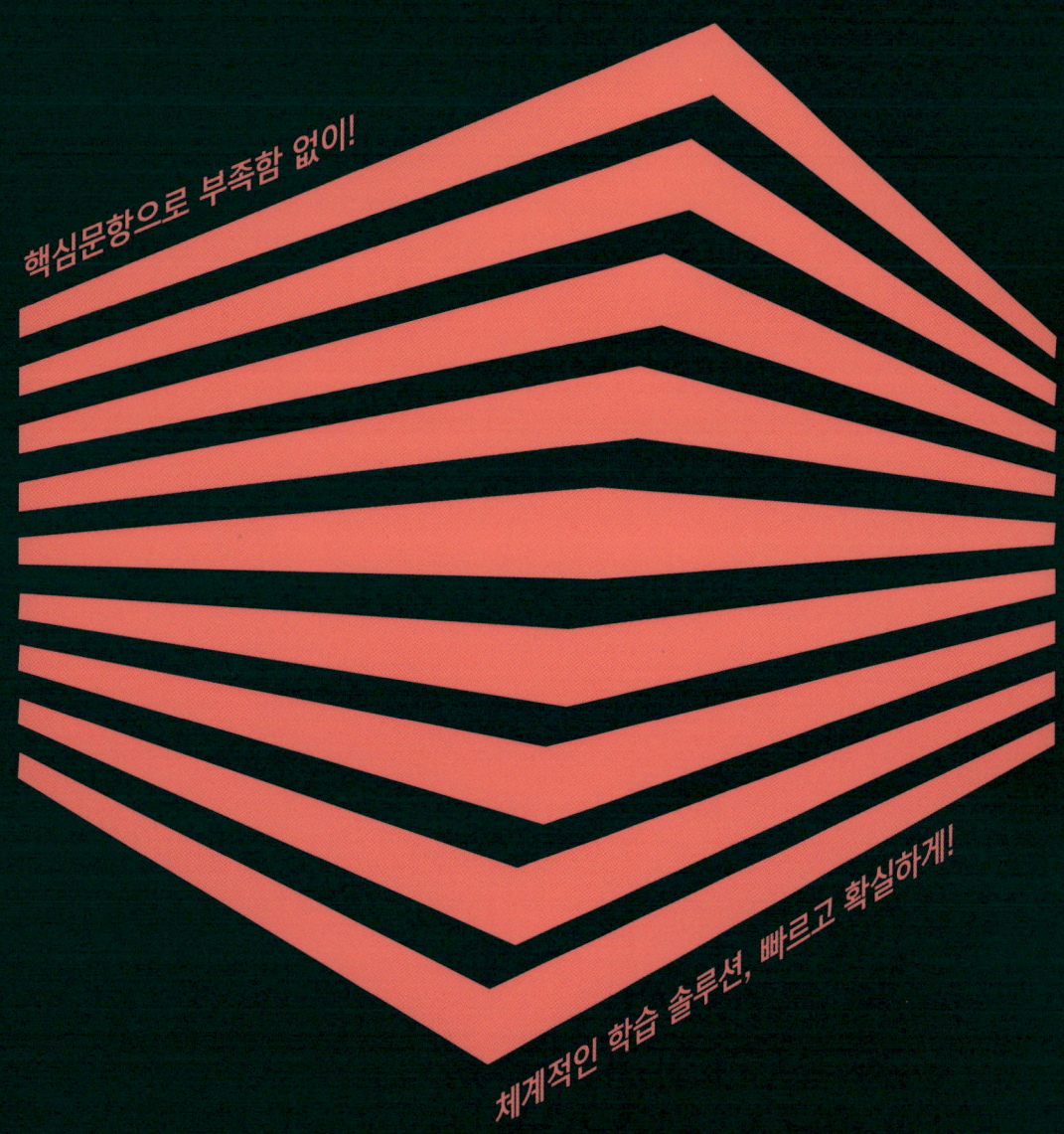

실전 ✛ 수능
고쟁이

핵심문항으로 부족함 없이!

체계적인 학습 솔루션, 빠르고 확실하게!

수학 Ⅱ

정답과 풀이

이투스북

고등 수학의 **모든 유형**을 켜다

1권   필수 유형별 문제부터
시험 대비 **변별력 문제**까지 완벽 학습!

◦ 유형별 문제   ◦ 내신 잡는 종합 문제   ◦ 수능 녹인 변별력 문제

2권   맞힌 문제도 **다시 한번!**
틀린 문제는 **꼭 다시!**

◦ 유형별 유사문제   ◦ 기출&기출 변형 문제

• 이투스북 도서는 전국 서점 및 온라인 서점에서 구매하실 수 있습니다.
• 이투스북 온라인 서점 | www.etoosbook.com

이투스북

Speed Check

I 함수의 극한과 연속

1일차

001 ④	002 ⑤	003 6	004 ②	005 ③
006 ④	007 ⑤	008 5	009 ④	010 ⑤
011 ⑤	012 2	013 5	014 33	015 11
016 ③	017 56	018 ③	019 ③	020 ④
021 14				

2일차

022 ③	023 ④	024 16	025 ②	026 8
027 ⑤	028 ③	029 ⑤	030 ⑤	031 ③
032 ③	033 ①	034 ①	035 ③	036 2
037 2	038 ②	039 ③	040 8	041 3
042 ②	043 ⑤	044 ③		

II 미분

본문 p.30~73

3일차

045 ②	046 ③	047 10
048 ③	049 ①	050 9
051 ②	052 ②	053 72
054 3	055 ③	056 ①
057 ②	058 ⑤	059 40
060 ⑤	061 10	062 32
063 108	064 ⑤	065 ②
066 ④	067 5	068 6
069 18	070 ②	071 20
072 ①	073 8	074 97
075 ③	076 32	

4일차

077 ④	078 ⑤	079 8
080 ②	081 ①	082 ⑤
083 ②	084 17	085 ③
086 ④	087 19	088 4
089 ②	090 ④	091 ②
092 ②	093 14	094 114
095 ①	096 8	097 ②
098 ④	099 ①	100 ①

5일차

101 ④	102 ③	103 ⑤
104 15	105 ④	106 2
107 ①	108 ③	109 2
110 ③	111 ①	112 ④
113 ④	114 ④	115 ④
116 44	117 12	118 ②
119 ④	120 10	121 ④
122 63	123 ③	124 ②
125 ②	126 ②	127 41
128 19	129 40	130 6
131 2	132 ①	

III 적분

본문 p.76~109

6일차

133 ⑤	134 12	135 ②
136 12	137 ①	138 ④
139 35	140 ④	141 34
142 ⑤	143 ①	144 ①
145 ①	146 ④	147 4
148 24	149 5	150 ②
151 ⑤	152 27	153 45
154 ③		

7일차

155 ②	156 ④	157 ③
158 2	159 ④	160 ③
161 ④	162 12	163 ①
164 27	165 ②	166 20
167 ③	168 ①	169 ①
170 40	171 18	172 ①
173 ②	174 ③	175 34
176 ②	177 1	178 ③
179 ⑤	180 7	181 ⑤
182 ②		

8일차

183 4	184 ②	185 3
186 ②	187 ③	188 ③
189 ③	190 ②	191 ③
192 16	193 ①	194 ②
195 ④	196 ③	197 57
198 ④	199 ④	200 25

부록 수능고쟁이 미니모의고사

9일차 미니모의고사 1회

1. ① **2.** ① **3.** ② **4.** ② **5.** ⑤

6. 4 **7.** 9 **8.** 21

10일차 미니모의고사 2회

1. ⑤ **2.** ② **3.** ④ **4.** ② **5.** ③

6. 11 **7.** 5 **8.** 15

11일차 미니모의고사 3회

1. ① **2.** ③ **3.** ③ **4.** ③ **5.** ⑤

6. 2 **7.** 29 **8.** 15

12일차 미니모의고사 4회

1. ① **2.** ① **3.** ④ **4.** ① **5.** ⑤

6. 6 **7.** 3 **8.** 16

13일차 미니모의고사 5회

1. ⑤ **2.** ④ **3.** ⑤ **4.** ⑤ **5.** ①

6. 12 **7.** 19 **8.** 49

14일차 미니모의고사 6회

1. ② **2.** ③ **3.** ② **4.** ④ **5.** ④

6. 16 **7.** 8 **8.** 8

15일차 미니모의고사 7회

1. ④ **2.** ② **3.** ⑤ **4.** ③ **5.** ⑤

6. 25 **7.** 4 **8.** 28

16일차 미니모의고사 8회

1. ⑤ **2.** ③ **3.** ③ **4.** ② **5.** ⑤

6. 2 **7.** 2 **8.** 88

17일차 미니모의고사 9회

1. ⑤ **2.** ④ **3.** ③ **4.** ② **5.** ③

6. 4 **7.** 28 **8.** 270

18일차 미니모의고사 10회

1. ③ **2.** ① **3.** ① **4.** ② **5.** ③

6. 6 **7.** 625 **8.** 32

실전 ✛ 수능
고쟁이

수능 빈출 유형
정답과 풀이

수학 Ⅱ

I

함수의
극한과 연속

| SPEED CHECK |

001 ④	**002** ⑤	**003** 6	**004** ②
005 ③	**006** ④	**007** ⑤	**008** 5
009 ④	**010** ⑤	**011** ⑤	**012** 2
013 5	**014** 33	**015** 11	**016** ③
017 56	**018** ③	**019** ③	**020** ④
021 14			

| 001 | 정답 ④

$f(x)=f(x+4)$에서 양수 h에 대하여
$f(-3-h)=f(1-h)$이므로
$$\lim_{x\to-3-}f(x)=\lim_{h\to0+}f(-3-h)=\lim_{h\to0+}f(1-h)=1$$
$f(2-x)=f(2+x)$에서 양수 h에 대하여
$f(6+h)=f(2+h)=f(2-h)$이므로
$$\lim_{x\to6+}f(x)=\lim_{h\to0+}f(6+h)=\lim_{h\to0+}f(2-h)=0$$
$\therefore$ (준식) $=1+0=1$

| 002 | 정답 ⑤

$\displaystyle\lim_{x\to2}\frac{f(x)-3}{x-2}$ 의 값이 존재하고
(분모)$\to0$이므로 (분자)$\to0$
즉, $\displaystyle\lim_{x\to2}\{f(x)-3\}=0$이므로
$$\lim_{x\to2}f(x)=3$$
$$\therefore \lim_{x\to2}\frac{x-2}{\{f(x)\}^2-9}=\lim_{x\to2}\frac{x-2}{\{f(x)-3\}\{f(x)+3\}}$$
$$=\lim_{x\to2}\frac{x-2}{f(x)-3}\times\lim_{x\to2}\frac{1}{f(x)+3}$$
$$=\frac{1}{5}\times\frac{1}{6}=\frac{1}{30}$$

| 003 | 정답 6

$\displaystyle\lim_{x\to1+}f(x)=\infty$에서 $\displaystyle\lim_{x\to1+}\frac{1}{f(x)}=0$이므로
$$\lim_{x\to1+}\frac{2f(x)+k}{f(x)+3}=\lim_{x\to1+}\frac{2+\dfrac{k}{f(x)}}{1+\dfrac{3}{f(x)}}=2$$
$\displaystyle\lim_{x\to1-}f(x)=0$에서 $\displaystyle\lim_{x\to1-}\frac{2f(x)+k}{f(x)+3}=\frac{k}{3}$ 이다.

$\lim\limits_{x \to 1} \dfrac{2f(x)+k}{f(x)+3}$ 의 값이 존재하기 위해서는 $2 = \dfrac{k}{3}$

$\therefore\ k = 6$

| 004 | 정답 ②

$x-1=t$로 놓으면 $x \to 1$일 때 $t \to 0$이므로

$$\lim_{x \to 1} \frac{x^2+2x-3}{f(x-1)} = \lim_{x \to 1} \frac{(x+3)(x-1)}{f(x-1)}$$
$$= \lim_{t \to 0} \frac{(t+4)t}{f(t)}$$
$$= \lim_{t \to 0}(t+4) \times \lim_{t \to 0} \frac{t}{f(t)}$$
$$= 4 \times \frac{1}{2} = 2$$

| 005 | 정답 ③

$\lim\limits_{x \to 0} \dfrac{x^2+x}{f(x)} = \lim\limits_{x \to 0} \dfrac{x+1}{\dfrac{f(x)}{x}} = 2$에서

$\lim\limits_{x \to 0}(x+1) = 1$이므로

$\lim\limits_{x \to 0} \dfrac{f(x)}{x} = \dfrac{1}{2}$

$\therefore\ \lim\limits_{x \to 0} \dfrac{f(2x)}{x} = \lim\limits_{x \to 0}\left\{\dfrac{f(2x)}{2x} \times 2\right\} = \dfrac{1}{2} \times 2 = 1$

| 006 | 정답 ④

$x^2+x-2 < f(x) < x^3-1$에서

$\dfrac{x^2+x-2}{x-1} < \dfrac{f(x)}{x-1} < \dfrac{x^3-1}{x-1}\ (\because\ x > 1)$

$\lim\limits_{x \to 1+} \dfrac{x^2+x-2}{x-1} \leq \lim\limits_{x \to 1+} \dfrac{f(x)}{x-1} \leq \lim\limits_{x \to 1+} \dfrac{x^3-1}{x-1}$

이때, $\lim\limits_{x \to 1+} \dfrac{x^2+x-2}{x-1} = \lim\limits_{x \to 1+}(x+2) = 3$,

$\lim\limits_{x \to 1+} \dfrac{x^3-1}{x-1} = \lim\limits_{x \to 1+}(x^2+x+1) = 3$

이므로 $3 \leq \lim\limits_{x \to 1+} \dfrac{f(x)}{x-1} \leq 3$에서 $\lim\limits_{x \to 1+} \dfrac{f(x)}{x-1} = 3$

기본 개념

함수의 극한의 대소 관계
두 함수 $f(x)$, $g(x)$에 대하여

$\lim\limits_{x \to a}f(x) = \alpha$, $\lim\limits_{x \to a}g(x) = \beta\ (\alpha,\ \beta$는 실수)일 때,

a에 가까운 모든 x의 값에 대하여

(1) $f(x) \leq g(x)$이면

$\quad \lim\limits_{x \to a}f(x) \leq \lim\limits_{x \to a}g(x)$, 즉 $\alpha \leq \beta$

(2) 함수 $h(x)$에 대하여 $f(x) \leq h(x) \leq g(x)$이고

$\quad \alpha = \beta$이면 $\lim\limits_{x \to a}h(x) = \alpha$이다.

위의 대소 관계는

$x \to a+$, $x \to a-$, $x \to \infty$, $x \to -\infty$일 때 모두

성립한다.

| 007 | 정답 ⑤

$k > 1$일 때,

원 $x^2+y^2=1$과 직선 $y=k$가 만나는 점의 개수는 0

$k=1$일 때,

원 $x^2+y^2=1$과 직선 $y=k$가 만나는 점의 개수는 1

$-1 < k < 1$일 때,

원 $x^2+y^2=1$과 직선 $y=k$가 만나는 점의 개수는 2

$k=-1$일 때,

원 $x^2+y^2=1$과 직선 $y=k$가 만나는 점의 개수는 1

$k < -1$일 때,

원 $x^2+y^2=1$과 직선 $y=k$가 만나는 점의 개수는

0이므로

함수 $y=f(k)$의 그래프는 다음과 같다.

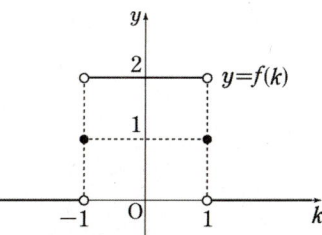

따라서 $\lim\limits_{k \to a-}f(k) \neq f(a)$인 정수 a는 -1, 1이므로

$m = 2$

$\lim\limits_{k \to b+}f(k) \neq f(b)$인 정수 b는 -1, 1이므로 $n = 2$

$\therefore\ m^2+n^2 = 8$

| 008 | 정답 5

선분 PQ가 각 APB를 이등분하므로

$\overline{PA} : \overline{PB} = \overline{AQ} : \overline{BQ}$

즉, 세 점 A$(1, 0)$, B$(3, 0)$, P$(0, t)$에 대하여

$\sqrt{t^2+1^2} : \sqrt{t^2+3^2} = \{f(t)-1\} : \{3-f(t)\}$이므로

$$\{f(t)-1\}\sqrt{t^2+9}=\{3-f(t)\}\sqrt{t^2+1}$$

$$f(t)(\sqrt{t^2+9}+\sqrt{t^2+1})=3\sqrt{t^2+1}+\sqrt{t^2+9}$$

$$\Rightarrow f(t)=\frac{3\sqrt{t^2+1}+\sqrt{t^2+9}}{\sqrt{t^2+9}+\sqrt{t^2+1}}$$

$$\therefore \lim_{t\to0+}f(t)=\lim_{t\to0+}\frac{3\sqrt{t^2+1}+\sqrt{t^2+9}}{\sqrt{t^2+9}+\sqrt{t^2+1}}$$

$$=\frac{3\times1+3}{3+1}=\frac{3}{2}$$

따라서 $a+b=2+3=5$이다.

| 009 | 정답 ④

삼각형 ABC에서 $\overline{AB}=\overline{BC}=a$($a$는 상수)라 하면

$\frac{1}{2}a^2=18$에서 $a=6$

이때, $\overline{BR}=x$이므로 $\overline{RC}=6-x$

삼각형 ABC와 삼각형 QRC는 닮음이므로

$\overline{AB}:\overline{BC}=\overline{QR}:\overline{RC}=1:1$에서

$\overline{QR}=6-x$

$\therefore S(x)=x(6-x)$

따라서

$$\lim_{x\to6-}\frac{S(x)}{36-x^2}=\lim_{x\to6-}\frac{x(6-x)}{(6+x)(6-x)}$$

$$=\lim_{x\to6-}\frac{x}{6+x}=\frac{1}{2}$$

| 010 | 정답 ⑤

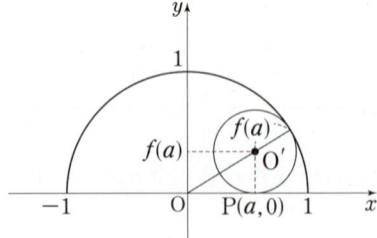

반원 $x^2+y^2=1$ $(y\geq0)$에 내접하고 x축에 접하는 원의 중심의 x좌표가 a, 반지름의 길이가 $f(a)$이므로 원의 중심의 좌표는 $(a, f(a))$이다.

원의 중심을 O′, 점 O′에서 x축에 내린 수선의 발을 P라 하면

직각삼각형 O′OP에서 $\overline{OO'}=1-f(a)$이다.

$\Rightarrow \sqrt{a^2+\{f(a)\}^2}=1-f(a)$

이 식의 양변을 제곱하여 정리하면

$a^2+\{f(a)\}^2=\{1-f(a)\}^2$, $a^2=-2f(a)+1$

$\Rightarrow f(a)=\frac{1}{2}(1-a^2)$

$$\therefore \lim_{a\to1-}\frac{f(a)}{1-a}=\lim_{a\to1-}\frac{\frac{1}{2}(1-a^2)}{1-a}$$

$$=\lim_{a\to1-}\frac{\frac{1}{2}(1+a)(1-a)}{1-a}$$

$$=\lim_{a\to1-}\frac{1}{2}(1+a)=1$$

| 011 | 정답 ⑤

점 P에서 y축에 내린 수선의 발을 H라 하면 $\overline{PH}=t$이고 원의 반지름의 길이가 $\overline{PQ}=t^2$이므로 $\overline{PA}=\overline{PB}=t^2$이다.

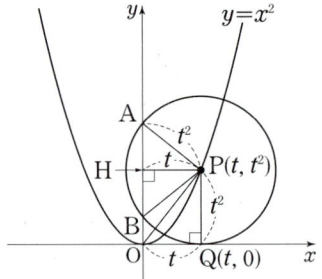

따라서

$$\overline{AH}=\sqrt{t^4-t^2}, \quad \overline{AB}=2\overline{AH}=2\sqrt{t^4-t^2}$$
이다.

$$\Rightarrow f(t)=\frac{1}{2}\times2\sqrt{t^4-t^2}\times t=t^2\sqrt{t^2-1}$$

$$\Rightarrow g(t)=\frac{1}{2}\times t\times t^2=\frac{1}{2}t^3$$

$$\therefore \lim_{t\to\infty}\frac{f(t)}{g(t)}=\lim_{t\to\infty}\frac{t^2\sqrt{t^2-1}}{\frac{1}{2}t^3}=2$$

| 012 | 정답 2

$$\lim_{x\to\infty}(\sqrt{x^2+ax+1}-x+b)$$

$$=\lim_{x\to\infty}\frac{x^2+ax+1-(x^2-2bx+b^2)}{\sqrt{x^2+ax+1}+(x-b)}$$

$$=\lim_{x\to\infty}\frac{(a+2b)x+(1-b^2)}{\sqrt{x^2+ax+1}+x-b}$$

$$=\lim_{x\to\infty}\frac{a+2b+\frac{1-b^2}{x}}{\sqrt{1+\frac{a}{x}+\frac{1}{x^2}}+1-\frac{b}{x}}$$

$$=\frac{a+2b}{2}=1$$

따라서 $a+2b=2$

| 013 | 정답 5

$\lim\limits_{x \to 2} \dfrac{x^2 + x - 6}{x^2 - a}$ 이 0이 아닌 극한값을 가지려면

$x \to 2$일 때, (분자)$\to 0$이므로 (분모)$\to 0$이어야 한다.

$\lim\limits_{x \to 2}(x^2 - a) = 0$에서 $4 - a = 0$, $a = 4$

$\therefore \lim\limits_{x \to 2} \dfrac{x^2 + x - 6}{x^2 - 4} = \lim\limits_{x \to 2} \dfrac{(x-2)(x+3)}{(x-2)(x+2)}$

$\qquad\qquad\qquad\qquad = \lim\limits_{x \to 2} \dfrac{x+3}{x+2} = \dfrac{5}{4} = b$

따라서 $ab = 4 \times \dfrac{5}{4} = 5$

| 014 | 정답 33

$\lim\limits_{x \to \infty} \dfrac{x^3 - f(x)}{x^2} = 0$에서 분모가 이차식이므로

분자는 일차 이하의 다항식이어야 한다.

즉, $x^3 - f(x) = ax + b$ (a, b는 상수)

$\Rightarrow f(x) = x^3 - ax - b$

$\lim\limits_{x \to 0} \dfrac{f(x)}{x(x+1)(x+2)}$ 가 수렴하고

(분모)$\to 0$이므로 (분자)$\to 0$이어야 한다.

즉, $f(0) = -b = 0$

따라서

$\lim\limits_{x \to 0} \dfrac{x^2 - a}{(x+1)(x+2)} = \dfrac{-a}{2} = 1 \Rightarrow a = -2$

$\therefore f(x) = x^3 + 2x$에서 $f(3) = 33$

| 015 | 정답 11

$\lim\limits_{x \to \infty} \dfrac{f(x)}{x^2 + 2x + 3} = \dfrac{11}{3}$에서 $f(x)$는 다항식이므로

최고차항의 계수가 $\dfrac{11}{3}$인 이차식이다.

즉, $f(x) = \dfrac{11}{3}x^2 + ax + b$라 할 수 있다.

$f(x) = \dfrac{11}{3}x^2 + ax + b$을 (나)에 대입하면

$\lim\limits_{x \to 0} \dfrac{\dfrac{11}{3}x^2 + ax + b}{x} = -11$에서

$a = -11$, $b = 0$이다.

$\therefore \lim\limits_{x \to 3} \dfrac{\dfrac{11}{3}x^2 - 11x}{x - 3} = \lim\limits_{x \to 3} \dfrac{11x(x-3)}{3(x-3)} = 11$

| 016 | 정답 ③

조건 (가)에서 $\lim\limits_{x \to \infty} \dfrac{f(x) - 2g(x)}{x^2} = 1$이므로

$f(x) - 2g(x)$는 최고차항의 계수가 1인 이차함수이다.

조건 (나)에서 $\lim\limits_{x \to \infty} \dfrac{f(x) + 3g(x)}{x^3} = 1$이므로

$f(x) + 3g(x)$는 최고차항의 계수가 1인 삼차함수이다.

$\{f(x) + 3g(x)\} - \{f(x) - 2g(x)\} = 5g(x)$이므로

$g(x)$는 최고차항의 계수가 $\dfrac{1}{5}$인 삼차함수이다.

$\therefore \lim\limits_{x \to \infty} \dfrac{g(x)}{x^3} = \dfrac{1}{5}$

$\therefore \lim\limits_{x \to \infty} \dfrac{f(x) + g(x)}{x^3}$

$= \lim\limits_{x \to \infty} \left\{ \dfrac{f(x) + 3g(x)}{x^3} - \dfrac{2g(x)}{x^3} \right\}$

$= \lim\limits_{x \to \infty} \dfrac{f(x) + 3g(x)}{x^3} - 2 \times \lim\limits_{x \to \infty} \dfrac{g(x)}{x^3}$

$= 1 - \dfrac{2}{5} = \dfrac{3}{5}$

| 017 | 정답 56

$x \to a$일 때 (분모)$\to 0$이므로 (분자)$\to 0$이다.

$\lim\limits_{x \to a}\{f(x) + (x - a)\}$에서 $f(a) = 0$

따라서 $f(x) = (x - a)(x - b)$라 하면

$\lim\limits_{x \to a} \dfrac{f(x) + (x - a)}{x - a} = \lim\limits_{x \to a} \dfrac{(x-a)(x-b+1)}{x - a}$

$\qquad\qquad\qquad\qquad = a - b + 1 = 2$

즉, $a - b = 1$이므로 $b = a - 1$

방정식 $f(x) = 0$의 두 근이 a, b이므로

두 근의 곱은 $ab = a(a - 1) = 6$

따라서 $a = -2$이고 $b = -3$ 또는 $a = 3$이고 $b = 2$이다.

$\therefore f(x) = (x + 2)(x + 3)$일 때 $f(5)$는 최댓값 56을 갖는다.

| 018 | 정답 ③

$\lim\limits_{x \to 1} \dfrac{f(x)}{x - 1} = 1$, $\lim\limits_{x \to 2} \dfrac{f(x)}{x - 2} = 2$ 에서

$f(1) = f(2) = 0$이므로

$f(x) = a(x - b)(x - 1)(x - 2)$ (a는 0이 아닌 실수, b는 실수)라 하면

$$\lim_{x \to 1} \frac{f(x)}{x-1} = \lim_{x \to 1} \frac{a(x-b)(x-1)(x-2)}{x-1}$$
$$= \lim_{x \to 1} a(x-b)(x-2)$$
$$= a(b-1) = 1$$
$$\lim_{x \to 2} \frac{f(x)}{x-2} = \lim_{x \to 2} \frac{a(x-b)(x-1)(x-2)}{x-2}$$
$$= \lim_{x \to 2} a(x-b)(x-1)$$
$$= a(2-b) = 2$$

이므로 $a=3$, $b=\dfrac{4}{3}$이다.

즉, $f(x) = 3(x-1)(x-2)\left(x - \dfrac{4}{3}\right) = 0$이므로

방정식 $f(x) = 0$의 서로 다른 실근의 합은

$$1 + 2 + \frac{4}{3} = \frac{13}{3}$$

| 019 | 정답 ③

(i) $n = 1$일 때,
$$\lim_{x \to 1} \frac{(x^2-1)f(x)}{x-1} = \lim_{x \to 1}(x+1)f(x) = 1$$이므로
$$\lim_{x \to 1}f(x) = \lim_{x \to 1}\left\{(x+1)f(x) \times \frac{1}{x+1}\right\} = 1 \times \frac{1}{2} = \frac{1}{2}$$

(ii) $n = 2$일 때,
$$\lim_{x \to 2} \frac{(x^2-2)f(x)}{x-2} = 2$$이므로
$$\lim_{x \to 2} \frac{f(x)}{x-2} = \lim_{x \to 2}\left\{\frac{(x^2-2)f(x)}{x-2} \times \frac{1}{x^2-2}\right\}$$
$$= 2 \times \frac{1}{2} = 1$$

(iii) $n = 3$일 때,
$$\lim_{x \to 3} \frac{(x^2-3)f(x)}{x-3} = 3$$이므로
$$\lim_{x \to 3} \frac{f(x)}{x-3} = \lim_{x \to 3}\left\{\frac{(x^2-3)f(x)}{x-3} \times \frac{1}{x^2-3}\right\}$$
$$= 3 \times \frac{1}{6} = \frac{1}{2}$$

$x + n = t$ $(n = 1, 2, 3)$로 놓으면 $x \to 0$일 때 $t \to n$이다.
$$\therefore \lim_{x \to 0} \frac{f(x+1)f(x+2)f(x+3)}{x^2}$$
$$= \lim_{x \to 0}f(x+1) \times \lim_{x \to 0}\frac{f(x+2)}{x} \times \lim_{x \to 0}\frac{f(x+3)}{x}$$
$$= \lim_{t \to 1}f(t) \times \lim_{t \to 2}\frac{f(t)}{t-2} \times \lim_{t \to 3}\frac{f(t)}{t-3}$$
$$= \frac{1}{2} \times 1 \times \frac{1}{2} = \frac{1}{4}$$

| 020 | 정답 ④

조건 (가)에서
$$\lim_{x \to \infty}\left\{\sqrt{f(x)} - x\right\} = \lim_{x \to \infty}\frac{\left(\sqrt{f(x)} - x\right)\left(\sqrt{f(x)} + x\right)}{\sqrt{f(x)} + x}$$
$$= \lim_{x \to \infty}\frac{f(x) - x^2}{\sqrt{f(x)} + x} = 3$$

이때 다항함수 $f(x)$의 최고차항을 ax^n $(a \neq 0)$이라 하고
n의 값에 따라 $\lim_{x \to \infty}\dfrac{f(x) - x^2}{\sqrt{f(x)} + x}$ 의 수렴·발산을 따져보면
아래와 같다.
(i) $n \geq 3$ 또는 $n = 1$이면 발산한다.
(ii) $n = 2$이면
　① $a = 1$인 경우, 수렴한다.
　② $a \neq 1$인 경우, 발산한다.
(i), (ii)에서 $\lim_{x \to \infty}\dfrac{f(x) - x^2}{\sqrt{f(x)} + x}$ 이 수렴하므로
$f(x)$는 최고차항의 계수가 1인 이차함수이다.
상수 b, c에 대하여 $f(x) = x^2 + bx + c$라 하면
$$\lim_{x \to \infty}\frac{f(x) - x^2}{\sqrt{f(x)} + x} = \lim_{x \to \infty}\frac{x^2 + bx + c - x^2}{\sqrt{x^2 + bx + c} + x}$$
$$= \lim_{x \to \infty}\frac{bx + c}{\sqrt{x^2 + bx + c} + x}$$
$$= \frac{b}{2} = 3$$
$$\Rightarrow b = 6$$
조건 (나)에서 $f(1) = 10$이므로
$f(1) = 1 + b + c = 10$에서 $c = 3$이다.
$\Rightarrow f(x) = x^2 + 6x + 3$이다.
$\therefore f(-1) = 1 - 6 + 3 = -2$

| 021 | 정답 14

조건 (가)의 $\lim_{x \to \infty}\dfrac{f(x)}{x^3} = 0$에서 함수 $f(x)$는 이차 이하의
다항함수이다.
조건 (나)의 $\lim_{x \to 1}\dfrac{f(x)}{x-1} = 1$에서 극한값이 존재하고,
$x \to 1$일 때 (분모)$\to 0$이므로 (분자)$\to 0$이다.
즉, $\lim_{x \to 1}f(x) = f(1) = 0$이므로 $f(x)$는 $x - 1$을 인수로
갖는다.
$f(x) = (x-1)(ax+b)$(단, a, b는 상수)라 하면
$$\lim_{x \to 1}\frac{f(x)}{x-1} = \lim_{x \to 1}\frac{(x-1)(ax+b)}{x-1}$$
$$= \lim_{x \to 1}(ax+b)$$
$$= a + b = 1 \qquad \cdots\cdots \ominus$$

조건 (다)에서 방정식 $f(x)=2x$의 한 근이 2이므로
$f(2)=4$에서
$2a+b=4$ ...... ㉡
㉠, ㉡에서 $a=3$, $b=-2$
따라서 $f(x)=(x-1)(3x-2)$이므로 $f(3)=14$

2일차

본문 p.17~28

| SPEED CHECK |

022 ③	**023** ④	**024** 16	**025** ②
026 8	**027** ⑤	**028** ③	**029** ⑤
030 ⑤	**031** ③	**032** ③	**033** ①
034 ①	**035** ③	**036** 2	**037** 2
038 ②	**039** ③	**040** 8	**041** 3
042 ②	**043** ⑤	**044** ③	

| 022 | 정답 ③

함수 $f(x)$가 $x=0$에서 불연속이려면
$\lim\limits_{x \to 0-} f(x)=f(0)=1$이므로
$\lim\limits_{x \to 0+} f(x)=a+2 \neq 1$, 즉 $a \neq -1$이어야 한다.

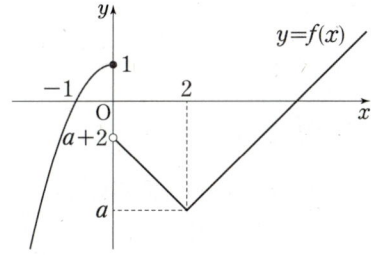

함수 $|f(x)|$가 $x=0$에서 연속이려면
$\lim\limits_{x \to 0-} |f(x)|=|f(0)|=1$이므로
$\lim\limits_{x \to 0+} |f(x)|=|a+2|=1$,
즉 $a=-1$ 또는 $a=-3$이어야 한다.
$\therefore a=-3$ ($\because a \neq -1$)

| 023 | 정답 ④

$$\frac{g(x)}{f(x)}=\begin{cases} \dfrac{ax+1}{x^2-4x+6} & (x<2) \\ ax+1 & (x \geq 2) \end{cases}$$

이때 $h_1(x)=\dfrac{ax+1}{x^2-4x+6}$, $h_2(x)=ax+1$이라 하면
함수 $h_1(x)$와 함수 $h_2(x)$는 실수 전체의 집합에서
연속이다.
함수 $\dfrac{g(x)}{f(x)}$가 실수 전체의 집합에서 연속이므로
$x=2$에서도 연속이다.
$h_1(2)=h_2(2)$에서
$$\frac{2a+1}{2}=2a+1$$
$$\therefore a=-\frac{1}{2}$$

| 024 | 정답 16

함수 $f(x)$는 실수 전체의 집합에서 연속함수이고
함수 $g(x)$는 $x=1$을 제외한 모든 실수에서 연속이므로
함수 $f(x)g(x)$가 실수 전체에서 연속이려면
$x=1$에서 연속이어야 한다.
$$f(x)g(x)=\begin{cases} a \times f(x) & (x=1) \\ \dfrac{f(x)}{x-1} & (x \neq 1) \end{cases}$$이고
함수 $f(x)g(x)$가 $x=1$에서 연속이려면
$\lim\limits_{x \to 1} f(x)g(x)=f(1)g(1)$이 성립한다.

먼저 $\lim\limits_{x \to 1} f(x)g(x)=\lim\limits_{x \to 1} \dfrac{f(x)}{x-1}$가 존재해야 하는데,
$\lim\limits_{x \to 1} (x-1)=0$이므로 $\lim\limits_{x \to 1} f(x)=0$이어야 한다.
따라서 $f(x)$가 $(x-1)$을 인수로 가지고 있으므로
상수 k에 대하여 $f(x)=(x-1)(x-k)$라 하면,
$$\lim\limits_{x \to 1} f(x)g(x)=\lim\limits_{x \to 1} \frac{f(x)}{x-1}$$
$$=\lim\limits_{x \to 1} \frac{(x-1)(x-k)}{(x-1)}$$
$$=1-k$$
$\lim\limits_{x \to 1} f(x)g(x)=f(1)g(1)$에서
$1-k=f(1)g(1)=af(1)=0$ ($\because f(1)=0$)
$\Rightarrow k=1$
따라서 $f(x)=(x-1)^2$이므로
$f(5)=4^2=16$이다.

025 정답 ②

$$\{g(x)\}^2 = \begin{cases} \{f(x-1)\}^2 & (x \le 1) \\ \{1-f(x)\}^2 & (x > 1) \end{cases}$$

두 다항함수 $\{f(x-1)\}^2$, $\{1-f(x)\}^2$은 모든 실수 x에 대하여 연속이다.

함수 $\{g(x)\}^2$이 실수 전체의 집합에서 연속이므로 $x=1$에서도 연속이어야 한다.

즉, $\displaystyle\lim_{x \to 1+}\{g(x)\}^2 = \lim_{x \to 1-}\{g(x)\}^2 = \{g(1)\}^2$이므로

$\{f(0)\}^2 = \{1-f(1)\}^2$에서

$k^2 = \{1-(3+k)\}^2$이므로 $k=-1$이다.

026 정답 8

함수 $g(x)$가 $x=2$에서 연속이기 위한 조건은

x	$f(x)$	$f(x)-2$	$g(x)$
$2-$	-1	-3	3
2	a^2-4a+6	a^2-4a+4	$(a^2-4a+5)^2-1$
$2+$	a^2-4a+6	a^2-4a+4	$(a^2-4a+5)^2-1$

$(a^2-4a+5)^2-1=3$, $a^2-4a+5=\pm 2$에서 $a=1, 3$이다.

함수 $g(x)$가 $x=3$에서 연속이기 위한 조건은

x	$f(x)$	$f(x)-2$	$g(x)$
$3-$	a^2-6a+6	a^2-6a+4	$(a^2-6a+5)^2-1$
3	1	-1	-1
$3+$	1	-1	-1

$(a^2-6a+5)^2-1=-1$, $a^2-6a+5=0$에서 $a=1, 5$이다.

따라서 함수 $g(x)$가 $x=2$에서만 불연속이거나 $x=3$에서만 불연속이기 위한 실수 a의 값은 3, 5이고 그 합은 $3+5=8$이다.

027 정답 ⑤

주어진 그래프에서 $f(0)=0$, $\displaystyle\lim_{x \to 0+}f(x)=1$이므로

함수 $f(x)$는 $x=0$에서 불연속이고,

$\displaystyle\lim_{x \to 1-}f(x)=1$, $f(1)=2$, $\displaystyle\lim_{x \to 1+}f(x)=2$이므로

함수 $f(x)$는 $x=1$에서 불연속이다.

또한 함수 $y=f(x)$의 그래프는 원점에 대하여 대칭이므로 함수 $f(x)$는 $x=-1$에서 불연속이다.

따라서 함수 $f(x)$는 $x=-1$, $x=0$, $x=1$에서만 불연속이므로 함수 $f(x)g(x)$가 실수 전체의 집합에서

연속이려면 $g(-1)=0$, $g(0)=0$, $g(1)=0$이어야 한다.

따라서 $g(x)=x^3-x$이므로 $g(3)=24$이다.

028 정답 ③

ㄱ. $\displaystyle\lim_{x \to 0+}f(x)=1$ (참)

ㄴ. $\displaystyle\lim_{x \to 1+}f(x)=2$이고 $\displaystyle\lim_{x \to 1-}f(x)=2$이므로

$\displaystyle\lim_{x \to 1}f(x)=2$

그런데 $f(1)=1$이므로

$\displaystyle\lim_{x \to 1}f(x)=2 \ne f(1)$ (거짓)

ㄷ.

x	$x-1$	$f(x)$	$(x-1)f(x)$
$1+$	0	2	0
$1-$	0	2	0
1	0	1	0

위의 표에서 $\displaystyle\lim_{x \to 1}(x-1)f(x)=(1-1)f(1)$이므로

함수 $(x-1)f(x)$는 $x=1$에서 연속이다. (참)

따라서 옳은 것은 ㄱ, ㄷ이다.

TIP

$x=a$에서 함수 $g(x)$는 연속이고, 함수 $h(x)$는 불연속(단, 우극한, 좌극한, 함숫값 각각은 모두 존재)일 때, 함수 $g(x)h(x)$가 $x=a$에서 연속이 되려면, 즉

$$\lim_{x \to a+}g(x)h(x) = \lim_{x \to a-}g(x)h(x) = g(a)h(a)$$가

성립하려면 $\displaystyle\lim_{x \to a+}g(x)=\lim_{x \to a-}g(x)=g(a)$이므로

$g(a)\displaystyle\lim_{x \to a+}h(x)=g(a)\lim_{x \to a-}h(x)=g(a)h(a)$에서

$g(a)=0$이어야 한다.

029 정답 ⑤

함수 $y=f(x)$의 그래프는 다음과 같다.

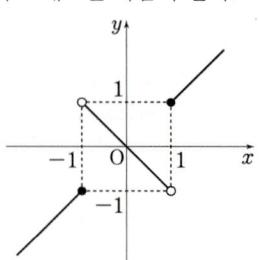

ㄱ. 함수 $f(x)$는 $x=-1$, $x=1$에서 불연속이다. (참)

ㄴ.

x	$x-1$	$f(x)$	$(x-1)f(x)$
$1+$	0	1	0
$1-$	0	-1	0
1	0	1	0

$$\lim_{x\to 1+}(x-1)f(x) = \lim_{x\to 1-}(x-1)f(x)$$
$$= (1-1)f(1) = 0$$

이므로 함수 $(x-1)f(x)$는 $x=1$에서 연속이다. (참)

ㄷ. 모든 실수 x에 대하여 $\{f(x)\}^2 = x^2$이므로
함수 $\{f(x)\}^2$은 실수 전체의 집합에서 연속이다. (참)

따라서 옳은 것은 ㄱ, ㄴ, ㄷ이다.

TIP

보기 ㄴ에서 함수 $f(x)$가 $x=1$에서 불연속이고,
함수 $x-1$은 $x=1$에서 연속이며 그 함숫값이
0이므로 함수 $(x-1)f(x)$는 $x=1$에서 연속임을
알 수 있다.

| **030** | 정답 ⑤

함수 $y=f(x)$는 원점에 대하여 대칭이므로 그래프는
실수 전체의 집합에서 다음과 같이 그려진다.

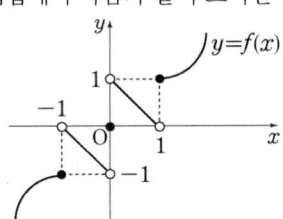

ㄱ. $\lim_{x\to -1-}f(x) = -1$ (참)

ㄴ. $\lim_{x\to 0+}f(x) + \lim_{x\to 0-}f(x) = 1+(-1) = 0$ (참)

ㄷ. $g(x)=(x-1)f(x)$라 하면 $g(1)=0$이고
$$\lim_{x\to 1-}g(x) = \lim_{x\to 1-}(x-1) \times \lim_{x\to 1-}f(x)$$
$$= 0\times 0 = 0,$$
$$\lim_{x\to 1+}g(x) = \lim_{x\to 1+}(x-1) \times \lim_{x\to 1+}f(x)$$
$$= 0\times 1 = 0$$
이므로 $\lim_{x\to 1}g(x) = 0$이다.
따라서 $\lim_{x\to 1}g(x) = g(1)$이므로
함수 $g(x)$는 $x=1$에서 연속이다. (참)

따라서 보기 중 옳은 것은 ㄱ, ㄴ, ㄷ이다.

| **031** | 정답 ③

$x>0$일 때, $f(x) = \dfrac{1}{x}$

$x<0$일 때, $f(x) = -\dfrac{1}{x}$

$f(0)=1$이므로 함수 $y=f(x)$의 그래프는 다음과 같다.

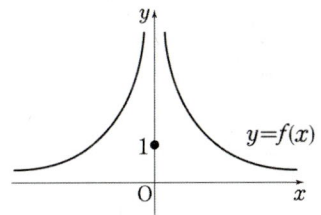

ㄱ. $\lim_{x\to 0}f(x)$의 값이 존재하지 않는다. (불연속)

ㄴ. $x>0$일 때, $f(x)g(x) = \dfrac{1}{x} \times x = 1$이고,

$x<0$일 때, $f(x)g(x) = \left(-\dfrac{1}{x}\right) \times x = -1$이므로

$\lim_{x\to 0}f(x)g(x)$의 값이 존재하지 않는다. (불연속)

ㄷ. $x>0$일 때, $f(x)h(x) = \dfrac{1}{x} \times x^2 = x$,

$x<0$일 때, $f(x)h(x) = \left(-\dfrac{1}{x}\right) \times x^2 = -x$이고,

$f(0)h(0) = 1\times 0 = 0$이므로

$\lim_{x\to 0+}x = \lim_{x\to 0-}(-x) = 0$이다.

그러므로 함수 $f(x)h(x)$는 $x=0$에서 연속이다.

따라서 $x=0$에서 연속인 함수는 ㄷ뿐이다.

| **032** | 정답 ③

함수 $g(x)$가 실수 전체의 집합에서 연속이므로
함수 $g(x)$는 $x=2$와 $x=-2$에서 연속이다.

따라서 $\lim_{x\to 2-}\dfrac{f(x)}{x^2-4} = f(0)$에서 $f(2)=0$이고

$\lim_{x\to -2+}\dfrac{f(x)}{x^2-4} = f(0)$에서 $f(-2)=0$이다.

즉, 상수 a, b, c에 대하여
$f(x) = (x^2-4)(ax^2+bx+c)$라 하면
$f(0) = -4c$에서

$$\lim_{x\to 2-}\dfrac{f(x)}{x^2-4} = \lim_{x\to 2-}(ax^2+bx+c)$$
$$= 4a+2b+c = -4c \qquad \cdots\cdots\,\text{㉠}$$

$$\lim_{x\to -2+}\dfrac{f(x)}{x^2-4} = \lim_{x\to -2+}(ax^2+bx+c)$$
$$= 4a-2b+c = -4c \qquad \cdots\cdots\,\text{㉡}$$

㉠, ㉡에서 $b=0$이고 $c=-\dfrac{4}{5}a$이다.

$$\Rightarrow f(x) = (x^2-4)\left(ax^2 - \frac{4}{5}a\right)$$

$$\therefore \frac{f(1)}{f(0)} = \frac{-\dfrac{3}{5}a}{\dfrac{16}{5}a} = -\frac{3}{16}$$

| 033 | 정답 ①

$g(x) = \dfrac{x^3 - 4x^2 + 5x - 2}{f(x)} = \dfrac{(x-1)^2(x-2)}{f(x)}$ 에서

함수 $g(x)$ 는 $x=3$ 에서 불연속이므로 $f(3)=0$ 이다.

따라서 이차식 $p(x)$ 에 대하여 $f(x)=(x-3)p(x)$ 이다.

또한 $\displaystyle\lim_{x\to 1} g(x) = \lim_{x\to 1} \frac{(x-1)^2(x-2)}{(x-3)p(x)} = 1$ 에서

$p(x) = k(x-1)^2$ (k 는 0이 아닌 상수)

따라서

$$\begin{aligned}
\lim_{x\to 1} g(x) &= \lim_{x\to 1} \frac{(x-1)^2(x-2)}{(x-3)p(x)}\\
&= \lim_{x\to 1} \frac{(x-1)^2(x-2)}{k(x-3)(x-1)^2}\\
&= \lim_{x\to 1} \frac{x-2}{k(x-3)}\\
&= \frac{1}{2k} = 1
\end{aligned}$$

$$\Rightarrow k = \frac{1}{2}$$

따라서 $f(x) = \dfrac{1}{2}(x-1)^2(x-3)$

$$\therefore f(0) = -\frac{3}{2}$$

| 034 | 정답 ①

두 다항함수 $g(x)$, $h(x)$ 는 모두 실수 전체의 집합에서 연속이므로

조건 (가)를 만족시키려면 함수 $f(x)$ 가 $x=a$ 에서 연속이거나, $g(a)=0$ 이거나, $h(a)=0$ 이어야 한다.

(i) 함수 $f(x)$ 가 $x=a$ 에서 연속일 때

　$a+1 = -a-1 \Rightarrow a = -1$

(ii) $g(a)=0$ 일 때

　조건 (나)에서 $y=g(x)$ 의 그래프가
　두 점 $(1, -3)$, $(5, 5)$ 를 지나므로
　$g(x) = 2x-5$ 이다.
　$\therefore 2a-5 = 0$
　$\Rightarrow a = \dfrac{5}{2}$

(iii) $h(a)=0$ 일 때

　조건 (다)에서 $\displaystyle\lim_{x\to\infty} \frac{h(x)}{x^2} = 1$ 이므로
　이차함수 $h(x)$ 의 최고차항의 계수는 1이다.
　$h(x) = x^2 + bx + c$ (b, c 는 상수)라 하면
　조건 (나)에서 $y=h(x)$ 의 그래프가
　두 점 $(1, -3)$, $(5, 5)$ 를 지나므로
　$h(x) = x^2 - 4x$ 이다.
　$\therefore a^2 - 4a = 0$
　$\Rightarrow a = 0$ 또는 $a = 4$

따라서 구하는 모든 상수 a 의 값의 합은

$(-1) + \dfrac{5}{2} + 0 + 4 = \dfrac{11}{2}$ 이다.

| 035 | 정답 ③

$\displaystyle\lim_{x\to 0} \frac{f(x)}{x} = \alpha$, (분모)$\to 0$이면 (분자)$\to 0$

$\Rightarrow \displaystyle\lim_{x\to 0} f(x) = 0$ ┄┄┄㉠

$\displaystyle\lim_{x\to 0} \frac{g(x)}{x^2} = \beta$, (분모)$\to 0$이면 (분자)$\to 0$

$\Rightarrow \displaystyle\lim_{x\to 0} g(x) = 0$ ┄┄┄㉡

두 함수 $f(x)$, $g(x)$ 는 연속함수이므로

$f(0) = \displaystyle\lim_{x\to 0} f(x) = 0$, $g(0) = \displaystyle\lim_{x\to 0} g(x) = 0$

ㄱ. $f(0) = g(0) = 0$ (참)

ㄴ. $\displaystyle\lim_{x\to 0} \frac{f(x)g(x)}{x^3} = \lim_{x\to 0}\left\{\frac{f(x)}{x} \times \frac{g(x)}{x^2}\right\}$

　　　　　　$= \alpha \times \beta > 0$ (참)

ㄷ. [반례] $f(x) = x^2$, $g(x) = x^3$ 이면

　$\displaystyle\lim_{x\to 0} \frac{f(x)}{x} = \lim_{x\to 0} x = 0 = \alpha$ 이고,

　$\displaystyle\lim_{x\to 0} \frac{g(x)}{x^2} = 0 = \beta$ 이지만

　$\displaystyle\lim_{x\to 0} \frac{f(x)}{g(x)} = \lim_{x\to 0} \frac{1}{x}$ 은 발산한다. (거짓)

따라서 옳은 것은 ㄱ, ㄴ이다.

| 036 | 정답 2

실수 a 의 값에 따른 직선 $y=a$ 와 함수 $y=|x^2-4|$ 의 그래프의 교점의 개수는 다음과 같다.

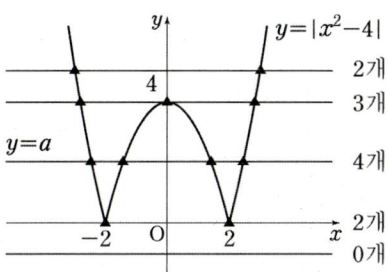

그러므로 함수 $y = f(a)$의 그래프는

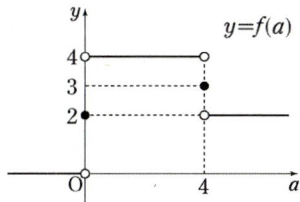

따라서 함수 $y = f(a)$의 불연속인 점의 개수는 2이다.

| 037 | 정답 2

함수 $f(g(x))$가 $x = 0$에서 연속이 되어야 하므로
$\lim\limits_{x \to 0+} f(g(x)) = \lim\limits_{x \to 0-} f(g(x)) = f(g(0))$이다.
$\lim\limits_{x \to 0+} f(g(x)) = f(a)$, $\lim\limits_{x \to 0-} f(g(x)) = f(-a)$,
$f(g(0)) = f(a)$에서 $f(a) = f(-a)$
이때, 주어진 그래프에서 $f(a) = f(-a)$를 만족시키는
$0 < a \le 3$인 a의 값은 2이다.

| 038 | 정답 ②

함수 $f(x)$가 $x = 2$에서 불연속이고
$f(-1) = f(5) = 2$이므로
합성함수 $(f \circ f)(x)$의 $x = -1$, $x = 2$, $x = 5$에서의
연속성을 확인하여야 한다.
(i) $x = -1$

$$\left(\begin{matrix}-1- \\ -1+ \\ -1\end{matrix}\right) \xrightarrow{f} \left(\begin{matrix}2+ \\ 2- \\ 2\end{matrix}\right) \xrightarrow{f} \left(\begin{matrix}-1 \\ -1 \\ 2\end{matrix}\right)$$

따라서 함수 $(f \circ f)(x)$는 $x = -1$에서 불연속
(ii) $x = 2$

$$\left(\begin{matrix}2- \\ 2+ \\ 2\end{matrix}\right) \xrightarrow{f} \left(\begin{matrix}-1+ \\ -1+ \\ 2\end{matrix}\right) \xrightarrow{f} \left(\begin{matrix}2 \\ 2 \\ 2\end{matrix}\right)$$

따라서 함수 $(f \circ f)(x)$는 $x = 2$에서 연속

(iii) $x = 5$

$$\left(\begin{matrix}5- \\ 5+ \\ 5\end{matrix}\right) \xrightarrow{f} \left(\begin{matrix}2- \\ 2+ \\ 2\end{matrix}\right) \xrightarrow{f} \left(\begin{matrix}-1 \\ -1 \\ 2\end{matrix}\right)$$

따라서 함수 $(f \circ f)(x)$는 $x = 5$에서 불연속
(i)~(iii)에서 합성함수 $(f \circ f)(x)$가 불연속인 점은
$x = -1$, 5이고
따라서 구하는 모든 a의 값의 합은 $-1 + 5 = 4$이다.

| 039 | 정답 ③

주어진 조건에 의하여
두 함수 $y = f(x)$, $y = g(t)$의 그래프는 다음과 같다.

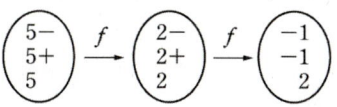

ㄱ. $\lim\limits_{x \to -1+} f(x) = -2$, $\lim\limits_{x \to 0-} g(x) = 1$이므로
   $\lim\limits_{x \to -1+} f(x) + \lim\limits_{x \to 0-} g(x) = -1$ (참)

ㄴ.

$$\left(\begin{matrix}-1- \\ -1+\end{matrix}\right) \xrightarrow{f} \left(\begin{matrix}2+ \\ -2+\end{matrix}\right) \xrightarrow{g} \left(\begin{matrix}0 \\ 1\end{matrix}\right)$$

그러므로 함수 $g(f(x))$는 $x = -1$에서 극한값이
존재하지 않는다. (거짓)

ㄷ.

$$\left(\begin{matrix}-2- \\ -2+ \\ -2\end{matrix}\right) \xrightarrow{g} \left(\begin{matrix}0 \\ 1 \\ 0\end{matrix}\right) \xrightarrow{f} \left(\begin{matrix}0 \\ 0 \\ 0\end{matrix}\right)$$

그러므로 함수 $f(g(x))$는 $x = -2$에서 연속이다. (참)
따라서 옳은 것은 ㄱ, ㄷ이다.

> **TIP**
>
> 구간 $(t-1, t+1)$의 길이는 2이고,
> 함수 $f(x)$가 $x = -1$에서 불연속이므로
> 구간 $(t-1, t+1)$에 $x = -1$이 포함되는지를
> 기준으로 함수 $g(t)$를 찾아보아야 한다.
> (i) $t < -2$일 때,
>   구간 $(t-1, t+1)$에는 $x = -1$이 포함되어 있지
>   않으므로 함수 $f(x)$가 불연속인 점은 없다.
>   따라서 $g(t) = 0$

(ii) $t = -2$일 때,
　구간 $(-3, -1)$에는 역시 $x = -1$이 포함되어
　있지 않으므로 함수 $f(x)$가 불연속인 점은 없다.
　따라서 $g(-2) = 0$
(iii) $-2 < t < 0$일 때,
　구간 $(t-1, t+1)$에는 $x = -1$이 포함되므로
　함수 $f(x)$가 불연속인 점은 $x = -1$로 $g(t) = 1$
(iv) $t = 0$일 때,
　구간 $(-1, 1)$에는 $x = -1$이 포함되어 있지
　않으므로 함수 $f(x)$가 불연속인 점은 없다.
　따라서 $g(0) = 0$
(v) $t > 0$일 때,
　구간 $(t-1, t+1)$에는 $x = -1$이 포함되어 있지
　않으므로 함수 $f(x)$가 불연속인 점은 없다.
　따라서 $g(t) = 0$
(i)~(v)에 의하여 함수 $y = g(t)$의 그래프는
해설과 같이 그려진다.

| 040 |　정답 8

t의 값의 범위에 따른 직선 $y = t$와 곡선 $y = |x^2 - 2x|$의
관계는 다음과 같다.

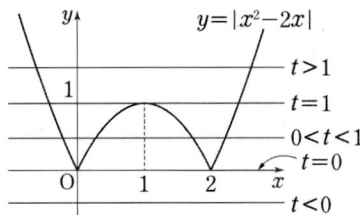

따라서 함수 $y = f(t)$의 그래프는 다음과 같고
함수 $f(t)$는 $t = 0$, $t = 1$일 때 불연속이다.

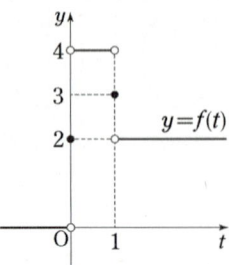

이차함수 $g(t)$는 모든 실수 t에서 연속이므로
함수 $f(t)g(t)$가 모든 실수 t에서 연속이려면
$t = 0$, $t = 1$일 때 연속이면 된다.
먼저 $t = 0$일 때 연속이려면
$f(0)g(0) = 2g(0)$,
$\lim_{t \to 0-} f(t)g(t) = 0$,
$\lim_{t \to 0+} f(t)g(t) = 4 \lim_{t \to 0+} g(t) = 4g(0)$
이 모두 같아야 하므로 $g(0) = 0$이다.　　……㉠

$t = 1$일 때 연속이려면
$f(1)g(1) = 3g(1)$,
$\lim_{t \to 1-} f(t)g(t) = 4 \lim_{t \to 1-} g(t) = 4g(1)$,
$\lim_{t \to 1+} f(t)g(t) = 2 \lim_{t \to 1+} g(t) = 2g(1)$
이 모두 같아야 하므로 $g(1) = 0$이다.　　……㉡
㉠, ㉡을 만족시키는 함수 $g(t)$는
최고차항의 계수가 1인 이차함수이므로
$g(t) = t(t-1)$
$\therefore f(3) + g(3) = 2 + 6 = 8$

| 041 |　정답 3

$\lim_{x \to 1} \dfrac{f(x)}{x-1} = a$, $\lim_{x \to 2} \dfrac{f(x)}{2-x} = b$에서
$f(1) = 0$, $f(2) = 0$이므로
$f(x) = (x-1)(2-x)g(x)$(단, $g(x)$는 다항함수)라고
두면
$\begin{aligned} \lim_{x \to 1} \dfrac{f(x)}{x-1} &= \lim_{x \to 1} \dfrac{(x-1)(2-x)g(x)}{x-1} \\ &= \lim_{x \to 1}(2-x)g(x) = g(1) = a \end{aligned}$
$\begin{aligned} \lim_{x \to 2} \dfrac{f(x)}{2-x} &= \lim_{x \to 2} \dfrac{(x-1)(2-x)g(x)}{2-x} \\ &= \lim_{x \to 2}(x-1)g(x) = g(2) = b \end{aligned}$
가 성립한다.
이때, $ab < 0$이므로 연속함수 $g(x)$에 대하여
방정식 $g(x) = 0$은 구간 $(1, 2)$에서 적어도 하나의
실근을 갖는다.
따라서 방정식 $f(x) = 0$은 적어도 3개의 실근을 갖는다.
$\therefore n$의 최댓값은 3이다.

| 042 |　정답 ②

$g(x) = f(x) - x$로 놓으면
함수 $f(x)$와 $y = x$가 닫힌구간 $[0, 3]$에서 모두
연속함수이므로
함수 $g(x)$도 $[0, 3]$에서 연속이다.
$g(0) = f(0) - 0 = -1$, $g(0) < 0$
$g(1) = f(1) - 1 = -3$, $g(1) < 0$
$g(2) = f(2) - 2 = 1$, $g(2) > 0$
$g(3) = f(3) - 3 = -3$, $g(3) < 0$
$g(1) \times g(2) < 0$, $g(2) \times g(3) < 0$이므로
사잇값 정리에 의해 방정식 $g(x) = 0$은
열린구간 $(1, 2)$에서 적어도 1개의 실근을 갖고,
열린구간 $(2, 3)$에서 적어도 1개의 실근을 갖는다.
따라서 방정식 $f(x) = x$는 열린구간 $(0, 3)$에서 적어도
2개의 실근을 가진다.

043 정답 ⑤

ㄱ. $\displaystyle\lim_{x\to-1}f(x)=f(-1)=1$ (참)

ㄴ. 함수 $x+1$은 실수 전체의 집합에서 연속이고, 함수 $f(x)$는 $x=-1$에서 불연속이므로 $x=-1$에서 함수 $(x+1)f(x)$의 연속성을 판단하면 충분하다.

x	$x+1$	$f(x)$	$(x+1)f(x)$
$-1+$	0	0	0
$-1-$	0	1	0
-1	0	1	0

$$\lim_{x\to-1+}(x+1)f(x)=\lim_{x\to-1-}(x+1)f(x)$$
$$=(-1+1)f(1)=0$$

이므로 함수 $(x+1)f(x)$는 $x=-1$에서 연속이므로 실수 전체의 집합에서 연속이다. (참)

ㄷ. $g(x)=f(x)-x$로 놓으면
함수 $f(x)$와 $y=x$가 닫힌구간 $[0,\,3]$에서 모두 연속함수이므로
함수 $g(x)$도 $[0,\,3]$에서 연속이다.
$g(0)=f(0)-0=-1,\ g(0)<0$
$g(1)=f(1)-1=-3,\ g(1)<0$
$g(2)=f(2)-2=1,\ g(2)>0$
$g(3)=f(3)-3=-3,\ g(3)<0$
$g(1)\times g(2)<0,\ g(2)\times g(3)<0$이므로
사잇값 정리에 의해 방정식 $g(x)=0$은
열린구간 $(1,\,2)$에서 적어도 1개의 실근을 갖고,
열린구간 $(2,\,3)$에서 적어도 1개의 실근을 갖는다.
따라서 방정식 $f(x)=x$는 열린구간 $(0,\,3)$에서
적어도 2개의 실근을 가진다. (참)
따라서 옳은 것은 ㄱ, ㄴ, ㄷ이다.

044 정답 ③

ㄱ. 방정식 $f(x)g(x)=0$의 실근은
방정식 $f(x)=0$ 또는 방정식 $g(x)=0$의 실근이므로
두 함수 $y=f(x)$, $y=g(x)$의 그래프가 x축과
만나는 점의 개수를 조사하면 된다.
함수 $y=f(x)$의 그래프와 x축이 만나는 점이
$x<0$에서 1개,
함수 $y=g(x)$의 그래프와 x축이 만나는 점이
$x>0$에서 1개이므로
방정식 $f(x)g(x)=0$은 서로 다른 두 실근을 갖는다.
(참)

ㄴ. $h(x)=f(x)+g(x)$라 하면
함수 $h(x)$는 닫힌구간 $[a,\,b]$에서 연속이고
$h(a)=f(a)+g(a)<0$이고,
$h(b)=f(b)+g(b)>0$이므로

사이값 정리에 의해 방정식 $h(x)=0$은
열린구간 $(a,\,b)$에서 적어도 하나의 실근을 갖는다. (참)

ㄷ. $h(x)=f(x)-g(x)$라 하면
함수 $h(x)$는 삼차함수이고,
두 함수 $y=f(x)$, $y=g(x)$의 그래프의 교점의
x좌표가 a, b, c이므로
함수 $h(x)$의 최고차항의 계수를 $t\,(t>0)$라 하면,
$h(x)=t(x-a)(x-b)(x-c)$
$$\lim_{x\to a}\frac{f(x)-g(x)}{x-a}=\lim_{x\to a}\frac{h(x)}{x-a}$$
$$=\lim_{x\to a}\frac{t(x-a)(x-b)(x-c)}{x-a}$$
$$=\lim_{x\to a}t(x-b)(x-c)$$
$$=t(a-b)(a-c)$$
이때, $a-b<0$, $a-c<0$이므로
$$\lim_{x\to a}\frac{f(x)-g(x)}{x-a}=t(a-b)(a-c)>0\ (거짓)$$
따라서 옳은 것만을 있는 대로 고르면 ㄱ, ㄴ이다.

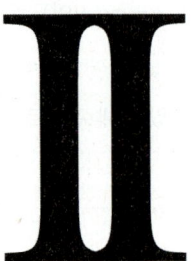

Ⅱ

미분

| SPEED CHECK |

045 ②	**046** ③	**047** 10	**048** ③
049 ①	**050** 9	**051** ②	**052** ②
053 72	**054** 3	**055** ③	**056** ①
057 ②	**058** ⑤	**059** 40	**060** ⑤
061 10	**062** 32	**063** 108	**064** ⑤
065 ②	**066** ④	**067** 5	**068** 6
069 18	**070** ②	**071** 20	**072** ①
073 8	**074** 97	**075** ③	**076** 32

| 045 | 정답 ②

$g(x) = xf(x) = x^3 - 3x^2 + 2x$라 하면,
$g'(x) = 3x^2 - 6x + 2$
$$\therefore \lim_{x \to 2} \frac{xf(x) - 2f(2)}{x-2} = \lim_{x \to 2} \frac{g(x) - g(2)}{x-2} = g'(2) = 2$$

다른 풀이1

$g(x) = xf(x)$라 하면, 곱의 미분법에 의해
$g'(x) = f(x) + xf'(x)$
이때, $f'(x) = 2x - 3$에서 $f'(2) = 1$이고
$f(2) = 0$이므로
$$\therefore \lim_{x \to 2} \frac{xf(x) - 2f(2)}{x-2} = \lim_{x \to 2} \frac{g(x) - g(2)}{x-2}$$
$$= g'(2) = f(2) + 2f'(2)$$
$$= 0 + 2 \times 1 = 2$$

다른 풀이2

$xf(x) = x^3 - 3x^2 + 2x$이고,
$2f(2) = 2(4 - 6 + 2) = 0$이므로
$$\therefore \lim_{x \to 2} \frac{xf(x) - 2f(2)}{x-2} = \lim_{x \to 2} \frac{x^3 - 3x^2 + 2x}{x-2}$$
$$= \lim_{x \to 2} \frac{x(x-2)(x-1)}{x-2}$$
$$= \lim_{x \to 2} x(x-1) = 2$$

| 046 | 정답 ③

$f(x) = x^2 + x - 2$에서 $f'(x) = 2x + 1$이므로
$$\lim_{x \to 1} \frac{f(x) - f(1)}{x-1} = f'(1) = 3$$

$$\frac{f(a)-f(3)}{a-3} = \frac{(a^2+a-2)-10}{a-3}$$
$$= \frac{(a-3)(a+4)}{a-3}$$
$$= a+4 > 3$$

에서 $a > -1$

따라서 $-1 < a < 3$이므로 주어진 부등식을 만족시키는 정수 a의 개수는 3이다

다른 풀이

$\displaystyle\lim_{x \to 1}\frac{f(x)-f(1)}{x-1} = f'(1)$이고

$\dfrac{f(a)-f(3)}{a-3}$은 두 점 $(a, f(a))$, $(3, f(3))$ 사이의

평균변화율을 의미한다.

$f(x)$가 이차함수이므로 $\dfrac{a+3}{2} = 1$일 때

$f'(1) = \dfrac{f(a)-f(3)}{a-3}$이므로 $a = -1$

그러므로 $-1 < a < 3$을 만족시키는 정수 a의 개수는 3이다.

| 047 | 정답 10

$x = -1$에서 $x = a$까지 변할 때의 평균변화율이 -1이므로

$$\frac{f(a)-f(-1)}{a-(-1)} = \frac{(a^2-a)-2}{a+1} = \frac{(a-2)(a+1)}{a+1}$$
$$= a-2 = -1$$

$\Rightarrow a = 1$

또한, $f'(x) = 2x-1$이므로

$$\therefore \lim_{h \to 0}\frac{f(a+10h)-f(a)}{h}$$
$$= \lim_{h \to 0}\frac{f(1+10h)-f(1)}{10h} \times 10$$
$$= 10f'(1) = 10 \times 1 = 10$$

| 048 | 정답 ③

이차함수 $f(x)$를

$f(x) = x^2+ax+b (a, b$는 상수$)$라 하면

$$\lim_{h \to 0}\frac{f(3+2h)-f(3-h)}{h}$$
$$= \lim_{h \to 0}\frac{f(3+2h)-f(3)-f(3-h)+f(3)}{h}$$
$$= \lim_{h \to 0}\frac{f(3+2h)-f(3)}{2h} \times 2 + \lim_{h \to 0}\frac{f(3-h)-f(3)}{-h}$$
$$= 2f'(3)+f'(3) = 3f'(3) = 9$$

$\Rightarrow f'(3) = 3$

한편, $f'(x) = 2x+a$이므로

$f'(3) = 6+a = 3$

$\therefore a = -3$

따라서 $f'(x) = 2x-3$이므로 $f'(0) = -3$이다.

| 049 | 정답 ①

$\displaystyle\lim_{x \to 1}\frac{f(x)}{(x-1)^2} = 5$이므로 삼차함수 $f(x)$는 $(x-1)^2$을

인수로 갖는다.

$f(x) = (ax+b)(x-1)^2$이라 하면

$$\lim_{x \to 1}\frac{f(x)}{(x-1)^2} = \lim_{x \to 1}(ax+b) = a+b$$이므로

$a+b = 5$ ......㉠

$\displaystyle\lim_{x \to 1}\frac{f(x)-k}{x-2} = 13$이므로

$f(2) = k$이고 $f'(2) = 13$이다.

$f'(x) = a(x-1)^2+2(ax+b)(x-1)$에서

$f'(2) = a+2(2a+b) = 5a+2b$이므로

$5a+2b = 13$ ......㉡

㉠, ㉡에서 $a = 1$, $b = 4$

$\therefore f(x) = (x+4)(x-1)^2$

$\therefore k = f(2) = 6$

| 050 | 정답 9

$\displaystyle\lim_{x \to 1}\frac{f(x)-2}{x-1} = 3$에서

$x \to 1$일 때, (분모)$\to 0$이므로 (분자)$\to 0$이어야 한다.

$f(1)-2 = 0 \Rightarrow f(1) = 2$

$$\lim_{x \to 1}\frac{f(x)-2}{x-1} = \lim_{x \to 1}\frac{f(x)-f(1)}{x-1} = f'(1) = 3$$

또한, $\displaystyle\lim_{x \to 1}\frac{g(x)+1}{x^3-1} = 2$에서

$x \to 1$일 때 (분모)$\to 0$이므로 (분자)$\to 0$이어야 한다.

$g(1)+1 = 0 \Rightarrow g(1) = -1$

$$\lim_{x \to 1}\frac{g(x)+1}{x^3-1} = \lim_{x \to 1}\frac{g(x)-g(1)}{(x-1)(x^2+x+1)}$$
$$= \frac{1}{3}g'(1) = 2$$

에서 $g'(1) = 6$이다.

$h'(x) = f'(x)g(x)+f(x)g'(x)$이므로

$$\therefore h'(1) = f'(1)g(1)+f(1)g'(1)$$
$$= 3 \times (-1)+2 \times 6 = 9$$

051 정답 ②

$g(x) = x^2 + ax + 3$, $h(x) = x + b$라 하면 두 함수
$g(x)$, $h(x)$는 다항함수이므로 $x = 1$에서 미분가능하다.
함수 $f(x)$가 실수 전체의 집합에서 미분가능하므로
$x = 2$에서도 미분가능하다.
두 함수 $g(x)$, $h(x)$가 $x = 2$에서 연속이므로
$g(2) = h(2)$에서
$4 + 2a + 3 = 2 + b$에서 $b = 2a + 5$ ······㉠
한편 함수 $f(x)$가 $x = 2$에서 미분가능하고, 두 함수
$g(x)$, $h(x)$가 $x = 2$에서 미분가능하므로
$g'(2) = h'(2)$이다.
$g'(x) = 2x + a$, $h'(x) = 1$에서
$4 + a = 1$, $a = -3$이고 ㉠에 대입하면 $b = -1$이다.
∴ $a + b = (-3) + (-1) = -4$

052 정답 ②

함수 $f(x)$가 $x = 1$에서 미분가능하므로
$\lim\limits_{x \to 1+} \dfrac{f(x) - f(1)}{x - 1} = \lim\limits_{x \to 1-} \dfrac{f(x) - f(1)}{x - 1}$을 만족시켜야
한다.
$f(x) = \begin{cases} (x-1)(x^2 + kx) & (x \geq 1) \\ -(x-1)(x^2 + kx) & (x < 1) \end{cases}$에서
$\lim\limits_{x \to 1+} \dfrac{f(x) - f(1)}{x - 1} = 1 + k$이고,
$\lim\limits_{x \to 1-} \dfrac{f(x) - f(1)}{x - 1} = -(1 + k)$이므로
$1 + k = -(1 + k)$에서 $k = -1$이다.

053 정답 72

조건 (가)에서 함수 $f(x)$의 그래프는 $x = 2$에서 x축과
접하고 조건 (나)에서 함수 $|f(x)|$가 $x = k$에서
미분가능하지 않으므로
$f(x) = (x-2)^2(x-k)$라 하자. (단, $k < 0$)
이때 $f'(k) > 0$이므로
$\lim\limits_{x \to k+} \dfrac{|f(x)| - |f(k)|}{x - k} - \lim\limits_{x \to k-} \dfrac{|f(x)| - |f(k)|}{x - k} = 18$에서
$f'(k) - \{-f'(k)\} = 18$이므로 $f'(k) = 9$이다.
$f'(x) = 2(x-2)(x-k) + (x-2)^2$에서
$f'(k) = (k-2)^2 = 9$
∴ $k = -1$, $f(x) = (x-2)^2(x+1)$
$h(x) = f(x)f(a-x)$라 하면
함수 $|h(x)|$가 실수 전체의 집합에서 미분가능하려면
$h(t) = 0$인 모든 실수 t에 대하여 $h'(t) = 0$이어야 한다.

$h(x) = (x-2)^2(x+1)(a-x-2)^2(a-x+1)$
$\quad = -(x-2)^2(x-a+2)^2(x+1)(x-a-1)$
에서
$h'(-1) = -(-3)^2 \times (-a+1)^2 \times (-a-2) = 0$이고
$h'(a+1) = -(a-1)^2 \times 3^2 \times (a+2) = 0$이어야 하므로
가능한 a의 값은 1 또는 -2이다.
$a = 1$이면 $h(x) = -(x-2)^3(x+1)^3$이므로
$g(0) = |h(0)| = 8$
$a = -2$이면 $h(x) = -(x-2)^2(x+4)^2(x+1)^2$이므로
$g(0) = |h(0)| = 64$
따라서 구하는 모든 $g(0)$의 값의 합은
$8 + 64 = 72$이다.

054 정답 3

함수 $g(x)$에 대하여 $x = 1$의 좌미분계수와 우미분계수를
구하면
$\lim\limits_{x \to 1-} \dfrac{g(x) - g(1)}{x - 1} = \lim\limits_{x \to 1-} \dfrac{f(x) - f(1)}{x - 1} = f'(1)$
$\lim\limits_{x \to 1+} \dfrac{g(x) - g(1)}{x - 1} = \lim\limits_{x \to 1+} \dfrac{f(2-x) - f(1)}{x - 1}$
$\qquad = -\lim\limits_{x \to 1+} \dfrac{f(2-x) - f(1)}{(2-x) - 1} = -f'(1)$
함수 $g(x)$가 $x = 1$에서 미분가능하므로 $f'(1) = -f'(1)$
∴ $f'(1) = 0$ ······㉠
또한 $1 \leq x < 2$일 때 $g(x) = f(2-x)$이고, 모든 실수
x에 대하여 $g(x+2) = g(x)$이므로
$-1 \leq x < 0$일 때 $g(x) = f(-x)$이다.
따라서 함수 $g(x)$에 대하여 $x = 0$의 좌미분계수와
우미분계수를 구하면
$\lim\limits_{x \to 0-} \dfrac{g(x) - g(0)}{x} = -\lim\limits_{x \to 0-} \dfrac{f(-x) - f(0)}{-x} = -f'(0)$
$\lim\limits_{x \to 0+} \dfrac{g(x) - g(0)}{x} = \lim\limits_{x \to 0+} \dfrac{f(x) - f(0)}{x} = f'(0)$
함수 $g(x)$가 $x = 0$에서 미분가능하므로 $f'(0) = -f'(0)$
∴ $f'(0) = 0$ ······㉡
$f(x) = x^3 + ax^2 + bx + c$ (단, a, b, c는 상수)라 하면
$f'(x) = 3x^2 + 2ax + b$이고
㉠, ㉡에 의하여 $f'(x) = 3x(x-1) = 3x^2 - 3x$
∴ $a = -\dfrac{3}{2}$, $b = 0$
즉, $f(x) = x^3 - \dfrac{3}{2}x^2 + c$이므로 조건 (나)에 의하여
$g(6) - g(3) = f(0) - f(1) = c - \left(1 - \dfrac{3}{2} + c\right) = \dfrac{1}{2}$
따라서 $p = 2$, $q = 1$이므로
∴ $p + q = 3$

| 055 정답 ③

(i) $0 < t < 1$일 때

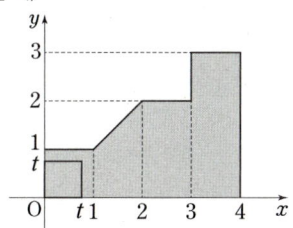

$$f(t)=t^2$$

(ii) $1 \leq t < 2$일 때

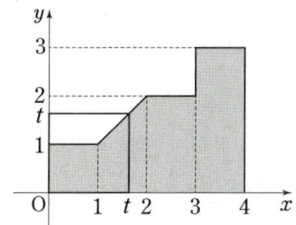

$$f(t)=1+\frac{1}{2}(t-1)(t+1)=\frac{t^2+1}{2}$$

(iii) $2 \leq t < 3$일 때

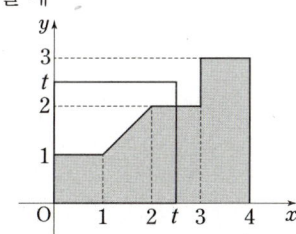

$$f(t)=\frac{5}{2}+2(t-2)=2t-\frac{3}{2}$$

(iv) $3 \leq t < 4$일 때

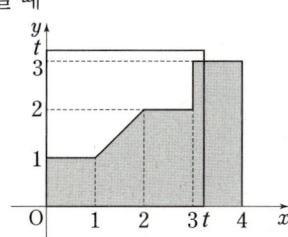

$$f(t)=\frac{9}{2}+3(t-3)=3t-\frac{9}{2}$$

(i)~(iv)에 의하여

$$f(t)=\begin{cases} t^2 & (0<t<1) \\ \dfrac{t^2+1}{2} & (1 \leq t < 2) \\ 2t-\dfrac{3}{2} & (2 \leq t < 3) \\ 3t-\dfrac{9}{2} & (3 \leq t < 4) \end{cases}$$ 이므로

$f(t)$는 연속함수이고

$$f'(t)=\begin{cases} 2t & (0<t<1) \\ t & (1<t<2) \\ 2 & (2<t<3) \\ 3 & (3<t<4) \end{cases}$$ 이다.

$t=2$일 때 $f'(2)=2$이므로 $f(t)$는 미분가능하나
$t=1$, $t=3$일 때 $f'(t)$의 값이 존재하지 않는다.
따라서 열린구간 $(0,4)$에서 함수 $f(t)$가 미분가능하지
않은 모든 t의 값의 합은
$1+3=4$

| 056 정답 ①

자연수 n에 대하여 $f(x)$를 최고차항의 계수가
$a\,(a>0)$인 n차 함수라 하면 조건 (가)에서

$$\lim_{x \to \infty} \frac{f(x)f'(x)}{x^3} = \lim_{x \to \infty} \frac{(ax^n+\cdots) \times (nax^{n-1}+\cdots)}{x^3}$$
$$= \lim_{x \to \infty} \frac{na^2 x^{2n-1}+\cdots}{x^3} = 8$$

이다. 따라서 $2n-1=3$에서 $n=2$이고
$2a^2=8$에서 $a=2$이다. 조건 (나)에서 (분모)$\to 0$이므로
(분자)$\to 0$에서 $f(1)=0$이다.
따라서 $f(x)=2(x-1)(x+b)$라 하면 (단, b는 상수)

$$\lim_{x \to 1} \frac{f(x)}{x-1} = \lim_{x \to 1} \frac{2(x-1)(x+b)}{x-1}$$
$$= \lim_{x \to 1} 2(x+b) = 2(b+1) = 3$$

$$\Rightarrow b = \frac{1}{2}$$

즉, $f(x)=(x-1)(2x+1)$이므로
$f(3)=2 \times 7 = 14$

| 057 정답 ②

$h(x)=f(x)+g(x)$라 하면,
조건 (가)에서 함수 $h(x)$는 최고차항의 계수가 2인
이차함수이고,
조건 (나)에서 $x \to 1$일 때,
(분모)$\to 0$이므로 (분자)$\to 0$이어야 한다.
따라서 $h(1)=f(1)+g(1)=0$ ······㉠

$$\therefore \lim_{x \to 1} \frac{f(x)+g(x)}{x-1} = \lim_{x \to 1} \frac{h(x)-h(1)}{x-1}$$
$$= h'(1) = 0 \qquad \cdots\cdots \text{ⓛ}$$

㉠, ⓛ에 의하여 $h(x)$는 $(x-1)^2$을 인수로 가지므로

$h(x) = 2(x-1)^2$

$h'(x) = 4(x-1)$에서 $\qquad\qquad \cdots\cdots (*)$

$h'(2) = f'(2)+g'(2) = 1+g'(2) = 4$이므로

$g'(2) = 3$

한편, 두 함수 $f(x)$, $g(x)$는 각각 최고차항의 계수가 1이고 함수 $f(x)+g(x)$가 최고차항의 계수가 2인 이차함수이므로 두 함수 $f(x)$, $g(x)$는 각각 최고차항의 계수가 1인 이차함수가 되고, 각각의 도함수 $f'(x)$, $g'(x)$는 최고차항의 계수가 2인 일차함수이다.

따라서 $g'(x) = 2x+a$ (a는 상수)라 하면,

$g'(2) = 4+a = 3$에서 $a = -1$

$\therefore g'(0) = a = -1$

| **058** | 정답 ⑤

$h(x) = xf(x)$라 하면 $h(1) = f(1) = 2$이므로

$$\lim_{x \to 1} \frac{axf(x)-2a}{x-1} = a\lim_{x \to 1} \frac{h(x)-h(1)}{x-1}$$
$$= ah'(1)$$

이때, $h'(x) = f(x)+xf'(x)$에서

$h'(1) = f(1)+f'(1) = 5$

따라서 $\lim_{x \to 1} \dfrac{axf(x)-2a}{x-1} = 5a$

이때, 함수 $g(x)$가 $x=1$에서 연속이므로

$\lim_{x \to 1} \dfrac{axf(x)-2a}{x-1} = 9$에서 $5a = 9$

$\therefore a = \dfrac{9}{5}$

| **059** | 정답 40

$\{f(x)+g(x)\}' = f'(x)+g'(x) = g(x)+g'(x)$

$g(x)+g'(x) = x^3+3x^2+4x+5 \qquad \cdots\cdots ㉠$

$g(x)$는 삼차식이고 삼차항의 계수는 1이므로

$g(x) = x^3+ax^2+bx+c$ (a, b, c는 상수)라 하면

$g'(x) = 3x^2+2ax+b$

㉠에 대입하면

$x^3+(a+3)x^2+(2a+b)x+b+c = x^3+3x^2+4x+5$

$a+3 = 3$, $2a+b = 4$, $b+c = 5$

$\Rightarrow a = 0$, $b = 4$, $c = 1$

$g(x) = x^3+4x+1$에서

$\therefore g(3) = 40$

| **060** | 정답 ⑤

$f(2) = f(4) = f(6) = k$ (k는 상수)로 놓으면

삼차방정식 $f(x)-k = 0$은 세 실근 2, 4, 6을 가지므로

$f(x)-k = (x-2)(x-4)(x-6)$

$\Rightarrow f(x) = (x-2)(x-4)(x-6)+k$

이때, 양변을 x에 대하여 미분하면

$f'(x) = (x-2)(x-4)+(x-4)(x-6)$
$\qquad\qquad\qquad +(x-2)(x-6)$

$\therefore f'(4) = 2 \times (-2) = -4$

참고

그래프를 통한 이해

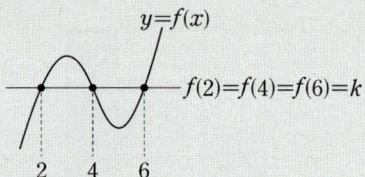

x에 대한 방정식 $f(x) = k$ (k는 상수)의 세 실근이

$x = 2, 4, 6$

$\Rightarrow f(x)-k = (x-2)(x-4)(x-6)$으로 식을 세울 수 있어야 한다.

| **061** | 정답 10

조건 (가)에서

$x \to 0$일 때, (분모)$\to 0$이므로 (분자)$\to 0$이어야 한다.

$\therefore f(0) = 0 \qquad\qquad\qquad \cdots\cdots ㉠$

따라서

$$\lim_{x \to 0} \frac{f(x)}{x} = \lim_{x \to 0} \frac{f(x)-f(0)}{x} = f'(0) = 0 \qquad \cdots\cdots ㉡$$

㉠, ㉡에 의하여

$f(x)$는 x^2을 인수로 가지므로

$f(x) = x^2(ax+b)$ (a, b는 상수, $a \ne 0$)라 하면,

조건 (나)에서 함수 $f(x)$는

점 $(-1, 1)$에 대하여 대칭이므로

$f(-1) = 1$ 즉, $-a+b = 1 \qquad\qquad \cdots\cdots ㉢$

이때, $f(0) = 0$이므로

함수 $y = f(x)$의 그래프는 점 $(-2, 2)$를 지난다.

즉, $f(-2) = 2$이므로

$-8a+4b = 2 \qquad\qquad\qquad \cdots\cdots ㉣$

㉢, ㉣을 연립하면 $a = \dfrac{1}{2}$, $b = \dfrac{3}{2}$

따라서 $f(x) = \dfrac{1}{2}x^3+\dfrac{3}{2}x^2$이므로

$f(2) = 10$이다.

062 ┤ 정답 32

$f(x)=(x-1)(x^2+ax+b)$에서

$f'(x)=3x^2+(2a-2)x+b-a$이다.

함수 $g(x)$가 실수 전체의 집합에서 연속이므로

$\lim\limits_{x\to1-}g(x)=\lim\limits_{x\to1+}g(x)=g(1)$에서

$f(1)=f'(1)=0$이므로 $a+b+1=0$ ······㉠

또한 조건 (가)에서 $g(x+2)=g(x)+2$이므로

$g(2)=g(0)+2$이고 $\lim\limits_{x\to2-}g(x)=g(2)$이다.

즉, $f'(2)=f(0)+2$이다.

따라서 $3a+b+8=-b+2 \Rightarrow 3a+2b+6=0$ ······㉡

㉠, ㉡에서 $a=-4$, $b=3$

$\therefore f(x)=(x-1)(x^2-4x+3)$에서 $f(5)=32$

다른 풀이

함수 $g(x)$가 실수 전체의 집합에서 연속이므로

$\lim\limits_{x\to1-}g(x)=\lim\limits_{x\to1+}g(x)=g(1)$에서

$f(1)=f'(1)=0$

따라서

$f(x)=(x-1)^2(x-b)$, $f'(x)=(x-1)(3x-2b-1)$

또한 조건 (가)에서 $g(x+2)=g(x)+2$이므로

$g(2)=g(0)+2$이고 $\lim\limits_{x\to2-}g(x)=g(2)$이다.

즉, $f'(2)=f(0)+2$이다.

따라서 $-2b+5=-b+2 \Rightarrow b=3$

$\therefore f(x)=(x-1)^2(x-3)$에서 $f(5)=32$

063 ┤ 정답 108

조건 (가)에서 $f(1)=0$, $f'(1)=1$, $g(2)=0$,
$g'(2)=1$이다.

최고차항의 계수가 각각 모두 1인 두 다항식 $f(x)$, $g(x)$에
대하여 $f(x)$를 m차식, $g(x)$를 n차식이라 하면
(단, m과 n은 자연수)

$f'(x)g(x)+2f(x)g'(x)$는 최고차항의 계수가
$m+2n$인 $(m+n-1)$차식이므로 조건 (나)에 의하여

$\begin{cases} m+2n=8 \\ m+n-1=4 \end{cases}$ 를 연립하여 풀면 $m=2$, $n=3$이다.

따라서

$f(x)=(x-1)(x+a)$, $g(x)=(x-2)(x^2+bx+c)$
(단, a, b, c는 상수)라 하면

$f'(1)=1+a=1$이므로 $a=0$이다.

$g'(2)=4+2b+c=1$이고 (나)의 주어진 식에 $x=1$을
대입하면 $g(1)=0$이므로 $1+b+c=0$

연립하여 풀면 $b=-2$, $c=1$이다.

따라서

$f(x)=x(x-1)$, $g(x)=(x-2)(x^2-2x+1)$이다.

$\therefore f(3)g(4)=6\times18=108$

064 ┤ 정답 ⑤

$f(x)=2x^3-9x^2+14x+1$이라 하면

$f'(x)=6x^2-18x+14$에서

점 A에서의 접선의 기울기는 $f'(1)=2$

점 B의 x좌표를 b라 하면

$f'(b)=2$

따라서 $f'(b)=6b^2-18b+14=2$에서

$(b-1)(b-2)=0$이므로 $b=2$

점 B$(2, 9)$에서의 접선의 방정식은 $y=2x+5$

따라서 점 B에서의 접선의 y절편은 5이다.

065 ┤ 정답 ②

$y=x^3+ax$에서 $y'=3x^2+a$이므로 접점의 좌표를
(t, t^3+at)라 하면 접선의 방정식은

$y=(3t^2+a)(x-t)+t^3+at=(3t^2+a)x-2t^3=-x+2$

따라서 $3t^2+a=-1$, $-2t^3=2$에서

$t=-1$, $a=-4$

다른 풀이

$y=x^3+ax$에서 $y'=3x^2+a$이므로

접점의 좌표를 (t, t^3+at)라 하면 접선의 방정식은

$y=(3t^2+a)(x-t)+t^3+at$ ······㉠

직선 $y=-x+2$가 점 $(0, 2)$를 지나므로

$2=(3t^2+a)(0-t)+t^3+at$

$t^3=-1$

따라서 $t=-1$이므로 ㉠에서
$$y=(3+a)(x+1)-1-a$$
$$=(3+a)x+2$$
$$=-x+2$$
즉, $3+a=-1$이므로 $a=-4$이다.

| 066 | 정답 ④

$y=x^2+3$에서 $y'=2x$
따라서 점 $A(1, 4)$에서의 접선의 기울기는 2
곡선 $y=x^2+3$ 위의 점 $A(1, 4)$에서의 접선과 직선
AB는 수직이므로 직선 AB의 기울기는 $-\dfrac{1}{2}$이다.

따라서 직선 AB의 방정식은 $y-4=-\dfrac{1}{2}(x-1)$이므로

점 B의 좌표는 $\left(0, \dfrac{9}{2}\right)$이다.

그러므로 선분 AB의 길이는 두 점 $(1, 4)$, $\left(0, \dfrac{9}{2}\right)$
사이의 거리와 같으므로
$$\sqrt{(1-0)^2+\left(4-\dfrac{9}{2}\right)^2}=\dfrac{\sqrt{5}}{2}$$

기본 개념

두 점 사이의 거리
두 점 (a, b), (c, d) 사이의 거리 d는
$$d=\sqrt{(a-c)^2+(b-d)^2}$$

| 067 | 정답 5

두 곡선이 점 $(-1, 1)$에서 공통접선을 가지므로
$f(x)=x^2+ax+3$, $g(x)=bx^2+c$라 했을 때
$f(-1)=1$에서 $1-a+3=1$ ……㉠
$g(-1)=1$에서 $b+c=1$ ……㉡
$f'(-1)=g'(-1)$에서
$f'(x)=2x+a$, $g'(x)=2bx$이므로
$-2+a=-2b$ ……㉢
㉠에서 $a=3$

$a=3$을 ㉢에 대입하면 $b=-\dfrac{1}{2}$

$b=-\dfrac{1}{2}$을 ㉡에 대입하면 $c=\dfrac{3}{2}$

$\therefore a-b+c=3-\left(-\dfrac{1}{2}\right)+\dfrac{3}{2}=5$

| 068 | 정답 6

$y=x^3-ax^2+2ax+1=a(-x^2+2x)+x^3+1$에서
$-x^2+2x=0$이면 $-x(x-2)=0$
$\Rightarrow x=0$ 또는 $x=2$
즉, 주어진 곡선은 a의 값에 관계없이 두 점
$(0, 1)$, $(2, 9)$를 지난다.
$f(x)=x^3-ax^2+2ax+1$이라 하면
$f'(x)=3x^2-2ax+2a$
점 $(0, 1)$에서의 접선의 기울기는 $f'(0)=2a$,
점 $(2, 9)$에서의 접선의 기울기는 $f'(2)=12-2a$이다.
두 직선이 서로 수직이므로 $2a(12-2a)=-1$에서
$4a^2-24a-1=0$
근과 계수의 관계에 의하여 모든 a의 값의 합은 6이다.

| 069 | 정답 18

삼각형 PAB는 선분 AB를 밑변으로 하고,
곡선 $y=2x^2-3x+3$ 위의 점 P와 직선 AB 사이의
거리가 높이인 삼각형이므로
곡선 $y=2x^2-3x+3$ 위의 점 P와 직선 AB 사이의
거리가 최소일 때 삼각형 PAB의 넓이도 최소이다.
곡선 $y=2x^2-3x+3$ 위의 점 P와 직선 AB 사이의
거리가 최소려면
점 P에서의 접선의 기울기가 직선 AB의 기울기인
$\dfrac{1-(-5)}{6-0}=1$과 같아야 한다.
$y=2x^2-3x+3$에서 $y'=4x-3$이므로
$y'=4x-3=1 \Rightarrow x=1$
그러므로 점 P의 좌표가 $(1, 2)$가 될 때
점 P와 직선 AB 사이의 거리가 최소가 된다.
두 점 $A(0, -5)$, $B(6, 1)$을 지나는 직선의 방정식은
$y=x-5$ 즉, $x-y-5=0$이므로
점 P와 직선 AB 사이의 거리는 $\dfrac{|1-2-5|}{\sqrt{1+1}}=3\sqrt{2}$이다.
한편, 선분 AB의 길이는 $\sqrt{36+36}=6\sqrt{2}$이므로
삼각형 PAB의 넓이의 최솟값은
$$\dfrac{1}{2}\times 3\sqrt{2}\times 6\sqrt{2}=18$$

| 070 | 정답 ②

$\dfrac{b}{a}=\dfrac{b-0}{a-0}$은 원점과 점 (a, b)를 잇는 직선의 기울기를
의미하므로

$\dfrac{b}{a}$가 최댓값을 가질 때는 원점을 지나는 직선이 주어진 곡선과 접할 때이다.

접점의 좌표를 $(t, -t^3+3t^2+t+1)$이라 하면

$y'=-3x^2+6x+1$이므로

접선의 방정식은

$y=(-3t^2+6t+1)(x-t)-t^3+3t^2+t+1$이고

원점을 지나므로

$2t^3-3t^2+1=(t-1)^2(2t+1)=0$

따라서 $t=-\dfrac{1}{2}$이므로 접점은 $\left(-\dfrac{1}{2}, \dfrac{11}{8}\right)$이고

$\dfrac{b}{a}$의 최댓값은 $-\dfrac{11}{4}$이다.

TIP

기울기가 음수일 때는 기울기가 클수록 y축과 멀어진다.

$\dfrac{b}{a}$는 음수이므로 원점을 지나면서 곡선 위의 점을 지나는 직선 중 $\dfrac{b}{a}$의 값이 가장 클 때에는 직선의 기울기가 가장 완만할 때, 즉 곡선에 접할 때가 된다.

---

071 정답 20

$y'=6x^2+1$이므로 점 $P(t, 2t^3+t)$에서의 접선의 방정식은

$y=(6t^2+1)(x-t)+2t^3+t,$

$(6t^2+1)x-y-4t^3=0$

이 접선과 원점 사이의 거리 $f(t)$는

$f(t)=\dfrac{|-4t^3|}{\sqrt{(6t^2+1)^2+(-1)^2}}=\dfrac{|4t^3|}{\sqrt{36t^4+12t^2+2}}$

$\Rightarrow \lim\limits_{t\to\infty}\dfrac{f(t)}{t}=\lim\limits_{t\to\infty}\dfrac{|4t^3|}{t\sqrt{36t^4+12t^2+2}}=\dfrac{2}{3}=\alpha$

$\therefore 30\alpha=20$

---

072 정답 ①

점 P의 좌표를 $\left(p, \dfrac{1}{4}p^2\right)$이라 하면 (단, $p\neq0$, $p\neq-6$)

$f(x)=\dfrac{1}{4}x^2$에서 $f'(x)=\dfrac{1}{2}x$이므로

접선 l의 기울기는 $\dfrac{p}{2}$이고 l과 수직인 직선 l'의 기울기는 $-\dfrac{2}{p}$이다.

한편, 두 점 $P\left(p, \dfrac{1}{4}p^2\right)$, $Q(-6, 9)$는 직선 l' 위에 있으므로 직선 l'의 기울기는

$\dfrac{\dfrac{1}{4}p^2-9}{p-(-6)}=\dfrac{\dfrac{1}{4}(p^2-36)}{p+6}=\dfrac{p-6}{4}$이다.

따라서 $\dfrac{p-6}{4}=-\dfrac{2}{p}$이므로

$p(p-6)=-8$, $p^2-6p+8=0$, $(p-2)(p-4)=0$

$\Rightarrow p=2$ 또는 $p=4$

$\therefore a+b=2+4=6$

다른 풀이

점 P의 좌표를 $\left(p, \dfrac{1}{4}p^2\right)$이라 하면 (단, $p\neq0$, $p\neq-6$)

$f(x)=\dfrac{1}{4}x^2$에서 $f'(x)=\dfrac{1}{2}x$이므로 접선 l의 기울기는

$\dfrac{p}{2}$이고 l과 수직인 직선 l'의 기울기는 $-\dfrac{2}{p}$이다.

따라서 곡선 $y=\dfrac{1}{4}x^2$과 직선 $y=-\dfrac{2}{p}(x-p)+\dfrac{1}{4}p^2$의

두 교점이 P, Q이므로

x에 대한 방정식 $\dfrac{1}{4}x^2=-\dfrac{2}{p}(x-p)+\dfrac{1}{4}p^2$의

두 실근은 p, -6이다.

이때, 방정식 $x^2+\dfrac{8}{p}x-8-p^2=0$의 두 근의 합은

$p+(-6)=-\dfrac{8}{p}$이므로

$p^2-6p+8=0$, $(p-2)(p-4)=0$

$\Rightarrow p=2$ 또는 $p=4$

$\therefore a+b=2+4=6$

---

073 정답 8

사차함수 $f(x)=x^4-6x^2+4nx$의 그래프 위의 점 $(k, f(k))$에서의 접선의 방정식이 $y=f(k)$이면 함수 $f(x)$는 $x=k$에서 접선의 기울기가 0이다.

즉, a_n의 값은 방정식 $f'(x)=0$의 서로 다른 실근의 개수다.

$f(x)=x^4-6x^2+4nx$에서

$f'(x)=4x^3-12x+4n$이고

방정식 $4x^3-12x+4n=0$의 서로 다른 실근의 개수는 함수 $y=4x^3-12x$의 그래프와 직선 $y=-4n$의 서로 다른 교점의 개수와 같다.

$y=4x^3-12x$에서

$y'=12x^2-12=12(x+1)(x-1)$이므로

함수 $y=4x^3-12x$의 그래프는 다음과 같다.

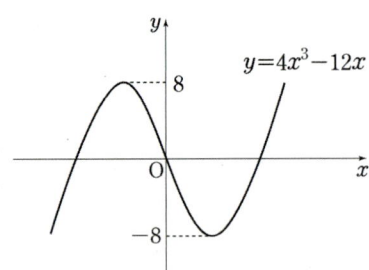

(i) $-4n<-8$일 때,
　$a_n=1$이므로 $a_3=a_4=a_5=1$이다.
(ii) $-4n=-8$일 때,
　$a_n=2$이므로 $a_2=2$이다.
(iii) $-8<-4n<8$일 때,
　$a_n=3$이므로 $a_1=3$이다.
$$\therefore \sum_{n=1}^{5} a_n = 3+2+1\times3 = 8$$

| 074 ├─ 정답 97

조건 (가)에서 $g(x)=x^3 f(x)-7$이므로
$g'(x)=3x^2 f(x)+x^3 f'(x)$이다.
따라서
$g(2)=8f(2)-7$ ⋯⋯㉠
$g'(2)=12f(2)+8f'(2)$ ⋯⋯㉡
조건 (나)에서 $\displaystyle\lim_{x\to2}\dfrac{f(x)-g(x)}{x-2}=2$로 극한값이 존재하고
(분모)→0이므로 (분자)→0이다.
따라서 $\displaystyle\lim_{x\to2}\{f(x)-g(x)\}=0$,
즉 $f(2)=g(2)$ ⋯⋯㉢
㉠, ㉢을 연립하면 $f(2)=g(2)=1$이므로
$$\lim_{x\to2}\frac{f(x)-g(x)}{x-2}=\lim_{x\to2}\frac{f(x)-f(2)-g(x)+g(2)}{x-2}$$
$$=\lim_{x\to2}\frac{f(x)-f(2)}{x-2}-\lim_{x\to2}\frac{g(x)-g(2)}{x-2}$$
$$=f'(2)-g'(2)=2 \quad⋯⋯㉣$$
이고 ㉡, ㉣을 연립하면
$f'(2)=-2$, $g'(2)=-4$이다.
따라서 곡선 $y=g(x)$ 위의 점 $(2, g(2))$에서의 접선의
방정식은
$y=g'(2)(x-2)+g(2)$,
즉 $y=-4x+9$이다.
$$\therefore a^2+b^2=(-4)^2+9^2=97$$

| 075 ├─ 정답 ③

$f(x)=\dfrac{1}{3}x^3-kx^2+1$에서 $f'(x)=x^2-2kx$이다.

함수 $f(x)=\dfrac{1}{3}x^3-kx^2+1$의 그래프 위의 두 점
A, B에서의 접선 l, m의 기울기가 모두 $3k^2$이므로
방정식 $x^2-2kx=3k^2$,
즉 $(x+k)(x-3k)=0$의 해는 $-k$ 또는 $3k$이다.
따라서 일반성을 잃지 않고
점 A의 x좌표가 점 B의 x좌표보다 작다고 하면
두 점 A, B의 x좌표는 각각 $-k$, $3k$이다. ($\because k>0$)
즉, 두 점은 각각 $A\left(-k, 1-\dfrac{4}{3}k^3\right)$, $B(3k, 1)$이므로
접선 l의 방정식은 $y=3k^2(x+k)+1-\dfrac{4}{3}k^3$,
접선 m의 방정식은 $y=3k^2(x-3k)+1$이다.
한편 곡선 $y=f(x)$에 접하고 x축에 평행한 두 직선의
기울기는 모두 0이므로
방정식 $x^2-2kx=0$,
즉 $x(x-2k)=0$의 해는 0 또는 $2k$이다.
따라서 두 접점은 각각 $(0, 1)$, $\left(2k, 1-\dfrac{4}{3}k^3\right)$이므로
점 $(0, 1)$에서의 접선의 방정식은 $y=1$,
점 $\left(2k, 1-\dfrac{4}{3}k^3\right)$에서의 접선의 방정식은
$y=1-\dfrac{4}{3}k^3$이다.

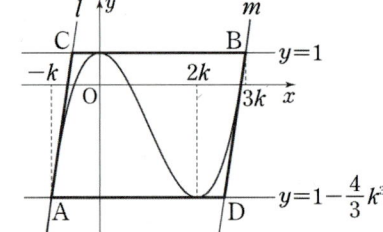

이때 점 A는 직선 $y=1-\dfrac{4}{3}k^3$ 위의 점이고
점 B는 직선 $y=1$ 위의 점이다.
직선 l과 직선 $y=1$의 교점을 C,
직선 m과 직선 $y=1-\dfrac{4}{3}k^3$의 교점을 D라 하면
두 직선 $y=1$과 $y=1-\dfrac{4}{3}k^3$ 사이의 거리는
$1-\left(1-\dfrac{4}{3}k^3\right)=\dfrac{4}{3}k^3$이므로
평행사변형 ACBD의 넓이는
$\overline{AD}\times\dfrac{4}{3}k^3=24$ ⋯⋯㉠
이때 직선 m과 $y=1-\dfrac{4}{3}k^3$이 만나는 점 D의 x좌표는
방정식 $3k^2(x-3k)+1=1-\dfrac{4}{3}k^3$의 실근인 $\dfrac{23}{9}k$이므로
$\overline{AD}=\dfrac{23}{9}k-(-k)=\dfrac{32}{9}k$
이를 ㉠에 대입하면

$$\frac{32}{9}k \times \frac{4}{3}k^3 = 24, \ k^4 = \frac{81}{16}$$

$$\therefore \ k = \frac{3}{2}$$

| 076 | 정답 32

정사각형 ABCD에서
$\overline{OA} = \overline{OB} = \overline{OC} = \overline{OD}$이고
직선 AB와 CD의 기울기는 각각
$\dfrac{\overline{OA}}{\overline{OB}}$, $\dfrac{\overline{OC}}{\overline{OD}}$이므로
그 값이 모두 1이다.
함수 $y = x^3 - 5x$의 도함수가 $y' = 3x^2 - 5$이므로
$3x^2 - 5 = 1$에서
$x^2 = 2, \ x = \pm\sqrt{2}$
따라서 정사각형 ABCD와 곡선 $y = x^3 - 5x$의
두 접점의 좌표는
$(\sqrt{2}, \ -3\sqrt{2}), \ (-\sqrt{2}, \ 3\sqrt{2})$

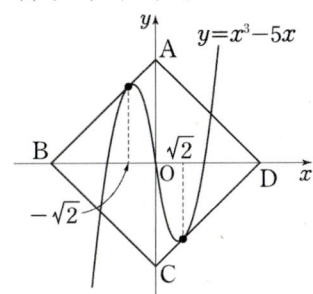

이때 점 $(-\sqrt{2}, \ 3\sqrt{2})$에서의 기울기 1인 접선,
즉 직선 AB의 방정식을 구하면 $y = x + 4\sqrt{2}$이므로
이 직선의 x절편은 $-4\sqrt{2}$, y절편은 $4\sqrt{2}$이다.
$\therefore \ \overline{AB} = \sqrt{(4\sqrt{2})^2 + (4\sqrt{2})^2} = 8$
따라서 정사각형 ABCD의 둘레의 길이는
$8 \times 4 = 32$

4일차

본문 p.46~57

| SPEED CHECK |

077 ④	**078** ⑤	**079** 8	**080** ②
081 ①	**082** ⑤	**083** ②	**084** 17
085 ③	**086** ④	**087** 19	**088** 4
089 ②	**090** ④	**091** ②	**092** ②
093 14	**094** 114	**095** ①	**096** 8
097 ②	**098** ④	**099** ①	**100** ①

| 077 | 정답 ④

$\dfrac{f(b) - f(a)}{b - a}$는 두 점 $(a, f(a))$, $(b, f(b))$를 잇는
직선의 기울기이다.
$f'(c)$는 곡선 $y = f(x)$ 위의 임의의 점
$(c, f(c)) \ (a < c < b)$에서의 접선의 기울기이므로
$\dfrac{f(b) - f(a)}{b - a} = f'(c)$를 만족시키는 경우는 다음과 같다.

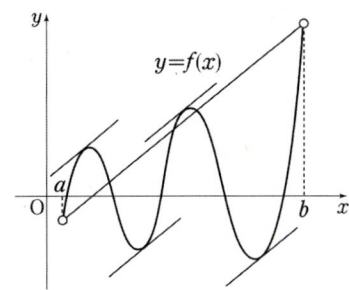

따라서 주어진 식을 만족시키는 상수 c의 개수는 4이다.

> **기본 개념1**
>
> **롤의 정리**
> 함수 $f(x)$가 닫힌구간 $[a, b]$에서 연속이고,
> 열린구간 (a, b)에서 미분가능하며 $f(a) = f(b)$이면,
> $f'(c) = 0$이 되는 c가 열린구간 (a, b)에 적어도
> 하나 존재한다.

> **기본 개념2**
>
> **평균값 정리**
> 함수 $f(x)$가 닫힌구간 $[a, b]$에서 연속이고,
> 열린구간 (a, b)에서 미분가능하면,
> $\dfrac{f(b) - f(a)}{b - a} = f'(c) \ (a < c < b)$
> 인 c가 적어도 하나 존재한다.

| 078 | 정답 ⑤

다항함수 $f(x)$는 실수 전체의 집합에서 연속이고,
미분가능하다.
ㄱ. 함수 $f(x)$가 닫힌구간 $[1, 4]$에서 연속이고 열린구간
$(1, 4)$에서 미분가능하므로 평균값 정리에 의하여
$f'(c) = \dfrac{f(4) - f(1)}{4 - 1} = \dfrac{10 - 1}{3} = 3$인 c가 열린구간
$(1, 4)$에 적어도 하나 존재한다. (참)
ㄴ. 함수 $f(x)$가 닫힌구간 $[3, 4]$에서 연속이고 열린구간
$(3, 4)$에서 미분가능하므로 평균값 정리에 의하여

$f'(c) = \dfrac{f(4)-f(3)}{4-3} = \dfrac{7-2}{1} = 5$인 c가 열린구간 $(3, 4)$에 적어도 하나 존재한다.

따라서 $f'(c) = 5$인 x가 열린구간 $(1, 4)$에 적어도 하나 존재한다. (참)

ㄷ. $g(x) = f(x) - \dfrac{x}{2}$에서 $g'(x) = f'(x) - \dfrac{1}{2}$이므로

$g'(x) = 0$은 $f'(x) = \dfrac{1}{2}$인 것과 같다.

함수 $f(x)$가 닫힌구간 $[1, 3]$에서 연속이고 열린구간 $(1, 3)$에서 미분가능하므로 평균값 정리에 의하여

$f'(c) = \dfrac{f(3)-f(1)}{3-1} = \dfrac{2-1}{2} = \dfrac{1}{2}$인 c가 열린구간 $(1, 3)$에 적어도 하나 존재한다.

따라서 $g'(x) = 0$인 x가 열린구간 $(1, 4)$에 적어도 하나 존재한다. (참)

따라서 옳은 것은 ㄱ, ㄴ, ㄷ이다.

다른 풀이

ㄷ. $g(x) = f(x) - \dfrac{x}{2}$는 다항함수이므로 닫힌구간 $[1, 3]$에서 연속이고 열린구간 $(1, 3)$에서 미분가능하다.

$g(1) = f(1) - \dfrac{1}{2} = \dfrac{1}{2}$, $g(3) = f(3) - \dfrac{3}{2} = \dfrac{1}{2}$에서

$g(1) = g(3)$이므로 롤의 정리에 의하여 $g'(c) = 0$인 c가 열린구간 $(1, 4)$에 적어도 하나 존재한다. (참)

TIP

문제에서 주어진 조건으로부터 함수 $y = f(x)$의 그래프가 세 점 $(1, 1)$, $(3, 2)$, $(4, 7)$을 지남을 알 수 있으므로 세 구간 $[1, 3]$, $[3, 4]$, $[1, 4]$에서 평균값 정리를 이용할 수 있다. 따라서 먼저 세 점을 좌표평면에 나타내어 세 점 중 두 점을 지나는 직선의 기울기 $\dfrac{2-1}{3-1} = \dfrac{1}{2}$, $\dfrac{7-2}{4-3} = 5$, $\dfrac{7-1}{4-1} = 2$를 구해놓고, 〈보기〉의 내용을 하나씩 살펴보면 쉽게 판단할 수 있다.

---

079 ─ 정답 8

구간 $[-5, 0]$에 속하는 서로 다른 임의의 두 실수 a, b에 대하여 $a < b$라 하자.

함수 $f(x) = \dfrac{1}{3}x^3 + 2x^2 + 3$은 구간 $[a, b]$에서 연속이고 구간 (a, b)에서 미분가능하므로 평균값 정리에 의하여 $\dfrac{f(b)-f(a)}{b-a} = f'(c)$인 c가 열린구간 (a, b)에 적어도 하나 존재한다.

즉, 구간 $[-5, 0]$에 속하는 서로 다른 임의의 두 실수 a, b에 대하여 $\dfrac{f(b)-f(a)}{b-a} = k$를 만족시키는 실수 k의 값은 구간 (a, b)에 속하는 어떤 c에 대하여 $k = f'(c)$이다.

이때, $-5 \le a < c < b \le 0$에서 $-5 < c < 0$이므로 $k \in \{f'(x) \,|\, -5 < x < 0\}$이다.

$f'(x) = x^2 + 4x = (x+2)^2 - 4$에서 함수 $y = f'(x)$의 그래프는 다음 그림과 같다.

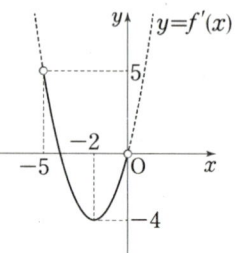

그러므로 $-5 < x < 0$일 때 $-4 \le f'(x) < 5$이다.

이때, $\dfrac{f(b)-f(a)}{b-a} = -4$를 만족시키는 a, b의 값이 존재하지 않으므로 ⋯⋯ TIP 1 TIP 2

구하는 실수 k의 값의 범위는 $-4 < k < 5$이다.

따라서 정수 k의 개수는 8이다.

TIP 1

서로 다른 두 실수 a, b에 대하여 $\dfrac{f(b)-f(a)}{b-a} = -4$를 만족시키려면 함수 $y = f(x)$의 그래프 위의 두 점 $(a, f(a))$, $(b, f(b))$를 지나는 직선의 기울기가 -4인 경우가 존재해야 한다. 즉, 기울기가 -4인 어떤 직선이 함수 $y = f(x)$의 그래프와 서로 다른 2개 이상의 점에서 만나야 한다.

이때, 삼차함수 $f(x) = \dfrac{1}{3}x^3 + 2x^2 + 3$에서 $f'(x) = x(x+4)$이므로 함수 $f(x)$는 $x = -4$에서 극대이고, $x = 0$에서 극소이므로 함수 $y = f(x)$의 그래프는 다음과 같고, 점 $(-2, f(-2))$에 대하여 대칭이다.

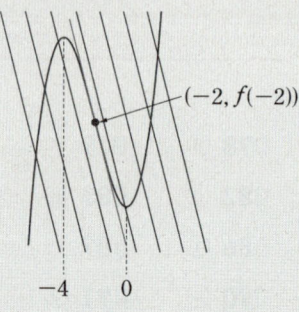

이때, $f'(-2) = -4$이므로 점 $(-2, f(-2))$에서의 접선의 기울기가 -4이다. 따라서 위 그림과 같이 기울기가 -4인 직선 중 함수 $y = f(x)$의 그래프와

2개 이상의 점에서 만나는 직선은 존재하지 않음을
알 수 있다.

t를 포함하는 어떤 열린구간에서 함수 $y = f(x)$의
그래프가 다음과 같이 위로 볼록하거나 아래로
볼록한 모양일 때 $f'(t) = \dfrac{f(b) - f(a)}{b - a}$를
만족시키는 a, b가 그 구간 안에 반드시 존재한다.

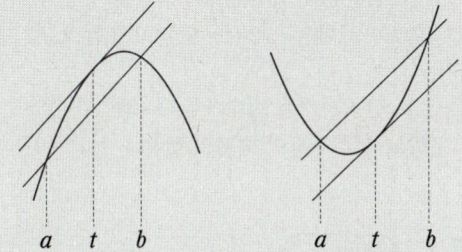

따라서 함수 $f(x) = \dfrac{1}{3}x^3 + 2x^2 + 3$에 대하여
$-5 < c < -2$ 또는 $-2 < c < 0$일 때
$f'(c) = \dfrac{f(b) - f(a)}{b - a}$인 a, b가 존재함을 알 수 있다.

| 080 | 정답 ②

조건 (가)에 의하여 구간 $(0, 3)$에 속하는 임의의 실수 t에
대하여 평균값 정리에 의하여 $\dfrac{f(t) - f(0)}{t - 0} = f'(c)$를
만족시키는 실수 c가 구간 $(0, t)$에 존재한다.
이때, 조건 (나)에 의하여 $|f'(c)| \le 4$이므로
$\left| \dfrac{f(t) - 1}{t} \right| \le 4$ ($\because f(0) = 1$)
$-4 \le \dfrac{f(t) - 1}{t} \le 4$
$-4t + 1 \le f(t) \le 4t + 1$ ($\because t > 0$)
따라서 $-4 \times 3 + 1 \le f(3) \le 4 \times 3 + 1$이므로
$-11 \le f(3) \le 13$
$\therefore Mm = 13 \times (-11) = -143$

조건 (다)에 의하여 함수 $y = f(x)$의 그래프는 점 $(0, 1)$을
지나고, 조건 (나)에 의하여 $0 < x < 3$일 때 함수
$y = f(x)$의 그래프 위의 점에서의 접선의 기울기는
-4보다 크거나 같고 4보다 작거나 같아야 한다. 이를
만족시키는 함수 $y = f(x)$의 그래프를 생각해 보자.
(i) $f(3)$이 최댓값을 가지려면 $0 < x < 3$에서 접선의
기울기가 항상 4이어야 한다. 즉, 함수 $y = f(x)$의
그래프는 기울기가 4인 직선이어야 한다. 왜냐하면
접선의 기울기가 4보다 작을 때가 존재하는 경우에는
그림과 같이 기울기가 4인 직선일 때보다 $f(3)$의
값이 더 작아지게 된다. 따라서 구간 $[0, 3]$에서
$f(x) = 4x + 1$일 때 $f(3)$의 최댓값 $M = 13$이다.

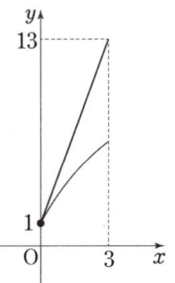

(ii) 마찬가지 방법으로 $f(3)$이 최솟값을 가지려면
$0 < x < 3$에서 함수 $y = f(x)$의 그래프는 기울기가
-4인 직선이어야 함을 유추해 볼 수 있다. 따라서
구간 $[0, 3]$에서 $f(x) = -4x + 1$일 때 $f(3)$의
최솟값 $m = -11$이다.

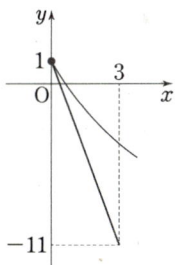

(i), (ii)에 의하여
$Mm = 13 \times (-11) = -143$

| 081 | 정답 ①

(i) $x \ge k$일 때, $f(x) = x^3 + 3x^2 + 9x - 9k$에서
$f'(x) = 3x^2 + 6x + 9$
이때, 방정식 $f'(x) = 0$의 판별식을 D라 하면
$D < 0$이므로 함수 $f(x)$는 증가한다.
(ii) $x < k$일 때, $f(x) = x^3 + 3x^2 - 9x + 9k$에서
$f'(x) = 3x^2 + 6x - 9 = 3(x - 1)(x + 3)$에서
$f'(x) \ge 0$이려면 $x \ge 1$ 또는 $x \le -3$
따라서 $k \le -3$이므로 실수 k의 최댓값은 -3이다.

| 082 | 정답 ⑤

모든 실수 x에 대하여 $(g \circ f)(x) = x$를 만족시키는
함수 $g(x)$가 존재하기 위해서는 함수 $f(x)$가
일대일대응이어야 한다.
즉, $f(x)$의 최고차항의 계수가 양수이므로
모든 실수 x에 대하여 $f'(x) \geq 0$이어야 한다.
$f(x) = \dfrac{1}{3}x^3 + kx^2 + (7k-10)x$에서
$f'(x) = x^2 + 2kx + 7k - 10$이므로
이차방정식 $f'(x) = 0$의 판별식을 D라 하면
$\dfrac{D}{4} = k^2 - (7k-10) \leq 0$에서 $2 \leq k \leq 5$이다.
따라서 상수 k의 최댓값은 5이다.

| 083 | 정답 ②

$f(x) = \begin{cases} x^3 + 3x^2 + 9x - 9k + 1 & (x \geq k) \\ x^3 + 3x^2 - 9x + 9k + 1 & (x < k) \end{cases}$

함수 $f(x)$의 역함수가 존재하려면 함수 $f(x)$는 실수
전체의 집합에서 증가하거나 감소하여야 한다.
(i) $x \geq k$일 때
　　$f'(x) = 3x^2 + 6x + 9 = 3(x+1)^2 + 6 > 0$
　　즉, 함수 $f(x)$는 $x \geq k$에서 항상 증가한다.
(ii) $x < k$일 때
　　$f'(x) = 3x^2 + 6x - 9 = 3(x+3)(x-1)$
　　$f'(x) = 0$에서 $x = -3$ 또는 $x = 1$이므로
　　$f(x)$의 증감표는 다음과 같다.

x	$\cdots$	-3	$\cdots$	1	$\cdots$
$f'(x)$	$+$	0	$-$	0	$+$
$f(x)$	↗		↘		↗

　　이때 함수 $f(x)$가 $x < k$에서 항상 증가하려면
　　$k \leq -3$이어야 한다.
(i), (ii)로부터 함수 $f(x)$의 역함수가 존재하려면
실수 전체의 집합에서 항상 증가해야 하고 이를 만족시키는
k의 값의 범위는 $k \leq -3$이므로 k의 최댓값은 -3이다.

| 084 | 정답 17

$f'(x) = 4x^3 - 32x = 4x(x + 2\sqrt{2})(x - 2\sqrt{2})$에서
$x = -2\sqrt{2}$ 또는 $x = 0$ 또는 $x = 2\sqrt{2}$일 때
$f'(x) = 0$이다.
이때 함수 $f(x)$의 증가와 감소를 표로 나타내면 다음과
같다.

x	$\cdots$	$-2\sqrt{2}$	$\cdots$	0	$\cdots$	$2\sqrt{2}$	$\cdots$
$f'(x)$	$-$	0	$+$	0	$-$	0	$+$
$f(x)$	↘	$f(-2\sqrt{2})$	↗	$f(0)$	↘	$f(2\sqrt{2})$	↗

구간 $(-\infty, -2\sqrt{2})$와 구간 $(0, 2\sqrt{2})$에서만
$f'(x) < 0$이 성립하므로
조건 (가)에 의하여 $k+1 \leq -2\sqrt{2}$ 또는 ($0 \leq k$이고
$k+1 \leq 2\sqrt{2}$)이다.
$\therefore k \leq -1 - 2\sqrt{2}$ 또는 $0 \leq k \leq 2\sqrt{2} - 1$ $\cdots\cdots$㉠
조건 (나)와 사잇값 정리에 의하여 방정식 $f'(x) = 0$은
k와 $k+2$ 사이에서 적어도 하나의 실근을 갖는다.
즉, 구간 $(k, k+2)$에는 $-2\sqrt{2}$ 또는 0 또는 $2\sqrt{2}$가
포함된다. $\cdots\cdots$㉡
㉠, ㉡을 모두 만족시키는 정수 k는 -4와 1뿐이다.
따라서 구하는 정수 k값의 제곱의 합은 $(-4)^2 + 1^2 = 17$

| 085 | 정답 ③

$f(x) = x^3 + ax^2 + (a+6)x + 2$에서
$f'(x) = 3x^2 + 2ax + (a+6)$
삼차함수 $f(x)$가 극값을 갖지 않으려면
모든 실수 x에 대하여 $f'(x) \geq 0$ 또는 $f'(x) \leq 0$이어야
한다.
그런데 $f'(x)$의 최고차항의 계수가 양수이므로
$f'(x) \geq 0$이어야 한다.
따라서 이차방정식 $f'(x) = 0$의 판별식을 D라 할 때,
$D \leq 0$이어야 한다.
$\dfrac{D}{4} = a^2 - 3(a+6) \leq 0$
$(a-6)(a+3) \leq 0$
$\therefore -3 \leq a \leq 6$
따라서 정수 a의 개수는 10이다.

| 086 | 정답 ④

$f'(x) = 3x^2 + 2ax + b$
$f'(0) = f'(2) = 0$에서
$f'(0) = b = 0$, $f'(2) = 12 + 4a + b = 0$
따라서 $a = -3$, $b = 0$
$x = 0$에서 $f'(x)$의 부호가 $+$에서 $-$로 변하므로
함수 $f(x)$는 $x = 0$에서 극댓값을 갖고,
$x = 2$에서 $f'(x)$의 부호가 $-$에서 $+$로 변하므로
함수 $f(x)$는 $x = 2$에서 극솟값을 갖는다.
함수 $f(x)$의 극댓값이 5이므로
$f(0) = 5$에서 $c = 5$
$\Rightarrow f(x) = x^3 - 3x^2 + 5$
$\therefore f(2) = 8 - 3 \times 4 + 5 = 1$

함수 $f(x) = x^3 + ax^2 + bx + c$에서 함수 $f'(x)$의
최고차항의 계수가 3이고 $f'(0) = f'(2) = 0$이므로
$f'(x) = 3x(x-2) = 3x^2 - 6x$
이때, $f'(x) = 3x^2 + 2ax + b$이므로 계수를 비교하여
$a = -3$, $b = 0$을 찾아줄 수도 있다.

087 정답 19

$f(x) = x^3 + ax^2 + bx + c$ (a, b, c는 상수)라 하자.
$f(x) + f(-x)$
$= x^3 + ax^2 + bx + c + (-x^3 + ax^2 - bx + c)$
$= 2ax^2 + 2c = 2$
모든 실수 x에 대하여 위의 식이 성립하므로
$a = 0$, $c = 1$이다.
따라서 $f(x) = x^3 + bx + 1$이고 $f'(x) = 0$인 x의 값은
$x = \pm \sqrt{-\dfrac{b}{3}}$
극댓값과 극솟값의 차가 4이므로
$\left| f\left(\sqrt{-\dfrac{b}{3}} \right) - f\left(-\sqrt{-\dfrac{b}{3}} \right) \right| = 4$
$\left| \dfrac{4}{3} b \sqrt{-\dfrac{b}{3}} \right| = 4$이므로
$b^3 = -27$, $b = -3$
따라서 $f(x) = x^3 - 3x + 1$이고 $f(3) = 19$이다.

다른 풀이

모든 실수 x에 대하여 $f(x) + f(-x) = 2$이므로
$\dfrac{f(x) + f(-x)}{2} = 1$에서 $y = f(x)$의 그래프는 점
$(0, 1)$에 대하여 대칭이다.
따라서 $f(x) = x(x-a)(x+a) + 1$ (a는 상수)
$f'(x) = 3\left(x + \dfrac{a}{\sqrt{3}} \right)\left(x - \dfrac{a}{\sqrt{3}} \right)$
극댓값과 극솟값의 차가 4이므로
$\left| f\left(\dfrac{a}{\sqrt{3}} \right) - f\left(-\dfrac{a}{\sqrt{3}} \right) \right| = 4$
$\left| \left(-\dfrac{2a^3}{3\sqrt{3}} + 1 \right) - \left(\dfrac{2a^3}{3\sqrt{3}} + 1 \right) \right| = 4$
$\left| \dfrac{4a^3}{3\sqrt{3}} \right| = 4$, $\dfrac{4a^3}{3\sqrt{3}} = \pm 4$
따라서 $a = \sqrt{3}$ 또는 $a = -\sqrt{3}$이고
$f(x) = x^3 - 3x + 1$
$\therefore f(3) = 19$

088 정답 4

$f(x)$는 삼차함수이므로 도함수 $f'(x)$는 이차함수이고,
모든 실수 x에 대하여 $f'(1+x) = f'(3-x)$를
만족시키므로 이차함수 $y = f'(x)$의 그래프는
직선 $x = 2$에 대하여 대칭이다.
함수 $f(x)$는 $x = a$에서 극대, $x = b$에서 극소가 되므로
a, b는 방정식 $f'(x) = 0$의 서로 다른 두 실근이다.

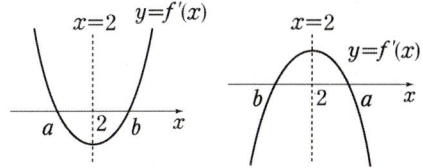

따라서 함수 $y = f'(x)$의 그래프는 위의 두 가지 경우
중에 한 가지이므로
$\dfrac{a+b}{2} = 2$
$\therefore a + b = 4$

089 정답 ②

$f(x) = x^3 + ax^2 - ax$에서 $f'(x) = 3x^2 + 2ax - a$이다.
삼차함수 $f(x)$가 $x = p$에서 극대, $x = q$에서 극소라 하면
방정식 $f'(x) = 0$이 서로 다른 두 실근 p, q를 가져야
하므로 이 이차방정식의 판별식을 D라 할 때
$\dfrac{D}{4} = a^2 + 3a > 0$ ......㉠
한편, 최고차항의 계수가 1인 삼차함수 $f(x)$는
구간 $(-\infty, p)$에서 증가하고, 구간 (p, q)에서 감소하므로
$f'(-4) > 0$에서 $-9a + 48 > 0$ ......㉡
$f'(0) < 0$에서 $-a < 0$ ......㉢
㉠에서 $a < -3$ 또는 $a > 0$,
㉡에서 $a < \dfrac{16}{3}$, ㉢에서 $a > 0$이다.
따라서 ㉠, ㉡, ㉢을 모두 만족시키려면
$0 < a < \dfrac{16}{3}$이므로
구하는 정수 a의 값의 합은 $1 + 2 + 3 + 4 + 5 = 15$

참고

최고차항의 계수가 양수인 삼차함수 $g(x)$에 대하여
$g'(x) < 0$을 만족시키는 열린구간이 존재하면
함수 $g(x)$는 극대와 극소를 갖는다.
즉, 위의 풀이에서 ㉢을 만족시키면 자동으로 ㉠이
성립한다.

090 정답 ④

조건 (가)에서 함수 $f(x)$는 직선 $x=1$에 대하여
대칭이고 조건 (나)에서 $x=2$에서 극댓값을 가지므로
$f'(2)=0$이다.
또한 함수 $f(x)$가 직선 $x=1$에 대하여 대칭이므로
$f'(1)=f'(0)=0$이다.
이때, $f(x)$의 최고차항의 계수가 -1이므로
$f'(x)$의 최고차항의 계수는 -4이고
$f'(x)=-4x(x-1)(x-2)$
따라서 $f'(x)<0$을 만족시키는 10 이하의 자연수 x는
3, 4, 5, $\cdots$, 10으로 8개이다.

> **TIP**
>
> 최고차항의 계수가 -1인 사차함수 $f(x)$가
> 조건 (가)에 의하여 직선 $x=1$에 대하여 대칭이다.
> 또한 조건 (나)에 의하여 $x=0$과 $x=2$에서
> 극댓값을 가지므로 이를 통하여 함수 $y=f(x)$의
> 그래프와 함수 $y=f'(x)$의 그래프를 그려보면
> 다음과 같다.
>
>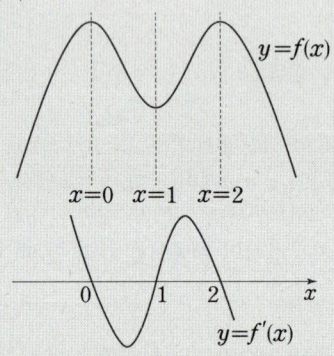
>
> 따라서 구하는 10 이하의 자연수 x의 개수는 8이다.

091 정답 ②

ㄱ. 그림에서 함수 $f(x)$는 $x=c$에서 극댓값을 갖는다. (참)

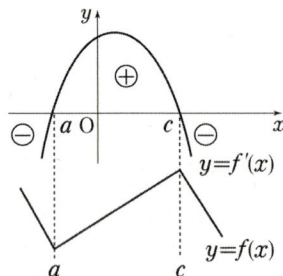

ㄴ. 그림에서 함수 $h(x)$는 $a<x<b$에서 증가한다. (참)

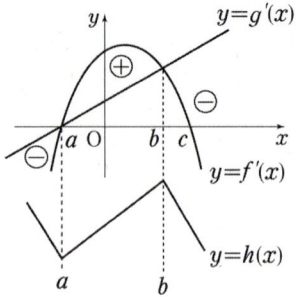

ㄷ. $h'(c)=f'(c)-g'(c)\neq0$이므로
함수 $h(x)$는 $x=c$에서 극값을 갖지 않는다. (거짓)
따라서 보기에서 옳은 것은 ㄱ, ㄴ이다.

092 정답 ②

$h(x)=f(x)g(x)$라 하자.
사차함수 $h(x)$는 $x=p$와 $x=q$에서 극소이므로
$h'(p)=0$, $h'(q)=0$이고
함수 $h'(x)$의 부호는 $x=p$와 $x=q$의 좌우에서
각각 모두 음에서 양으로 바뀐다.
한편 주어진 두 함수 $y=f(x)$, $y=g(x)$의 그래프로
파악할 수 있는
$h'(x)=f'(x)g(x)+f(x)g'(x)$의 부호의 변화를
표로 나타내면 다음과 같다.

x	$\cdots$	a	$\cdots$	b	$\cdots$	c	$\cdots$	d	$\cdots$	e	$\cdots$
$f(x)$	$-$	0	$+$	$+$	$+$	0	$-$	$-$	$-$	0	$+$
$f'(x)$	$+$	$+$	$+$	0	$-$	$-$	$-$	0	$+$	$+$	$+$
$g(x)$	$-$	$-$	$-$	$-$	$-$	0	$+$	$+$	$+$	$+$	$+$
$g'(x)$	$+$	$+$	$+$	$+$	$+$	$+$	$+$	$+$	$+$	$+$	$+$
$f'(x)g(x)$	$-$	$-$	$-$	0	$+$	0	$-$	0	$+$	$+$	$+$
$f(x)g'(x)$	$-$	0	$+$	$+$	$+$	0	$-$	$-$	$-$	0	$+$
$h'(x)$	$-$	$-$		$+$	$+$	0	$-$	$-$		$+$	$+$

함수 $h'(x)$는 실수 전체의 집합에서 연속이며
위의 표에서 $h'(a)<0$, $h'(b)>0$이고 $h'(d)<0$,
$h'(e)>0$이다.
따라서 사잇값의 정리에 의하여 방정식 $h'(x)=0$은
열린구간 (a, b)에서 하나의 실근을 가지며
그 실근을 α라 하면
함수 $h(x)$는 $x=\alpha$에서 극소이고
열린구간 (d, e)에서 하나의 실근을 가지며
그 실근을 β라 하면
함수 $h(x)$는 $x=\beta$에서 극소이다.
$p=\alpha$, $q=\beta (\because p<q)$이므로 참인 것은
② $a<p<b$이고 $d<q<e$이다.

093 | 정답 14

$g(x) = x^2 + 1$이므로 $g(x) = t$로 놓으면 $t \geq 1$이다.
$f(g(x)) = f(t) = -t^3 + 12t - 2 \ (t \geq 1)$이므로
$f'(t) = -3t^2 + 12 = -3(t+2)(t-2)$
$f'(t) = 0$에서 $t = -2$ 또는 $t = 2$

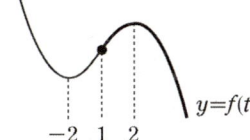

위의 그림에서 함수 $f(t)$는 $t = 2$일 때, 극대이면서
최대이므로 구하는 최댓값은
$f(2) = -2^3 + 12 \times 2 - 2 = 14$

094 | 정답 114

$g(x) = x^3 - 3x + 3$이라 하면 $f(x) = (g \circ g)(x)$이다.
미분을 이용하여 삼차함수 $y = g(x)$의 그래프를 그려보면
극댓값 $g(-1) = 5$, 극솟값 $g(1) = 1$이며
$g(-2) = 1$이므로 닫힌구간 $[-2, 1]$에서 함수 $g(x)$의
치역은 $\{g(x) \mid 1 \leq g(x) \leq 5\}$이다.
또한, $g(5) = 113$이고 닫힌구간 $[1, 5]$에서 함수 $g(x)$는
증가하므로
함수 $g(x)$의 치역은 $\{g(x) \mid 1 \leq g(x) \leq 113\}$이다.
따라서 $M = 113$, $m = 1$이다.
$\therefore M + m = 114$

095 | 정답 ①

방정식 $x^2 + a^2 x + a^3 = 0$이 두 실근을 가지므로
이차방정식의 판별식을 D라 하면
$D = a^4 - 4a^3 = a^2(a^2 - 4a) \geq 0$,
$a^2 - 4a \geq 0$이므로 $a \leq 0$ 또는 $a \geq 4$ ……㉠
근과 계수의 관계에 의하여
$\alpha + \beta = -a^2$, $\alpha\beta = a^3$
따라서
$\alpha^2 + \alpha\beta + \beta^2 = (\alpha+\beta)^2 - \alpha\beta = a^4 - a^3$
$f(a) = a^4 - a^3$이라 하면
$f'(a) = 4a^3 - 3a^2 = 4a^2 \left(a - \dfrac{3}{4}\right)$
$f'(a) = 0$에서 $a = 0$ 또는 $a = \dfrac{3}{4}$
따라서 함수 $y = f(a)$의 그래프는 다음과 같다.

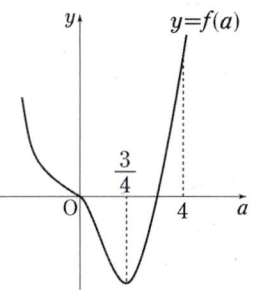

따라서 ㉠의 범위에서 $\alpha^2 + \alpha\beta + \beta^2$의 최솟값은 0이다.

096 | 정답 8

$f(x) = (x-3)^2 = x^2 - 6x + 9$에서
$f'(x) = 2x - 6$
점 $P(t, f(t))$에서의 접선의 방정식은
$y - (t-3)^2 = (2t-6)(x-t)$
$\Rightarrow y = (2t-6)x - t^2 + 9$ ……㉠
㉠의 x절편은 $\dfrac{t+3}{2}$, y절편은 $-t^2 + 9$이므로
삼각형의 넓이 $S(t)$는
$S(t) = \dfrac{1}{2} \times \left(\dfrac{t+3}{2}\right) \times (-t^2 + 9)$
$\qquad = -\dfrac{1}{4}(t^3 + 3t^2 - 9t - 27) \ (0 < t < 3)$
$\therefore S'(t) = -\dfrac{1}{4}(3t^2 + 6t - 9) = -\dfrac{3}{4}(t+3)(t-1)$
$S'(t) = 0$에서 $t = -3$ 또는 $t = 1$

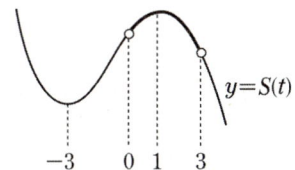

위의 그림에서 함수 $S(t)$는 $0 < t < 3$에서 $t = 1$일 때,
극대이고 최대이므로 최댓값은 8이다.

097 | 정답 ②

두 직각삼각형 AOP와 PBQ가 닮음이므로
$\overline{AO} : \overline{OP} = \overline{PB} : \overline{BQ}$,
$1 : t = (1-t) : \overline{BQ}$
$\Rightarrow \overline{BQ} = t(1-t)$
삼각형 OPQ의 넓이 $S(t)$는
$S(t) = \dfrac{1}{2} \times t \times t(1-t) = -\dfrac{1}{2}t^3 + \dfrac{1}{2}t^2$에서
$S'(t) = -\dfrac{3}{2}t^2 + t = -t\left(\dfrac{3}{2}t - 1\right)$

따라서 함수 $S(t)$의 구간 $(0, 1)$에서의 증감표를 그려보면 다음과 같다.

t	0	$\cdots$	$\dfrac{2}{3}$	$\cdots$	1
$S'(t)$		$+$	0	$-$	
$S(t)$		↗	$\dfrac{2}{27}$	↘	

따라서 함수 $S(t)$의 최댓값은 $\dfrac{2}{27}$이다.

098 ┤ 정답 ④

$f(x) = x^3 - x$에서
$f'(x) = 3x^2 - 1 = (\sqrt{3}\,x - 1)(\sqrt{3}\,x + 1)$이다.
따라서 함수 $f(x)$의 증감표를 그려보면 다음과 같다.

x	$\cdots$	$-\dfrac{\sqrt{3}}{3}$	$\cdots$	$\dfrac{\sqrt{3}}{3}$	$\cdots$
$f'(x)$	$+$	0	$-$	0	$+$
$f(x)$	↗	$\dfrac{2\sqrt{3}}{9}$	↘	$-\dfrac{2\sqrt{3}}{9}$	↗

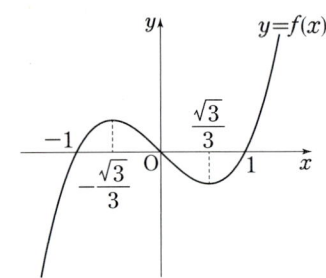

(i) $t \leq -\dfrac{\sqrt{3}}{3}$ 또는 $t \geq 1$일 때

구간 $[t-1, t]$에서의 함수 $f(x) = x^3 - x$의 최댓값은 $f(t)$이다.
$\Rightarrow g(t) = f(t)$

(ii) $-\dfrac{\sqrt{3}}{3} < t < -\dfrac{\sqrt{3}}{3} + 1$일 때

구간 $[t-1, t]$에서의 함수 $f(x) = x^3 - x$의 최댓값은
$f\left(-\dfrac{\sqrt{3}}{3}\right) = \dfrac{2\sqrt{3}}{9}$이다.
$\Rightarrow g(t) = \dfrac{2\sqrt{3}}{9}$

(iii) $-\dfrac{\sqrt{3}}{3} + 1 \leq t < 1$일 때

구간 $[t-1, t]$에서의 함수 $f(x) = x^3 - x$의 최댓값은
$f(t-1)$이다.
$\Rightarrow g(t) = f(t-1)$

(i), (ii), (iii)에서 함수 $g(t)$의 그래프는 다음 그림의 실선과 같다.

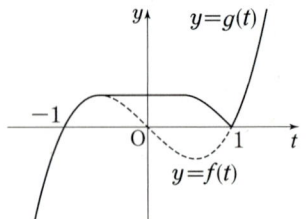

따라서 함수 $g(t)$는 $t = 1$에서 미분가능하지 않고,
$g'(0) = 0$이다.
$\therefore\ p + g'(0) = 1 + 0 = 1$

099 ┤ 정답 ①

정사각형 EFGH의 두 대각선의 교점을 (t, t^2)이라 하자.

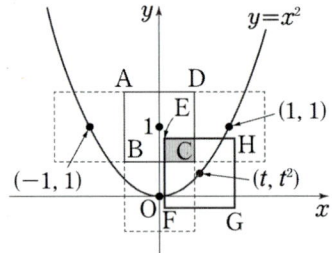

위의 그림과 같이 두 정사각형의 내부의 공통부분이 존재하려면
$-1 < t < 0$ 또는 $0 < t < 1$이어야 하나
정사각형 ABCD와 곡선 $y = x^2$은 모두 y축에 대하여 대칭이므로
$0 < t < 1$일 때만 고려하여도 된다.
$C\left(\dfrac{1}{2}, \dfrac{1}{2}\right)$, $E\left(t - \dfrac{1}{2}, t^2 + \dfrac{1}{2}\right)$이므로
두 정사각형의 내부의 공통부분인 직사각형의
가로의 길이는 $\dfrac{1}{2} - \left(t - \dfrac{1}{2}\right) = 1 - t$,

세로의 길이는 $\left(t^2 + \dfrac{1}{2}\right) - \dfrac{1}{2} = t^2$이다.

이 직사각형의 넓이를 $S(t)$라 하면
$S(t) = (1-t)t^2 = t^2 - t^3$이고
$S'(t) = 2t - 3t^2 = t(2 - 3t)$이므로
$t = \dfrac{2}{3}$ $(\because 0 < t < 1)$일 때 $S'(t) = 0$이다.
열린구간 $(0, 1)$에서 함수 $S(t)$의 증가와 감소를 표로 나타내면 다음과 같다.

t	0	$\cdots$	$\dfrac{2}{3}$	$\cdots$	1
$S'(t)$		$+$		$-$	
$S(t)$		↗	$S\left(\dfrac{2}{3}\right)$	↘	

따라서 열린구간 $(0, 1)$에서 함수 $S(t)$는

$t=\dfrac{2}{3}$일 때 극댓값이자 최댓값을 가지므로

구간 $(0, 1)$에서 두 정사각형의 내부의 공통부분의 넓이의 최댓값은

$$S\left(\dfrac{2}{3}\right)=\dfrac{4}{9}-\dfrac{8}{27}=\dfrac{4}{27}$$

100 ┤ 정답 ①

양수 a에 대하여
$$f'(x)=-12x^3+12(a-1)x^2+12ax$$
$$\qquad=-12x(x+1)(x-a)$$
이므로
$x=-1$ 또는 $x=0$ 또는 $x=a$에서 $f'(x)=0$이다.
이때 함수 $f(x)$의 증가와 감소를 표로 나타내면 다음과 같다.

x	$\cdots$	-1	$\cdots$	0	$\cdots$	a	$\cdots$
$f'(x)$	$+$	0	$-$	0	$+$	0	$-$
$f(x)$	↗	$2a+1$	↘	0	↗	a^4+2a^3	↘

(i) $f(-1)\geq f(a)$일 때

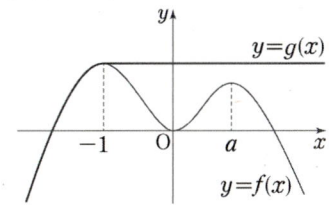

$2a+1\geq a^4+2a^3$에서
$a^4+2a^3-2a-1=(a+1)^3(a-1)\leq 0$,
즉 $a-1\leq 0$이므로 $0<a\leq 1$이다. $(\because\ a>0)$
이때 $x\leq t$에서의 $f(x)$의 최댓값은
$$g(t)=\begin{cases} f(t) & (t\leq -1) \\ f(-1) & (t>-1) \end{cases}$$이므로
$$\lim_{t\to -1-}\dfrac{g(t)-g(-1)}{t-(-1)}=\lim_{t\to -1-}\dfrac{f(t)-f(-1)}{t-(-1)}$$
$$\qquad\qquad\qquad\qquad =f'(-1)=0,$$
$$\lim_{t\to -1+}\dfrac{g(t)-g(-1)}{t-(-1)}=\lim_{t\to -1+}\dfrac{f(-1)-f(-1)}{t-(-1)}=0$$
이다.
따라서 함수 $g(t)$는 $t=-1$에서 미분가능하므로
$0<a\leq 1$일 때 함수 $g(t)$는 실수 전체의 집합에서 미분가능하다.

(ii) $f(-1)<f(a)$일 때

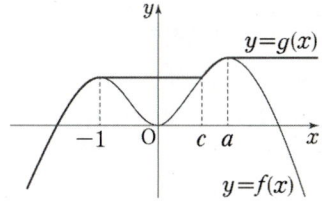

$2a+1<a^4+2a^3$에서
$a^4+2a^3-2a-1=(a+1)^3(a-1)>0$,
즉 $a-1>0$이므로 $a>1$이다. $(\because\ a>0)$
$f(c)=f(-1)$인 실수 c $(0<c<a)$에 대하여
$x\leq t$에서의 $f(x)$의 최댓값은
$$g(t)=\begin{cases} f(t) & (t\leq -1) \\ f(-1) & (-1<t\leq c) \\ f(t) & (c<t\leq a) \\ f(a) & (t>a) \end{cases}$$이므로
$$\lim_{t\to c-}\dfrac{g(t)-g(c)}{t-c}=\lim_{t\to c-}\dfrac{f(-1)-f(-1)}{t-c}=0,$$
$$\lim_{t\to c+}\dfrac{g(t)-g(c)}{t-c}=\lim_{t\to c+}\dfrac{f(t)-f(c)}{t-c}=f'(c)\neq 0$$
이다.
따라서 함수 $g(t)$는 $t=c$에서 미분가능하지 않다.
(i), (ii)에서 함수 $g(t)$는 $0<a\leq 1$일 때만
실수 전체의 집합에서 미분가능하므로
a의 최댓값은 1이다.

5일차

SPEED CHECK			
101 ④	**102** ③	**103** ⑤	**104** 15
105 ④	**106** 2	**107** ①	**108** ③
109 2	**110** ③	**111** ①	**112** ④
113 ④	**114** ④	**115** ④	**116** 44
117 12	**118** ②	**119** ④	**120** 10
121 ④	**122** 63	**123** ③	**124** ②
125 ②	**126** ②	**127** 41	**128** 19
129 40	**130** 6	**131** 2	**132** ①

101 ┤ 정답 ④

두 곡선이 서로 다른 두 점에서만 만나려면
방정식 $x^3-4x^2+4x=2x^2-5x+k$
즉, x에 대한 삼차방정식 $x^3-6x^2+9x=k$가
서로 다른 두 실근을 가져야 한다.
$f(x)=x^3-6x^2+9x$라고 하면
$f'(x)=3x^2-12x+9=3(x-1)(x-3)$
$f'(x)=0$에서 $x=1$ 또는 $x=3$

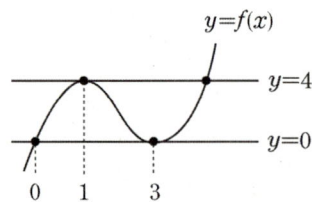

위의 그림에서 $y=k$가 극소인 점 또는 극대인 점과 만날 때,
함수 $y=f(x)$의 그래프와 직선 $y=k$가
서로 다른 두 점에서 만난다.
이때, $f(1)=4$, $f(3)=0$이므로
양수 k의 값은 4이다.

다른 풀이

두 곡선이 서로 다른 두 점에서 만나려면
방정식 $x^3-4x^2+4x=2x^2-5x+k$
즉, x에 대한 삼차방정식 $x^3-6x^2+9x-k=0$이
서로 다른 두 실근을 가져야 한다.
$f(x)=x^3-6x^2+9x-k$로 놓으면
$f'(x)=3x^2-12x+9=3(x-1)(x-3)$
$f'(x)=0$에서 $x=1$ 또는 $x=3$
삼차방정식 $f(x)=0$이
서로 다른 두 실근을 가지려면 $f(1)f(3)=0$,
즉 $(4-k)\times(-k)=0$
$\therefore\ k=0$ 또는 $k=4$
따라서 양수 k의 값은 4이다.

| 102 | 정답 ③

함수 $\dfrac{f(x)}{g(x)}$가 서로 다른 세 점에서 불연속이 되려면
방정식 $g(x)=0$을 만족시키는 서로 다른 세 실근이
존재해야 한다.
$g'(x)=3x^2-18x+24$에서
$3x^2-18x+24=0$, $3(x-2)(x-4)=0$이므로
함수 $y=g(x)$의 그래프는 $x=2$, $x=4$에서 극값을
가진다.
따라서 $g(2)g(4)<0$이어야 하므로
$g(2)g(4)=(k+20)(k+16)<0$,
$-20<k<-16$이므로
구하고자 하는 정수 k의 개수는 3이다.

| 103 | 정답 ⑤

$|x^3+3x^2|=a-1$에서
$f(x)=x^3+3x^2$이라 하면

$f'(x)=3x^2+6x=3x(x+2)$
$f'(x)=0$에서 $x=-2$ 또는 $x=0$

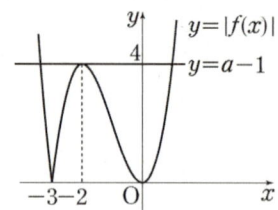

따라서 함수 $y=|f(x)|$의 그래프는 위의 그림과 같고,
$|f(-2)|=4$이다.
이때, 주어진 방정식의 서로 다른 실근이 3개이려면
함수 $y=|f(x)|$의 그래프와 직선 $y=a-1$이 서로 다른
세 점에서 만나야 하므로
$a-1=4$
$\therefore\ a=5$

| 104 | 정답 15

방정식 $f(x)=g(x)$의 서로 다른 실근의 개수가 3이므로
두 함수 $f(x)=|x^2-6x|$, $g(x)=mx$의 그래프가 서로
다른 세 점에서 만난다.
$h(x)=-(x^2-6x)$라 하면 $y=h(x)$의 그래프에서
$x=0$에서의 접선의 기울기 $h'(0)$에 대하여
$0<m<h'(0)$이어야 한다.

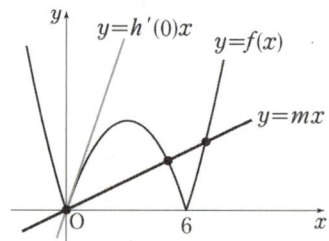

$h'(x)=-2x+6$이므로 $h'(0)=6$
즉, $0<m<6$에서 정수 $m=1$, 2, 3, 4, 5이므로
$1+2+3+4+5=15$

| 105 | 정답 ④

최고차항의 계수가 1인 삼차함수 $f(x)$에 대하여
$x=1$에서의 접선의 방정식이 $y=x$이므로
$f(1)=1$이고 $f'(1)=1$이다.　　　　　……㉠
$f(x)=x^3+ax^2+bx+c$라 하면
방정식 $f(x)=x$를 만족시키는 모든 실근의 합이 5이므로
$x^3+ax^2+bx+c=x$에서
$x^3+ax^2+(b-1)x+c=0$의 모든 실근의 합은 5이다.
근과 계수의 관계에 의하여 모든 실근의 합은
$-a=5$이므로 $a=-5$이다.

따라서 $f(x) = x^3 - 5x^2 + bx + c$이므로 ㉠을 대입하면
$f(1) = b + c - 4 = 1$이므로 $b + c = 5$
$f'(1) = b - 7 = 1$에서 $b = 8$, $c = -3$
$\therefore\ f(x) = x^3 - 5x^2 + 8x - 3$이므로 $f(5) = 37$

106 │ 정답 2

$x > 0$인 모든 실수 x에서 부등식 $f(x) \leq g(x)$가 항상 성립하면
$h(x) = g(x) - f(x) = 2x^3 - 3x^2 + k - 1$이라 할 때
$x > 0$인 모든 실수 x에서 부등식 $h(x) \geq 0$이 항상 성립한다.
즉, $x > 0$에서 함수 $h(x)$의 최솟값이 0보다 크거나 같아야 한다.
$h(x) = 2x^3 - 3x^2 + k - 1$에서
$h'(x) = 6x^2 - 6x = 6x(x - 1)$이다.
따라서 구간 $(0, \infty)$에서 함수 $h(x)$의 증감표를 그려보면 다음과 같다.

x	0	$\cdots$	1	$\cdots$
$h'(x)$		$-$	0	$+$
$h(x)$		$\searrow$	$k-2$	$\nearrow$

따라서 $x > 0$에서 함수 $h(x)$의 최솟값은 $k - 2$이다.
$\Rightarrow k - 2 \geq 0$
따라서 자연수 k의 최솟값은 2이다.

107 │ 정답 ①

$f(x) \geq x^2 + k$에서 $f(x) - x^2 \geq k$이므로
닫힌구간 $[0, 2]$에서 $f(x) - x^2$의 최솟값이 k보다 크거나 같아야 한다.
$g(x) = f(x) - x^2$이라 하면
$g(x) = x^3 + 3x^2 + 1$
$g'(x) = 3x^2 + 6x = 3x(x + 2) = 0$에서
$x = 0$ 또는 $x = -2$

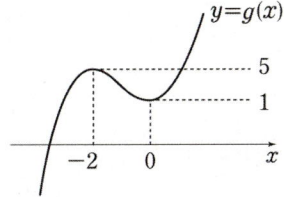

따라서 닫힌구간 $[0, 2]$에서 함수 $g(x)$는 $x = 0$일 때, 최솟값 1을 가진다.
따라서 상수 k의 최댓값은 1이다.

108 │ 정답 ③

$-1 < x < 5$에서 부등식 $f(x) \geq g(x)$, 즉
$x^3 - 6x^2 - 1 \geq -a$가 성립해야 한다.
이때 $h(x) = x^3 - 6x^2 - 1$이라 하면
$-1 < x < 5$에서 함수 $h(x)$의 최솟값이 $-a$ 이상이어야 한다.
$h'(x) = 3x^2 - 12x = 3x(x - 4)$이므로
함수 $h(x)$는 $x = 4$에서 극솟값 -33을 갖고,
$h(-1) = -8$이다.
따라서 함수 $y = h(x)$의 그래프는 다음과 같으므로
$-1 < x < 5$에서 $h(x) \geq -33$이다.

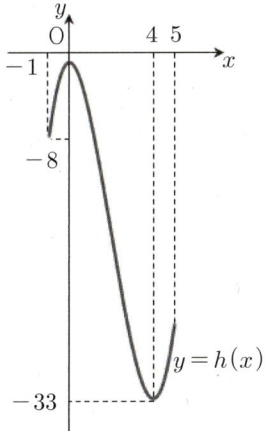

즉, 조건을 만족시키는 a의 값의 범위는
$-33 \geq -a$, 즉 $a \geq 33$이므로
구하는 a의 최솟값은 33이다.

109 │ 정답 2

$kx - 2 \leq f(x) \leq kx + 2$에서
$g(x) = kx + 2$, $h(x) = kx - 2$라 하면
함수 $g(x)$의 그래프는 점 $(0, 2)$를 지나고
기울기가 k인 직선이다.
또한 $f(0) = 2$이므로 $f(0) = g(0)$이다.
따라서 $f'(0) > k$이면 $f(x) \leq g(x)$를 만족시킬 수 없다.
즉, $f'(0) = 2 \leq k$ $\qquad\qquad$ ……㉠
또한 $f(2) = 2$이고 $f'(2) = 2$이므로
점 $(2, 2)$에서의 접선의 방정식은 $y = 2x - 2$이다.
점 $(2, 2)$에서의 접선의 y절편이 -2이고
$h(0) = -2$이므로
$f'(2) < k$이면 $h(x) \leq f(x)$를 만족시킬 수 없다.
즉, $f'(2) = 2 \geq k$ $\qquad\qquad$ ……㉡
㉠, ㉡에 의해 $k = 2$이다.

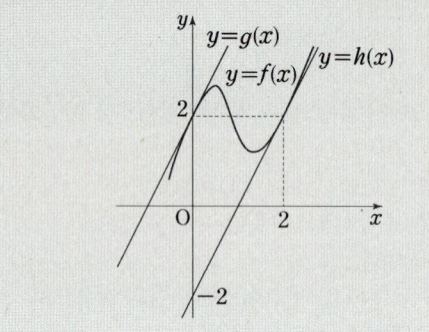
111 — 정답 ①

$h(x)=f(x)-g(x)$라 하면
$h(x)=x^4+2x^2-3-a$
두 함수의 그래프의 교점의 개수가 1이므로
함수 $y=h(x)$의 그래프와 x축과의 교점의 개수는 1이다.
$h'(x)=4x^3+4x=4x(x^2+1)$이므로 방정식
$h'(x)=0$의 실근은 1개뿐이다.
즉, 함수 $h(x)$는 $x=0$에서 극소이자 최소이므로
$h(0)=-3-a=0$에서 $a=-3$이다.

110 — 정답 ③

$f(x)=x^3-3x^2-9x+a$라 하면
$f'(x)=3x^2-6x-9=3(x-3)(x+1)$이다.
따라서 함수 $f(x)$의 증감표는 다음과 같다.

x	$\cdots$	-1	$\cdots$	3	$\cdots$
$f'(x)$	$+$	0	$-$	0	$+$
$f(x)$	↗	$a+5$	↘	$a-27$	↗

이때, $f(x)=a+5$에서
x^3-3x^2-9x-5
$=(x+1)^2(x-5)=0$
$\Rightarrow f(-1)=f(5)=a+5$
또한 $f(x)=a-27$에서
$x^3-3x^2-9x+27$
$=(x-3)^2(x+3)$
$\Rightarrow f(-3)=f(3)=a-27$
따라서 함수 $y=f(x)$의
그래프는 오른쪽 그림과 같다.
방정식 $f(x)=0$이 서로 다른 세
실근을 가지려면
$a-27<0<a+5$
$\Rightarrow -5<a<27$ ……㉠
방정식 $f(x)=0$의 서로 다른 세 실근은
$-3<x<5$인 범위에 존재한다.
따라서 방정식 $f(x)=0$의 실근 중 자연수가 될 수 있는
값은 1, 2, 3, 4이다.
$f(1)=a-11$, $f(2)=a-22$, $f(3)=a-27$,
$f(4)=a-20$이므로 ㉠의 범위에서 가능한 a의 값은
11, 22, 20이다.
따라서 구하는 a의 값의 합은
$11+20+22=53$이다.

112 — 정답 ④

$h(x)=f(x)-g(x)$라 하면
$h'(x)=f'(x)-g'(x)$이므로
두 함수 $y=f'(x)$, $y=g'(x)$의 그래프가 만나는 점 중
x좌표가 k가 아닌 두 점의 x좌표를 각각 a, $b(a<b)$라
하면 함수 $h(x)$의 증가, 감소를 나타내는 표는 다음과 같다.

x	$\cdots$	a	$\cdots$	k	$\cdots$	b	$\cdots$
$h'(x)$	$-$	0	$+$	0	$-$	0	$+$
$h(x)$	↘	극소	↗	극대	↘	극소	↗

이때, $f(k)=g(k)$이므로 함수 $y=h(x)$의 그래프는
다음과 같다.

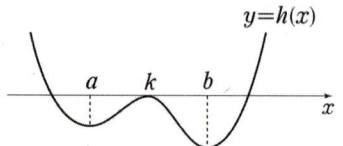

따라서 함수 $y=h(x)$의 그래프와 x축이 만나는 점의
개수는 3이다.

113 — 정답 ④

최고차항의 계수가 1인 삼차함수 $f(x)$에 대하여
함수 $y=|f(x)|$의 그래프의 극소인 점의 개수가 1인
그래프의 개형은 다음과 같다.

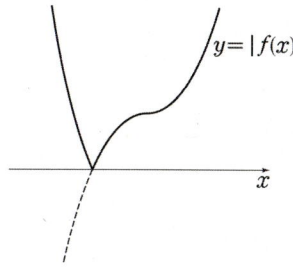

즉, $y=f(x)$의 그래프가 실수 전체의 구간에서 증가하는
개형이므로 $y=f'(x)$의 그래프는 x축과 맞닿아 있거나
x축 위에 떠있는 개형이다.
그런데 조건 (나)에서 $f'(1)=0$이므로
$f'(x)=3(x-1)^2$
$\therefore f'(3)=12$

| 114 | 정답 ④

ㄱ. $x=-2$에서의 접선의 기울기는 $f'(-2)$이고,
함수 $y=f'(x)$의 그래프에서 $f'(-2)<0$ (거짓)
ㄴ. $x=1$의 좌우에서 $f'(x)$의 부호가 $-$에서 $+$로
바뀌므로 $f(x)$는 $x=1$에서 극솟값을 갖는다. (참)
ㄷ. $f(x)=ax^4+bx^3+cx^2+dx+e$
(단, a, b, c, d, e는 상수, $a\neq0$)라 하면
$f'(x)=4ax^3+3bx^2+2cx+d$ ······㉠
$f'(-1)=f'(0)=f'(1)=0$이므로
$f'(x)=4ax(x+1)(x-1)=4ax^3-4ax$ ······㉡
㉠, ㉡에서 $b=d=0$
따라서 $f(x)=ax^4+cx^2+e$에서
모든 실수 x에 대하여 $f(-x)=f(x)$이므로
함수 $y=f(x)$의 그래프는 y축에 대하여 대칭이다. (참)
따라서 옳은 것은 ㄴ, ㄷ이다.

| 115 | 정답 ④

ㄱ. $x=a$의 좌우에서 $f'(x)$의 부호가 음에서 양으로
변하므로 $f(x)$는 $x=a$에서 극소이다. (참)
ㄴ. $f(b-x)=f(b+x)$이려면 함수 $y=f(x)$의
그래프가 직선 $x=b$에 대하여 대칭이어야 한다.
이때, $f(a)<f(c)<0<f(b)$에서
함수 $y=f(x)$의 그래프의 개형은 다음과 같다.

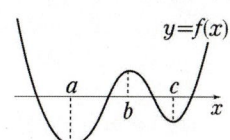

함수 $y=f(x)$의 그래프는 $f(a)\neq f(c)$이므로
직선 $x=b$에 대하여 대칭이 아니다.
따라서 $f(b-x)\neq f(b+x)$ (거짓)

ㄷ. ㄴ에서 함수 $y=f(x)$의 그래프는 x축과 서로 다른
네 점에서 만난다. (참)
따라서 옳은 것은 ㄱ, ㄷ이다.

| 116 | 정답 44

$f(10)-f(1)=9f'(1)$에서
$\dfrac{f(10)-f(1)}{10-1}=f'(1)$이므로
함수 $f(x)$에 대하여 x의 값이 1에서 10까지 변할 때의
평균변화율과 $x=1$에서의 순간변화율이 같다.

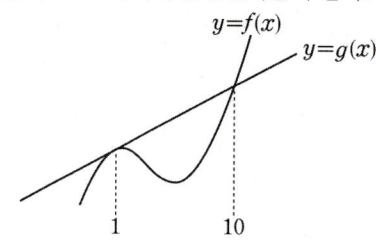

점 $(1, 2)$를 지나고 기울기가 3인 직선의 방정식을
$y=g(x)$라 하면 $g(x)=3(x-1)+2=3x-1$이다.
따라서 부등식 $f(x)<g(x)$를 만족시키는 실수 x의 값은
$x<1$ 또는 $1<x<10$이다.
따라서 자연수 x의 값은 2, 3, 4, $\cdots$, 9이다.
$\therefore 2+3+4+\cdots+9=44$

다른 풀이

최고차항의 계수가 1인 삼차함수
$f(x)=x^3+ax^2+bx+c$ (a, b, c는 상수)에 대하여
곡선 $y=f(x)$ 위의 점 $(1, 2)$에서의 접선의 기울기가
3이므로 $f(1)=2$, $f'(1)=3$이다.
또한 조건에서
$f(10)=f(1)+9f'(1)=2+9\times3=29$
$f(1)=1+a+b+c=2$ ······㉠
$f(10)=1000+100a+10b+c=29$ ······㉡
$f(x)$의 도함수는 $f'(x)=3x^2+2ax+b$이므로
$f'(1)=3+2a+b=3$ ······㉢
㉠, ㉡, ㉢을 연립하여 풀면
$a=-12$, $b=24$, $c=-11$
따라서 $f(x)=x^3-12x^2+24x-11$이다.
부등식 $x^3-12x^2+24x-11<3x-1$에서
$x^3-12x^2+21x-10<0$, $(x-1)^2(x-10)<0$
곡선 $y=(x-1)^2(x-10)$과 x축의 위치 관계를
나타내보면

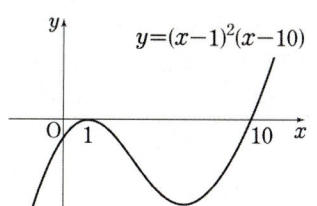

구하는 부등식의 해는 $x < 1$ 또는 $1 < x < 10$이다.
따라서 자연수 x의 값은 $2, 3, 4, \cdots, 9$이다.
$\therefore \ 2+3+4+\cdots+9 = 44$

| 117 | 정답 12

최고차항의 계수가 1인 이차식 $g(x)$에 대하여 조건 (가),
(나)에 의해 $f(x) = -(x+1)g(x)$라 하자. 모든 실수 x에
대하여 $xf(x) \leq 0$을 만족시키려면
$-1 \leq x \leq 0$에서 $x(x+1) \leq 0$이므로 $g(x) \leq 0$,
$x < -1, \ x > 0$에서 $x(x+1) > 0$이므로 $g(x) \geq 0$
이어야한다.
따라서 $g(x) = x(x+1)$
즉, $f(x) = -x(x+1)^2$
$\therefore \ f(-3) = -(-3) \times (-2)^2 = 12$

TIP

최고차항의 계수가 -1인 삼차함수 $f(x)$에 대하여
조건 (다)에서
$x > 0$일 때 $xf(x) \leq 0$이려면 $f(x) \leq 0$이고,
$x < 0$일 때 $xf(x) \leq 0$이려면 $f(x) \geq 0$이어야
한다. $\cdots\cdots\bigcirc$
삼차함수 $f(x)$는 실수 전체의 집합에서 연속이므로
$f(0) = 0$

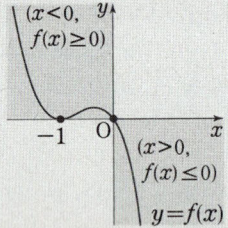

따라서 두 점 $(0, 0)$, $(-1, 0)$을 지나고, $\bigcirc$을
만족시키려면 방정식 $f(x) = 0$이 $x = -1$에서
중근을 가져야하므로 $f(x) = -x(x+1)^2$임을 쉽게
알 수 있다.

| 118 | 정답 ②

조건 (가)에 의하여 $f(1) = f'(1) = 0$이므로
함수 $f(x)$는 $(x-1)^2$을 인수로 가진다.
조건 (나)에 의하여 $x \geq 2$일 때 $f(x) \geq 0$이고,
$x < 2$일 때 $f(x) \leq 0$이므로 $f(2) = 0$
따라서 함수 $f(x)$는 $x - 2$ 또한 인수로 가지므로
$f(x) = (x-1)^2(x-2)$이다.
$\therefore \ f(3) = 4$

| 119 | 정답 ④

조건 (가)에서 $f(0) = f(2) = 0$이다.
(i) $f(1) = 0$일 때,
　$f(x) = ax(x-1)(x-2)$ (단, $a < 0$)에서
　$xf(x) = ax^2(x-1)(x-2)$이다.
　이때 $1 < x < 2$이면 $ax^2(x-1)(x-2) > 0$이므로
　조건 (나)를 만족시키지 못한다.
(ii) $f(1) \neq 0$일 때,
　$f(x) = bx^2(x-2)$ (단, $b < 0$) 또는
　$f(x) = cx(x-2)^2$ (단, $c < 0$)이다.
　$f(x) = bx^2(x-2)$이면 $xf(x) = bx^3(x-2)$에서
　$0 < x < 2$이면 $bx^3(x-2) > 0$이므로 조건 (나)를
　만족시키지 못한다.
　$f(x) = cx(x-2)^2$이면 $xf(x) = cx^2(x-2)^2$에서
　모든 실수 x에 대하여 $x^2(x-2)^2 \geq 0$이므로
　모든 실수 x에 대하여 $cx^2(x-2)^2 \leq 0$이 성립한다.
(i), (ii)에 의하여 $f(x) = cx(x-2)^2$이므로
$f'(x) = c(x-2)^2 + 2cx(x-2)$이다.
따라서 $\dfrac{f'(3)}{f(3)} = \dfrac{c+6c}{3c} = \dfrac{7}{3}$이다.

TIP

직선 $y = x$와 세 함수 $f(x) = ax(x-1)(x-2)$,
$f(x) = bx^2(x-2)$, $f(x) = cx(x-2)^2$의 그래프를
비교하면 $f(x) = cx(x-2)^2$이 됨을 쉽게 판단할 수
있다.

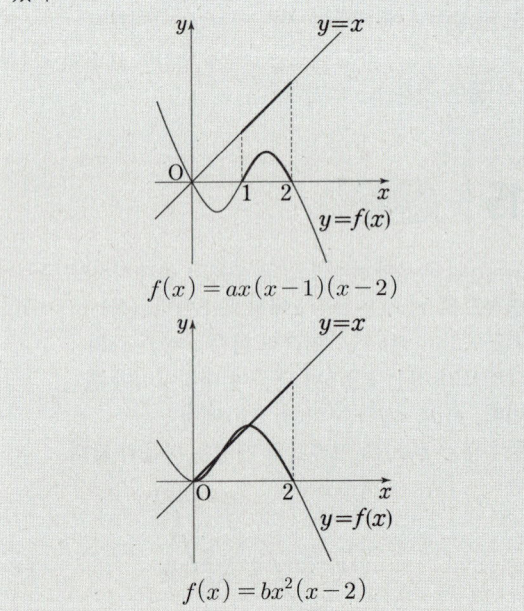

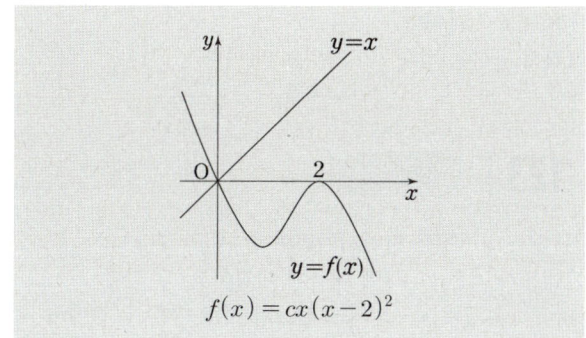

$f(x) = cx(x-2)^2$

120 정답 10

모든 실수 x에 대하여
$f(x)g(x) = (x-1)^2(x-2)^2(x-3)^2$을 만족시키므로
삼차항의 계수가 3인 삼차식 $g(x)$는
$(x-1)^2(x-2)^2(x-3)^2$의 인수이다.
따라서 함수 $y = g(x)$의 그래프의 개형으로 가능한 것은
다음 그림과 같다.
(단, [그림 2]에서 함수 $y = g(x)$의 그래프와 x축이
만나는 점의 x좌표는 1, 2, 3 중에서만 가능하다.) ……㉠

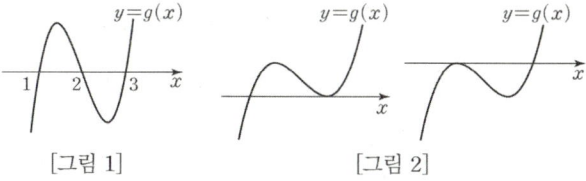

[그림 1]   [그림 2]

이때 함수 $g(x)$는 $x = 2$에서 극댓값을 가져야 한다.
…… ㉡

[그림 1]은 이를 만족시키지 않으므로 [그림 2]의 두 가지
경우에 대해 살펴보자.
(i) [그림 2]에서 $f(2) > 0$인 경우
     ㉠에 의하여 $g(x) = 3(x-1)(x-3)^2$이다.

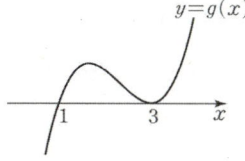

     $g'(x) = 3(x-3)(3x-5)$에서 $g'(2) \neq 0$이므로
     ㉡을 만족시키지 않는다.
(ii) [그림 2]에서 $f(2) = 0$인 경우
     ㉠에 의하여 $g(x) = 3(x-2)^2(x-3)$이고, 이때
     ㉡도 만족시킨다.

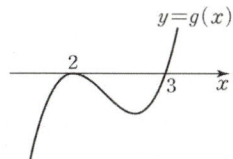

(i), (ii)에 의하여 $g(x) = 3(x-2)^2(x-3)$이므로
$f(x) = \dfrac{1}{3}(x-1)^2(x-3)$이다.

따라서 $f'(x) = \dfrac{1}{3}(x-1)(3x-7)$에서 $f'(0) = \dfrac{7}{3}$이다.

∴ $p+q = 3+7 = 10$

TIP

i)의 경우 $g(x) = 3(x-1)(x-3)^2$라 할 때
삼차함수의 그래프의 특징을 이용하여 $x = 2$에서
극댓값을 갖지 않음을 알 수도 있다.

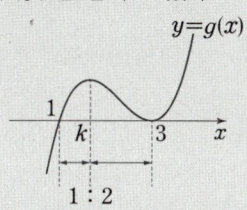

$x = k$에서 극댓값을 갖는다고 하면
$k-1 : 3-k = 1 : 2$이므로 $k \neq 2$이다.

121 정답 ④

방정식 $f(x)f'(x) = 0$이 5개의 서로 다른 실근을
가지도록 하는 사차함수 $y = f(x)$의 그래프의 개형은
다음과 같다.

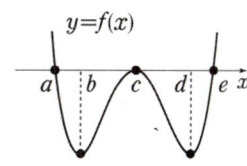
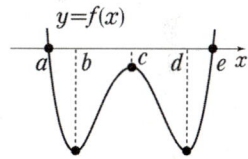

[그림 1]

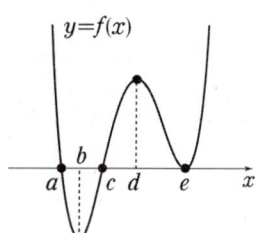
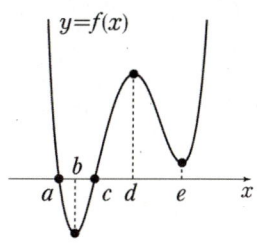

[그림 2]

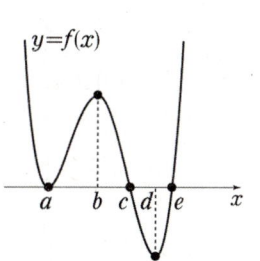
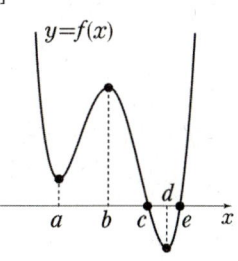

[그림 3]

이때 [그림 1], [그림 2]일 때 열린구간 (a, c)에서 함수
$f(x)$는 $x=b$에서 최솟값을 가진다.
따라서 가능한 개형은 [그림 3]이고
$f'(b)=0$, $f'(c)<0$, $f'(e)>0$이므로
옳은 것은 $f'(c)<f'(b)<f'(e)$이다.

>
> 사차함수 $f(x)$에 대하여 함수 $f'(x)$는
> 삼차함수이므로 방정식 $f'(x)=0$의 서로 다른
> 실근의 개수는 최대 3이다.
> (i) 방정식 $f'(x)=0$의 서로 다른 실근의 개수가
>   2인 경우
>   사차함수 $y=f(x)$의 그래프의 개형은 다음과
>   같으므로
>
>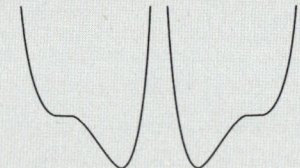
>
>   방정식 $f(x)=0$의 서로 다른 실근의 개수는
>   최대 2이다.
>   따라서 방정식 $f(x)f'(x)=0$의 서로 다른
>   실근의 개수가 5라는 것에 모순이다.
> (ii) 방정식 $f'(x)=0$의 서로 다른 실근의 개수가
>   1인 경우
>   방정식 $f(x)=0$의 서로 다른 실근의 개수는
>   최대 2이므로 마찬가지로
>   방정식 $f(x)f'(x)=0$의 서로 다른 실근의
>   개수가 5라는 것에 모순이다.

| 122 ├─ 정답 63

함수 $g(x)$는 $x\neq a$에서 연속이므로 실수 전체의 집합에서
연속이기 위해서는 $x=a$에서 연속이어야 한다.
함수 $g(x)$가 $x=a$에서 연속이면
$f(a)=t-f(a)$에서 $f(a)=\dfrac{t}{2}$이다.

이때, $h(t)=3$을 만족하기 위해서는 방정식 $f(a)=\dfrac{t}{2}$을

만족시키는 실수 a의 개수가 3이어야 한다.
$f(x)=x^3+3x^2-9x$에서
$f'(x)=3x^2+6x-9=0=3(x+3)(x-1)$이므로
함수 $f(x)$는 $x=-3$에서 극대, $x=1$에서 극소이다.

이때, 방정식 $f(a)=\dfrac{t}{2}$을 만족시키는 실수 a의 개수가

3이기 위해서는

$f(1)<\dfrac{t}{2}<f(-3)$ 즉, $-5<\dfrac{t}{2}<27$에서

$-10<t<54$이다.
따라서 구하는 정수 t의 개수는 63이다.

| 123 ├─ 정답 ③

$f(x)\geq|x-3|$을 만족시키려면 함수 $y=f(x)$의
그래프가 직선 $x=3$에 대하여 대칭이고, 두 함수
$y=f(x)$, $y=|x-3|$의 그래프가 서로 다른 두 점에서
만나거나 함수 $y=f(x)$의 그래프가 직선 $x=3$에 대하여
대칭이 아니고 두 함수 $y=f(x)$, $y=|x-3|$의 그래프가
만나지 않거나 한 점에서 접해야 한다.
이때 $f(0)\geq3$이므로 $f(0)$의 값이 최소일 때, 즉
$f(0)=3$일 때는
$x=0$에서 두 함수 $y=f(x)$, $y=|x-3|$의 그래프가
접할 때이다.

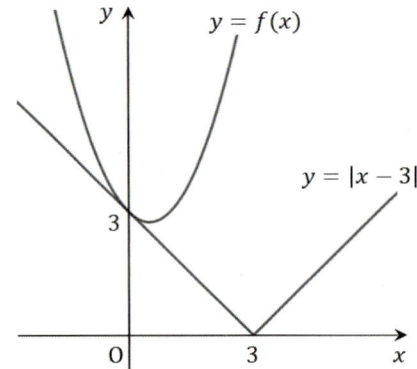

$f(x)=x^2+ax+b$(단, a, b는 상수)라 하면
$f(0)=b=3$이고
$f'(x)=2x+a$에서 $f'(0)=a=-1$
따라서 $f(x)=x^2-x+3$이므로
$f(2)=4-2+3=5$

| 124 ├─ 정답 ②

최고차항의 계수가 1인 사차함수 $f(x)$의 그래프가
조건 (가)에서 직선 $x=1$에 대하여 대칭이므로
함수 $f(x)$는 $x=1$에서 극대 또는 극소이다.

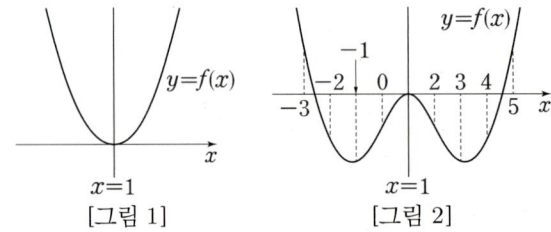

[그림 1]과 같이 함수 $f(x)$가 $x=1$에서 극소인 경우
함수 $f(x)$의 최솟값이 $f(1)=0$이므로
부등식 $f(x)\leq0$을 만족시키는 정수 x의 개수는 1이다.

따라서 조건 (다)를 만족시키지 못한다.

즉, [그림 2]와 같이 함수 $f(x)$가 $x=1$에서 극대이다.

따라서 $\alpha<1<\beta$인 두 상수 α, β에 대하여

$f(x)=(x-1)^2(x-\alpha)(x-\beta)$라 하면

조건 (가)에 의하여 $\dfrac{\alpha+\beta}{2}=1$에서

$\alpha+\beta=2$ ……㉠

조건 (다)에서 부등식 $f(x)\le 0$을 만족시키는

정수 x의 개수가 7이므로 $-3<\alpha\le -2$가 성립한다.

이때, ㉠에 의해

$\begin{aligned}
f(2)&=(2-\alpha)(2-\beta)\\
&=4-2(\alpha+\beta)+\alpha\beta\\
&=\alpha(2-\alpha)=-\alpha^2+2\alpha\\
&=-(\alpha-1)^2+1
\end{aligned}$

따라서 $f(2)$는 $\alpha=-2$일 때, 최댓값 -8을 갖는다.

| 125 | 정답 ②

함수 $y=|f(x)-f(-1)|$이 단 한 점에서만 미분가능하지 않으므로 함수 $y=f(x)$의 그래프와 직선 $y=f(-1)$이 만나는 점의 x좌표의 값이 -1, a라 하면, 가능한 개형은 다음과 같다.

(i)

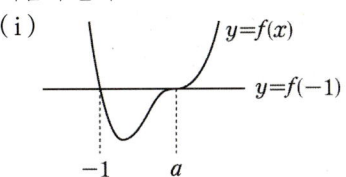

(ii)

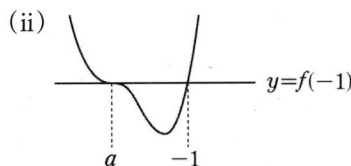

(i) $a>-1$인 경우

$\quad f(x)=(x+1)(x-a)^3+f(-1)$

$\quad f'(x)=(x-a)^2(4x-a+3)$이므로

$\quad$방정식 $f'(x)=0$의 근은 $x=a$ 또는 $x=\dfrac{a-3}{4}$

$\quad$두 실근의 곱이 1이므로 $a\times\dfrac{a-3}{4}=1$에서

$\quad a^2-3a-4=(a-4)(a+1)=0$

$\quad \therefore\ a=4\ (\because a>-1)$

$\quad a=4$인 경우 방정식 $f'(x)=0$의 실근은

$\quad x=4(\text{중근}),\ x=\dfrac{1}{4}$

(ii) $a<-1$인 경우

$\quad f(x)=(x-a)^3(x+1)+f(-1)$

$\quad f'(x)=(x-a)^2(4x-a+3)$이므로

방정식 $f'(x)=0$의 실근은 $x=a$ 또는 $x=\dfrac{a-3}{4}$

두 실근의 곱이 1이므로 $a=4$ 또는 $a=-1$

이는 가정과 모순이다.

(i), (ii)에 의하여 주어진 조건을 만족시키는 실수 a의 값은 4이므로

$f(x)=(x+1)(x-4)^3+f(-1)$

한편, $f(0)=0$이므로 $f(-1)=64$

따라서 $f(x)=(x+1)(x-4)^3+64$이고 $f(5)=70$

| 126 | 정답 ②

함수 $g(x)$는 실수 전체의 집합에서 미분가능하므로 $f(t)=mt$를 만족시키는 $x=t$에서도 미분가능하다.

$g(x)$가 $x=t$에서 연속이므로

$f(t)=mt$에서 $t^3-3t^2-9t-1=mt$ ……㉠

$g(x)$가 $x=t$에서 미분가능하므로

$f'(t)=m$에서 $3t^2-6t-9=m$ ……㉡

㉠, ㉡에서 $t^3-3t^2-9t-1=3t^3-6t^2-9t$이므로

이를 정리하면

$2t^3-3t^2+1=0$, 즉 $(2t+1)(t-1)^2=0$이므로

$t=-\dfrac{1}{2}$ 또는 $t=1$이다.

(i) $t=-\dfrac{1}{2}$일 때,

$\quad$㉡에 대입하면 $m=-\dfrac{21}{4}$이므로

$\quad$방정식 $f(x)=mx$,

$\quad$즉 방정식 $x^3-3x^2-9x-1=-\dfrac{21}{4}x$에서

$\quad 4x^3-12x^2-15x-4=0$

$\quad 4\left(x+\dfrac{1}{2}\right)^2(x-4)=0$

$\quad \therefore\ x=-\dfrac{1}{2}\,(\text{중근})$ 또는 $x=4$

따라서 곡선 $y=f(x)$와 직선 $y=mx$는

$x=-\dfrac{1}{2}$일 때 접하며 $x=4$일 때 한 점에서 만나므로 함수 $g(x)$의 그래프는 다음과 같다.

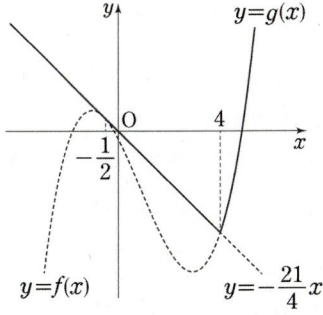

이때 함수 $g(x)$는 $x=4$에서 미분가능하지 않다.

(ii) $t=1$일 때,

ⓒ에 대입하면 $m=-12$이므로 방정식 $f(x)=mx$,

즉 방정식 $x^3-3x^2-9x-1=-12x$에서

$x^3-3x^2+3x-1=0$

$(x-1)^3=0$

$\therefore\ x=1$(삼중근)

따라서 곡선 $y=f(x)$와 직선 $y=mx$는

$x=1$일 때 접하므로

함수 $g(x)$의 그래프는 다음과 같다.

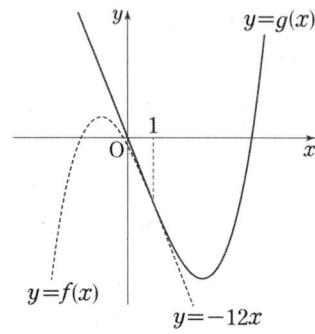

이때 함수 $g(x)$는 모든 실수 x에 대하여 미분가능하다.

따라서 조건을 만족시키는 m의 값은 -12이다.

127 ─ 정답 41

$f(x)=a(x+1)^2-a$라 하고

$g(x)=bx^3+cx^2+dx+e$라 하자.

(단, a, b, c, d, e는 상수이고 $a>0$, $b>0$이다.)

함수 $h(x)$가 실수 전체의 집합에서 미분가능하려면

$f(0)=g(0)$, 즉 $e=0$이어야 하고

$f'(0)=g'(0)$, 즉 $d=2a$이어야 하므로

$g(x)=bx^3+cx^2+2ax$이고

$g'(x)=3bx^2+2cx+2a$이다.

(i) $f(-1)>-2$인 경우

방정식 $h(x)=-2$의 실근은 2개 이하이므로 조건 (가)를 만족시키지 않는다.

(ii) $f(-1)=-2$인 경우

방정식 $h(x)=-2$의 서로 다른 실근의 개수가 3이려면

함수 $g(x)$의 극솟값이 -2보다 작아야 하는데 이 경우 조건 (나)를 만족시키는 음수 k가 존재할 수 없다.

(iii) $f(-1)<-2$인 경우

조건 (가)를 만족시키려면

함수 $g(x)$는 $x=2$에서 극솟값 -2를 가져야 한다.

즉, $g(2)=-2$이고 $g'(2)=0$이어야 하므로

$8b+4c+4a=-2$,

$12b+4c+2a=0$에 의하여

$a=2b-1$, $c=\dfrac{1}{2}-4b$이다.

따라서

$g(x)=bx^3+\left(\dfrac{1}{2}-4b\right)x^2+(4b-2)x$

$g'(x)=3bx^2+(1-8b)x+4b-2$

$\qquad=(x-2)(3bx-2b+1)$

이므로 함수 $g(x)$는 $x=\dfrac{2b-1}{3b}$일 때 극댓값을 갖는다.

이때 함수 $y=h(x)$의 그래프가 다음 그림과 같으므로

닫힌구간 $[-2, 2]$에서 함수 $h(x)$는

$x=-1$일 때 최소이고, $x=\dfrac{2b-1}{3b}$일 때 최대이다.

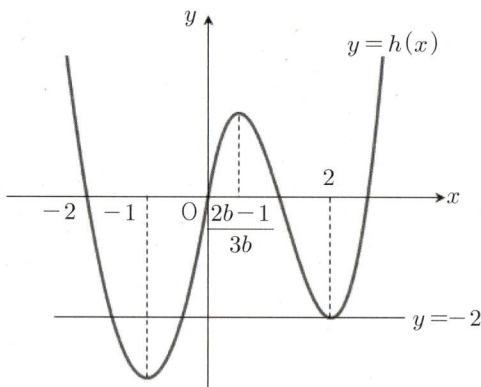

조건 (나)에 의하여 $k=-1$이므로

$\dfrac{1}{2}=\dfrac{2b-1}{3b}$에 의하여 $b=2$이다.

또한 $a=3$, $c=-\dfrac{15}{2}$이다.

i)~iii)에 의하여

$f(x)=3(x+1)^2-3$, $g(x)=2x^3-\dfrac{15}{2}x^2+6x$이다.

$\therefore\ f(-3)+g(4)=9+32=41$

128 ─ 정답 19

$\dfrac{ax-9}{x-1}=a+\dfrac{a-9}{x-1}$이므로 a의 값의 범위에 따라

$x<1$에서 가능한 함수 $y=g(x)$의 그래프는 다음과 같다.

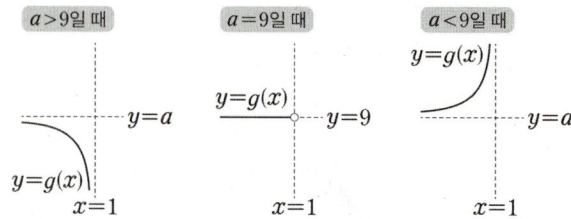

$x\geq1$에서 함수 $y=g(x)$의 그래프는

$x\to\infty$일 때 $f(x)\to\infty$인 삼차함수 $y=f(x)$의 그래프의 일부이다.

$a \geq 9$인 경우

함수 $y=g(x)$의 그래프와 직선 $y=t$가 한 점에서만 만나도록 하는 실수 t가 $t \geq 3$에서 반드시 존재하므로 조건을 만족시키지 않는다.

따라서 $a < 9$이어야 한다.

$t=-1$ 또는 $t \geq 3$인 모든 실수 t에 대하여 함수 $y=g(x)$의 그래프와 직선 $y=t$가 서로 다른 두 점에서 만나려면

다음 그림과 같이 $a=3$이고 함수 $y=f(x)$의 그래프가 두 직선 $y=-1$, $y=3$에 접하며 $f(1) \leq -1$이어야 한다.

$\cdots\cdots$ ㉠

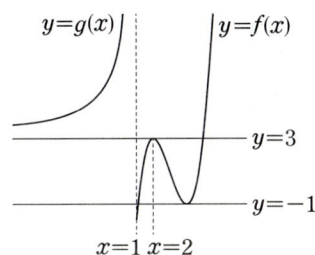

주어진 조건에서 $f(2)=3$이고, $f'(2)=0$이므로 ($\because$ ㉠)

$f(x)-3=(x-2)^2(x-k)$라 하면 (단, $k>2$) $\cdots\cdots$ ㉡

$f'(x)=(x-2)(x-k)+(x-2)(x-k)+(x-2)^2$
$\qquad =2(x-2)(x-k)+(x-2)^2$
$\qquad =(x-2)(3x-2k-2)$

이때 $x=\dfrac{2k+2}{3}$의 좌우에서 $f'(x)$의 부호가 음에서

양으로 바뀌므로 함수 $f(x)$는 $x=\dfrac{2k+2}{3}$에서 극솟값을

갖는다.

함수 $f(x)$의 극솟값이 -1이어야 하므로

$f\left(\dfrac{2k+2}{3}\right)=-1$이고

이를 ㉡에 대입하면

$-1-3=\left(\dfrac{2k+2}{3}-2\right)^2\left(\dfrac{2k+2}{3}-k\right)$,

$-108=4(2-k)^3$

$\therefore k=5$

따라서 $f(x)=(x-2)^2(x-5)+3$이고

$f(1)=-1$이므로 ㉠을 만족시킨다.

$g(x)=\begin{cases} \dfrac{3x-9}{x-1} & (x<1) \\ (x-2)^2(x-5)+3 & (x \geq 1) \end{cases}$

$\therefore (g \circ g)(-1)=g(6)=19$

방정식 $(f \circ f)(x)=x$의 모든 실근의 집합을

$X=\{0, 1, a, 2, b\}$라 하자. (단, $1<a<2<b$) $\cdots\cdots$ ㉠

$p \in X$인 실수 p에 대하여 $f(f(p))=p$가 성립하므로

$f(p)=q$라 하면 $f(f(p))=f(q)=p$에서

$f(f(q))=f(p)=q$도 성립하므로 $q \in X$이다.

$p=q$이면 점 (p, q)는 직선 $y=x$ 위의 점이고

$p \neq q$이면 두 점 (p, q), (q, p)는

직선 $y=x$에 대하여 대칭이므로

삼차함수 $y=f(x)$의 그래프 위의 5개의 점

$(0, f(0))$, $(1, f(1))$, $(a, f(a))$, $(2, f(2))$, $(b, f(b))$는

다음 두 가지 중 한 경우를 만족시킨다. ($\because$ ㉠)

(i) 직선 $y=x$ 위에 있는 점은 1개이고
　　직선 $y=x$ 위에 있지 않은 4개의 점은 2개씩 짝을
　　이루어 직선 $y=x$에 대하여 대칭이다.

(ii) 직선 $y=x$ 위에 있는 점은 3개이고
　　직선 $y=x$ 위에 있지 않은 2개의 점은 직선 $y=x$에
　　대하여 대칭이다.

(i), (ii)의 경우 모두 직선 $y=x$에 대하여 대칭인 점이

적어도 2개가 존재하므로

이 두 점의 좌표를 (α, β), (β, α)라 하자. (단, $\alpha < \beta$)

함수 $f(x)$가 최고차항의 계수가 양수인 삼차함수이므로

$\displaystyle \lim_{x \to -\infty} \{f(x)-x\}=-\infty < 0$,

$f(\alpha)-\alpha=\beta-\alpha>0$,

$f(\beta)-\beta=\alpha-\beta<0$,

$\displaystyle \lim_{x \to \infty} \{f(x)-x\}=\infty > 0$을 만족시킨다.

따라서 사잇값의 정리에 의하여 방정식 $f(x)-x=0$,

즉 $f(x)=x$는 세 구간 $(-\infty, \alpha)$, (α, β), (β, ∞)에서

각각 적어도 1개의 실근을 갖는다.

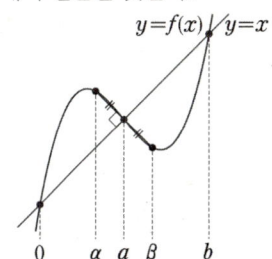

따라서 위의 그림과 같이 ii)의 경우만 가능하다.

㉠에 의하여 함수 $y=f(x)$의 그래프는

직선 $y=x$와 만나는 세 점의 x좌표가 작은 것부터

순서대로 0, a, b이므로

세 점 $(0, 0)$, (a, a), (b, b)를 지나고

곡선 $y=f(x)$ 위의 점 중 직선 $y=x$에 대하여 대칭인

두 점의 x좌표가 $\alpha=1$, $\beta=2$이므로

두 점 $(1, 2)$, $(2, 1)$을 지난다. $\cdots\cdots$ ㉡

이때 두 점 $(1, 2)$, $(2, 1)$은 직선 $y=-x+3$ 위에

있으므로

$f(x)-(-x+3)=(x-1)(x-2)(cx-d)$

(단, c, d는 상수)

라 하면

$f'(x)=(x-2)(cx-d)+(x-1)(cx-d)$
$\qquad\qquad +c(x-1)(x-2)-1$

이다.

$f(0)=0$이므로 $-2d+3=0$에서 $d=\dfrac{3}{2}$이고

주어진 조건에 의하여 $f'(0)-f'(1)=6$이므로

$\left(\dfrac{7}{2}+2c\right)-\left(\dfrac{1}{2}-c\right)=6$에서 $c=1$이다.

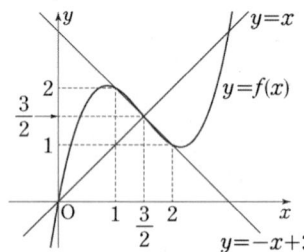

따라서 $f(x)=(x-1)(x-2)\left(x-\dfrac{3}{2}\right)-x+3$이다.

$\therefore\ f(5)=40$

다른 풀이

최고차항의 계수가 양수인 삼차함수 $f(x)$에 대하여
조건 $f'(1)<0,\ f'(2)<0$에서
이차함수인 $f'(x)$가 음수인 구간이 있으므로
방정식 $f'(x)=0$의 서로 다른 실근은 2개이다.
따라서 함수 $f(x)$는 극대와 극소를 갖는다.
$x=t_1$에서 극대, $x=t_2$에서 극소라 하고
$g(x)=f(x)\ (x\le t_1)$,
$h(x)=f(x)\ (t_1<x<t_2)$,
$i(x)=f(x)\ (x\ge t_2)$라 하면
각 구간에서 두 함수 $g(x),\ i(x)$는 증가하고
함수 $h(x)$는 감소하므로 모두 역함수가 존재한다.

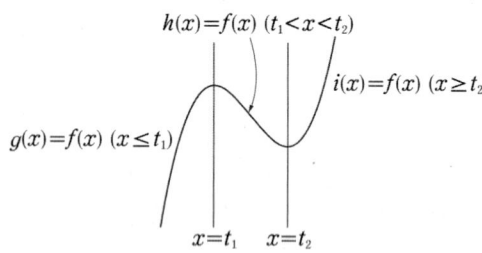

증가하는 함수 $g(x),\ g^{-1}(x)$와 $i(x),\ i^{-1}(x)$에 대하여
방정식 $g(x)=g^{-1}(x)$과 $i(x)=i^{-1}(x)$의 실근은
각각 방정식 $g(x)=x,\ i(x)=x$의 실근과 같다.
또한 감소하는 함수 $h(x),\ h^{-1}(x)$에 대하여
방정식 $h(x)=h^{-1}(x)$의 실근의 개수가
홀수이면 그 중 한 개의 교점은 직선 $y=x$ 위에 있고
나머지 교점은 2개씩 쌍을 이루어 직선 $y=x$에 대하여
대칭이며
짝수이면 모든 교점이 2개씩 쌍을 이루어 직선 $y=x$에
대하여 대칭이다.
이때 방정식 $(f\circ f)(x)=x$의 모든 실근이
$0,\ 1,\ a,\ 2,\ b$이므로
세 방정식 $g(x)=x,\ h(x)=h^{-1}(x),\ i(x)=x$의
모든 실근의 집합을 각각 $A,\ B,\ C$라 하면

$A\cup B\cup C=\{0,\ 1,\ a,\ 2,\ b\}$이 되어야 한다.

(단, $1<a<2<b$)

한편, $f'(1)<0,\ f'(2)<0$이므로 $\{1,\ a,\ 2\}\subset B$가 되어
곡선 $y=f(x)$ 위의 점 중 직선 $y=x$에 대하여 대칭인 두
점이 적어도 한 쌍은 존재하므로
그 한 쌍의 점을 $(\alpha,\ \beta),\ (\beta,\ \alpha)$라 하자. (단, $\alpha<\beta$)

$\displaystyle\lim_{x\to-\infty}\{f(x)-x\}=-\infty$,

$f(\alpha)-\alpha=\beta-\alpha>0$,

$f(\beta)-\beta=\alpha-\beta<0$,

$\displaystyle\lim_{x\to\infty}\{f(x)-x\}=\infty$이므로

사잇값의 정리에 의하여 방정식 $f(x)-x=0$,
즉 $f(x)=x$는 세 구간 $(-\infty,\ \alpha),\ (\alpha,\ \beta),\ (\beta,\ \infty)$에서
각각 적어도 1개의 실근을 갖는다.

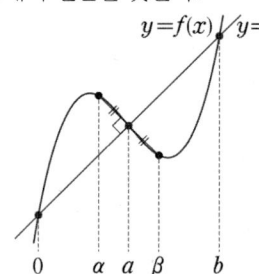

따라서 $A=\{0\},\ B=\{1,\ a,\ 2\},\ C=\{b\}$이므로
$f(0)=0,\ f(a)=a,\ f(b)=b$이고
곡선 $y=f(x)$ 위의 점 중 직선 $y=x$에 대하여 대칭인
두 점 $(\alpha,\ \beta),\ (\beta,\ \alpha)$가
$f(1)=2,\ f(2)=1$이므로 $(1,\ 2),\ (2,\ 1)$이다.
이때 두 점 $(1,\ 2),\ (2,\ 1)$은 직선 $y=-x+3$ 위에
있으므로
$f(x)-(-x+3)=(x-1)(x-2)(cx-d)$

(단, $c,\ d$는 상수)

라 하면
$f'(x)=(x-2)(cx-d)+(x-1)(cx-d)$
$\qquad\qquad +c(x-1)(x-2)-1$

이다.

$f(0)=0$이므로 $-2d+3=0$에서 $d=\dfrac{3}{2}$이고

주어진 조건에 의하여 $f'(0)-f'(1)=6$이므로

$\left(\dfrac{7}{2}+2c\right)-\left(\dfrac{1}{2}-c\right)=6$에서 $c=1$이다.

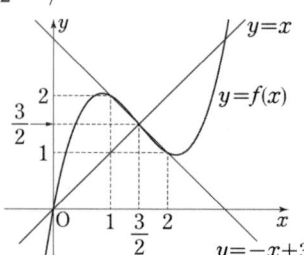

따라서 $f(x)=(x-1)(x-2)\left(x-\dfrac{3}{2}\right)-x+3$이다.

$\therefore\ f(5)=40$

참고

'방정식 $f(f(x)) = x$의 모든 실근이 0, 1, a, 2, b'
라는 조건만으로 ...... ㉠
삼차함수 $y = f(x)$의 그래프가 점 (a, a)에 대하여
대칭이라고 추측하여 $a = \dfrac{1+2}{2} = \dfrac{0+b}{2}$ 라고 구하는
풀이는 잘못된 풀이입니다.
이 문제에선 우연히 그렇게 가정하여 풀어도 같게
나오지만 그렇게 풀었을 때 틀리는 경우도 있습니다.
예를 들어 $g(x) = \dfrac{3}{2}x^3 - 6x^2 + \dfrac{13}{2}x$라 하면
방정식 $g(g(x)) = x$의 모든 실근은
0, 1, $\dfrac{6-\sqrt{3}}{3}$, 2, $\dfrac{6+\sqrt{3}}{3}$ 으로 ㉠과 같은
형태입니다.
이때 잘못된 추측에 의하면 함수 $y = g(x)$의 그래프가
점 $\left(\dfrac{6-\sqrt{3}}{3}, \dfrac{6-\sqrt{3}}{3}\right)$에 대하여 대칭이어야 하지만
실제로는 다음 그림에서 별 표시된 점 $\left(\dfrac{4}{3}, \dfrac{14}{9}\right)$에
대하여 대칭입니다.

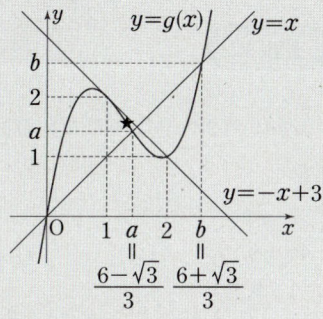

따라서 추가로 주어진 조건
$f'(1) < 0$, $f'(2) < 0$, $f'(0) - f'(1) = 6$
등을 활용하여 $f(x)$를 구해야 합니다.

| 130 | 정답 6

점 P의 시각 t에서의 속도를 $v(t)$라 하면
$v(t) = t^3 - 3t^2 + a$이다.
삼차함수 $v(t)$에 대하여
$v'(t) = 3t^2 - 6t = 3t(t-2)$이다.
따라서 함수 $v(t)$의 증감표를 나타내면 다음과 같다.

t	0	$\cdots$	2	$\cdots$
$v'(t)$	0	$-$	0	$+$
$v(t)$	a	$\searrow$	$a-4$	$\nearrow$

점 P가 출발 후에 운동
방향을 총 2번 바꾸므로
삼차방정식 $v(t) = 0$이 서로
다른 2개의 양의 실근을
가져야 한다.
따라서 $v(0) = a > 0$이고
$v(2) = a - 4 < 0$이어야
한다.

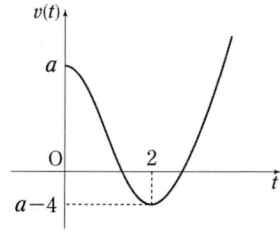

즉, $0 < a < 4$를 만족시키는 모든 정수 a의 값의 합은
$1 + 2 + 3 = 6$이다.

| 131 | 정답 ②

두 점 P, Q의 시각 t에서의 속도를 각각 $v_P(t)$, $v_Q(t)$라
하면 $v_P(t) = -3t^2 + 4t$, $v_Q(t) = 2t - 1$
$v_P = v_Q$에서 $-3t^2 + 4t = 2t - 1$, $3t^2 - 2t - 1 = 0$
$(3t+1)(t-1) = 0$에서 $t = 1$ ($\because t \geq 0$)
즉, 속도가 같아지는 시각은 $t = 1$이고,
$t = 1$일 때의 두 점 P, Q의 위치는 각각
$-1 + 2 = 1$, $1 - 1 + k = k$이므로
두 점 P, Q 사이의 거리는 $|k-1| = 3$에서
$k = 4$ 또는 $k = -2$이다.
따라서 모든 상수 k의 값의 합은 2이다.

| 132 | 정답 ①

시각 t에서의 점 P의 속도 $v(t)$는 $v(t) = x'(t)$이다.
따라서 함수 $x(t)$의 증감표를 나타내면 다음과 같다.

t	0	$\cdots$	5	$\cdots$	10
$v(t)$		$+$	0	$-$	
$x(t)$	0	$\nearrow$	$x(5)$	$\searrow$	0

ㄱ. $t = 5$일 때, $v(5) = 0$ (참)
ㄴ. $t = 5$일 때, $v(5) = 0$이고 이 점의 좌우로
 속도 $v(t)$의 부호가 변하므로 점 P는 출발 후 방향을
 한 번 바꾼다. (거짓)
ㄷ. $5 < t < 10$일 때, $v(t) < 0$ (거짓)
따라서 옳은 것은 ㄱ이다.

TIP

함수 $v(t)$의 그래프는 함수 $x(t)$의 도함수의
그래프이다.
따라서 함수 $x(t)$의 그래프에서 $t = a$에서의 접선의
기울기가 $v(a)$이다.
또한, 함수 $x(t)$의 그래프에서 극값(극대 또는 극소)은
점 P의 운동 방향(바뀜)에 대한 정보를 알려준다.

Ⅲ

적분

| SPEED CHECK |

133 ⑤	**134** 12	**135** ②	**136** 12
137 ①	**138** ④	**139** 35	**140** ④
141 34	**142** ⑤	**143** ①	**144** ①
145 ①	**146** ④	**147** 4	**148** 24
149 5	**150** ②	**151** ⑤	**152** 27
153 45	**154** ③		

| 133 | 정답 ⑤

$\int xf(x)dx = x^4 + 2x^2 + C$ (단, C는 적분상수)의
양변을 x에 대하여 미분하면
$xf(x) = 4x^3 + 4x$
$\Rightarrow f(x) = 4x^2 + 4$
$\therefore f(2) = 16 + 4 = 20$

| 134 | 정답 12

$f(x) = \int f'(x)dx = 2x^3 + 4x + C$ (단, C는 적분상수)
$f(0) = 6$이므로
$C = 6$
$f(x) = 2x^3 + 4x + 6$
$\therefore f(1) = 2 + 4 + 6 = 12$

| 135 | 정답 ②

함수 $f(x) = \int (x^2 + 2x)dx$의 도함수는
$f'(x) = x^2 + 2x$
$\therefore \lim_{h \to 0} \dfrac{f(2+h) - f(2-h)}{h}$
$= \lim_{h \to 0} \dfrac{f(2+h) - f(2)}{h} + \lim_{h \to 0} \dfrac{f(2-h) - f(2)}{-h}$
$= f'(2) + f'(2)$
$= 2f'(2) = 2 \times 8 = 16$

| 136 | 정답 12

$\dfrac{d}{dx}(x^2 - 6x) = 2x - 6$이므로

$$f(x) = \int (2x-6)\,dx$$
$$= x^2 - 6x + C$$
$$= (x-3)^2 + C - 9 \ (\text{단, } C\text{는 적분상수})$$

따라서 함수 $f(x)$는 $x=3$에서 극솟값 $C-9$를 가지므로
$$C - 9 = 8, \ C = 17$$
따라서 $f(x) = x^2 - 6x + 17$이므로 $f(1) = 12$

TIP

다항함수 $g_1(x)$에 대하여
$$f_1(x) = \int \left\{ \frac{d}{dx} g_1(x) \right\} dx$$
즉, 함수 $g_1(x)$를 x에 대하여 '미분'하고 다시 '적분'한 함수를 $f_1(x)$라 하면
$$f_1(x) = g_1(x) + C \,(\text{단, } C\text{는 적분상수})\text{이다.}$$
다항함수 $g_2(x)$에 대하여
$$f_2(x) = \frac{d}{dx} \left\{ \int g_2(x)\,dx \right\},\ \text{즉 함수 } g_2(x)\text{를 } x\text{에}$$
대하여 '적분'하고 다시 '미분'한 함수를 $f_2(x)$라 하면 $f_2(x) = g_2(x)$이다.
(미분)→(적분)의 순서일 때 적분상수 C를 붙이고, (적분)→(미분)의 순서일 때 그렇지 않다는 결론을 기억해두면 보다 빠르게 문제를 해결할 수 있다.
'유형 05 적분과 미분의 관계'와 함께 학습하도록 하자.

---

137 정답 ①

$\dfrac{d}{dx} \displaystyle\int f(x)dx = f(x)$이므로

$\displaystyle\int f(x)dx = xf(x) + 2x^3 + 3x^2 + C$의 양변을 x에 대하여 미분하면
$$f(x) = f(x) + xf'(x) + 6x^2 + 6x$$
따라서 $xf'(x) = -6x^2 - 6x$ ……(*)
$$f'(x) = -6x - 6$$
$$f(x) = \int f'(x)dx = \int (-6x-6)dx$$
$$= -3x^2 - 6x + C_1 \ (\text{단, } C_1\text{은 적분상수})$$
이때, $f(-1) = -3 + 6 + C_1 = 6$이므로 $C_1 = 3$
따라서 $f(x) = -3x^2 - 6x + 3$이므로 $f(1) = -6$

TIP

(*)에서 양변을 x로 나누어 줄 수 있는 이유
$f(x)$는 다항함수이므로 실수 전체의 집합에서

미분가능하며 도함수 $f'(x)$는 실수 전체의 집합에서 연속이다.
따라서 $x=0$에서 함수 $f'(x)$는 연속이므로
$$\lim_{x\to 0} f'(x) = f'(0)$$
이때, $\displaystyle\lim_{x\to 0} f'(x)$는 $x \neq 0$인 x에 대하여 $x \to 0$일 때, $f'(x)$의 극한을 의미하므로
$xf'(x) = -6x^2 - 6x$에서 양변을 x로 나누어
$f'(x) = -6x - 6(x \neq 0)$을 구할 수 있고,
$f'(0) = \displaystyle\lim_{x\to 0}(-6x-6) = -6$이 되어 $x=0$일 때에도
$f'(x) = -6x - 6$이 성립한다. 따라서
$xf'(x) = -6x^2 - 6x$에서 양변을 x로 나누어 바로
$f'(x) = -6x - 6$을 구해줄 수 있다.

---

138 정답 ④

$x \neq 0$일 때,
$$\lim_{t\to x} \frac{f(t)-f(x)}{t^2-x^2} = \lim_{t\to x}\left\{ \frac{f(t)-f(x)}{t-x} \times \frac{1}{t+x} \right\}$$
$$= f'(x) \times \frac{1}{2x} = 2x^2 + 1$$
즉, $f'(x) = 4x^3 + 2x$ (단, $x \neq 0$)
함수 $f(x)$가 다항함수이므로
도함수 $f'(x)$는 $x=0$에서 연속이다.
따라서 모든 실수 x에 대하여
$f'(x) = 4x^3 + 2x$이다.
$$f(x) = \int (4x^3 + 2x)dx$$
$$= x^4 + x^2 + C \ (\text{단, } C\text{는 적분상수})$$
이때, $f(0) = 2$이므로 $C = 2$
따라서 $f(x) = x^4 + x^2 + 2$이므로 $f(1) = 4$이다.

TIP

$$\lim_{t\to x}\left\{ \frac{f(t)-f(x)}{t-x} \times \frac{1}{t+x} \right\} = 2x^2 + 1\text{에서}$$
$x \neq 0$일 때 $\displaystyle\lim_{t\to x} \frac{1}{t+x}$은 극한값이 $\dfrac{1}{2x}$로 존재하고, $f(x)$가 다항함수이므로
$$\lim_{t\to x} \frac{f(t)-f(x)}{t-x} = f'(x)\text{라 표현할 수 있다.}$$

---

139 정답 35

주어진 조건에서 $f'(x) = 3x^2 - 12$이므로
$$f(x) = x^3 - 12x + C \ (\text{단, } C\text{는 적분상수})$$

$f'(x) = 3x^2 - 12 = 3(x^2 - 4) = 3(x+2)(x-2)$이므로
$x = -2$ 또는 $x = 2$일 때 $f'(x) = 0$이다.
이때 함수 $f(x)$의 증가와 감소를 나타내면 다음과 같다.

x	$\cdots$	-2	$\cdots$	2	$\cdots$
$f'(x)$		$+$	0	$-$	0	$+$
$f(x)$	$\nearrow$	$16+C$	$\searrow$	$-16+C$	$\nearrow$

함수 $f(x)$의 극솟값이 3이므로 $-16 + C = 3$
$\therefore C = 19$
따라서 함수 $f(x) = x^3 - 12x + 19$의 극댓값은
$f(-2) = 35$

> **TIP**
>
> $f'(x) = 3x^2 - 12$에서 $f'(x)$가 이차함수이므로
> $f(x) = ax^3 + bx^2 + cx + d$로 놓고 주어진 조건을
> 이용하여 a, b, c, d의 값을 찾아서 함수 $f(x)$를
> 구할 수도 있다. 하지만 계산이 다소 복잡하므로
> 본풀이와 같이 부정적분을 활용하여 푸는 것이 더
> 간편하다.

140 정답 ④

$f'(x) = \begin{cases} 1 & (x < 1) \\ 2-x & (x \geq 1) \end{cases}$에서

$f(x) = \begin{cases} x + C_1 & (x < 1) \\ 2x - \dfrac{1}{2}x^2 + C_2 & (x \geq 1) \end{cases}$ (단, C_1, C_2는 적분상수)

이다.
이때, $f(0) = 1$이므로 $C_1 = 1$ $\qquad\qquad \cdots\cdots$ ㉠
또한 함수 $f(x)$는 $x = 1$에서 미분가능하므로
$x = 1$에서 연속이다.
즉, $1 + C_1 = 2 - \dfrac{1}{2} + C_2$ $\qquad\qquad \cdots\cdots$ ㉡

㉠, ㉡에서 $C_1 = 1$, $C_2 = \dfrac{1}{2}$이다.

$\Rightarrow f(x) = \begin{cases} x + 1 & (x < 1) \\ 2x - \dfrac{1}{2}x^2 + \dfrac{1}{2} & (x \geq 1) \end{cases}$

$\therefore (f \circ f)(4) = f(f(4)) = f\left(\dfrac{1}{2}\right) = \dfrac{3}{2}$

> **참고**
>
> $g(x) = 1$, $h(x) = 2 - x$라 하면 함수 $f(x)$의
> 도함수 $f'(x)$는 $f'(x) = \begin{cases} g(x) & (x < 1) \\ h(x) & (x \geq 1) \end{cases}$이다.

따라서 함수 $f'(x)$의 부정적분, 즉 $f(x)$를 구하면
다음과 같다.
함수 $g(x)$의 부정적분 중 하나를 $G(x)$,
함수 $h(x)$의 부정적분 중 하나를 $H(x)$라 하면
$\displaystyle\int g(x)dx = G(x) + C_1$ (단, C_1은 적분상수),
$\displaystyle\int h(x)dx = H(x) + C_2$ (단, C_2는 적분상수)이므로
함수 $f(x)$는 $f(x) = \begin{cases} G(x) + C_1 & (x < 1) \\ H(x) + C_2 & (x \geq 1) \end{cases}$이다.
이때 함수 $f(x)$의 도함수 $f'(x)$는
두 함수 $g(x)$, $h(x)$에 의하여 정의되는 함수이므로
도함수 $f'(x)$를 적분하여 $f(x)$를 만들었을 때
$f(x) = \begin{cases} G(x) + C_1 & (x < 1) \\ H(x) + C_2 & (x \geq 1) \end{cases}$와 같이 각각의
적분상수는 다른 값을 가질 수 있음에 주의해야 한다.
실제로 위의 문제풀이의 과정에서 알 수 있듯이
각각의 적분상수 C_1, C_2는 $C_1 = 1$, $C_2 = \dfrac{1}{2}$로
다른 값이 된다는 것을 알 수 있다.

141 정답 34

다항함수 $f(x)$에 대하여 함수 $|f(x)|$가
$x = a$에서 극솟값을 가지려면 $f(a) = 0$이거나
함수 $f(x)$가 $x = a$에서 음인인 극댓값을 갖거나 양수인
극솟값을 가져야 한다.
$f(x)$는 최고차항의 계수가 1인 삼차함수이므로
조건 (가)를 만족시키는 경우를 다음과 같이 나누어
생각할 수 있다.
(ⅰ) $f(-3) = 0$, $f'(-3) > 0$인 경우
조건 (가)를 만족시키려면 함수 $f(x)$는 $x = 1$에서
음이 아닌 극솟값을 가져야 하는데
이 경우 $f(0) > 0$이 되므로 조건 (나)에 모순이다.
(ⅱ) $f(-3) = 0$, $f'(-3) = 0$인 경우
조건 (가)를 만족시키려면 $f(1) = 0$,
즉 $f(x) = (x+3)^2(x-1)$이어야 한다.
이 경우 $f(0) = -9 \neq -16$이므로 조건 (나)에
모순이다.
(ⅲ) $f(-3) < 0$, $f'(-3) = 0$인 경우
함수 $f(x)$가 $x = -3$에서 극대, $x = m$에서 극소라
하면
$f'(x) = 3(x+3)(x-m)$이므로
$f(x) = x^3 + \dfrac{9-3m}{2}x^2 - 9mx + C$

(단, C는 적분상수)

조건 (가)를 만족시키려면 $f(1)=0$이어야 하므로

$-\dfrac{21}{2}m+\dfrac{11}{2}+C=0$ ······ ㉠

조건 (나)에 의해 $C=-16$

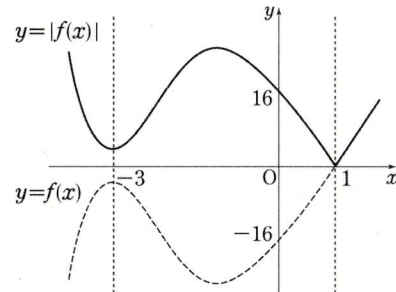

따라서 ㉠에서 $m=-1$이므로

$f(x)=x^3+6x^2+9x-16$이다.

$\therefore \ f(2)=34$

142 — 정답 ⑤

주어진 그래프에 의하여 삼차방정식 $f(x)=0$은
$x=\alpha$(중근) 또는 $x=0$을 실근으로 가지므로

$f(x)=x(x-\alpha)^2$

이때 조건 (가)에 의하여

$\displaystyle\int g'(x)dx=\int \{f(x)+xf'(x)\}dx$가 성립하고

함수 $g(x)$의 도함수가 $g'(x)$,

함수 $xf(x)$의 도함수가 $f(x)+xf'(x)$이므로

$g(x)=xf(x)+C=x^2(x-\alpha)^2+C$ (단, C는 적분상수)

따라서

$g'(x)=2x(x-\alpha)^2+2x^2(x-\alpha)$
$\qquad =2x(x-\alpha)(2x-\alpha)$

이고 $x=0$ 또는 $x=\dfrac{\alpha}{2}$ 또는 $x=\alpha$일 때 $g'(x)=0$이다.

이때 함수 $g(x)$의 증가와 감소를 표로 나타내면 다음과
같다.

x	$\cdots$	0	$\cdots$	$\dfrac{\alpha}{2}$	$\cdots$	α	$\cdots$
$g'(x)$	$-$	0	$+$	0	$-$	0	$+$
$g(x)$	$\searrow$	C	$\nearrow$	$\dfrac{\alpha^4}{16}+C$	$\searrow$	C	$\nearrow$

따라서 함수 $g(x)$는 극솟값을 C, 극댓값을 $\dfrac{\alpha^4}{16}+C$로

갖는다.

조건 (나)에서 극솟값이 0이고 극댓값이 81이므로

$C=0$이고 $\dfrac{\alpha^4}{16}=81$에서 $\alpha=6$이다. $(\because \ \alpha>0)$

따라서 $g(x)=x^2(x-6)^2$이므로

$g\!\left(\dfrac{\alpha}{3}\right)=g(2)=64$

143 — 정답 ①

사차함수 $f(x)$의 도함수 $f'(x)$는 삼차함수이고
주어진 그래프에서

$x=-\sqrt{2}$ 또는 $x=0$ 또는 $x=\sqrt{2}$ 일 때
$f'(x)=0$이다.

이때 함수 $f(x)$의 증가와 감소를 표로 나타내면 다음과
같다.

x	$\cdots$	$-\sqrt{2}$	$\cdots$	0	$\cdots$	$\sqrt{2}$	$\cdots$
$f'(x)$	$-$	0	$+$	0	$-$	0	$+$
$f(x)$	$\searrow$	$f(-\sqrt{2})$	$\nearrow$	$f(0)$	$\searrow$	$f(\sqrt{2})$	$\nearrow$

한편

$f'(x)=kx(x-\sqrt{2})(x+\sqrt{2})=k(x^3-2x) \ (k>0)$라
하면

$f(x)=k\!\left(\dfrac{1}{4}x^4-x^2\right)+C$ (단, C는 적분상수)이고

$f(0)=1$, $f(\sqrt{2})=-3$이므로

$C=1$, $k=4$

$\therefore \ f(x)=x^4-4x^2+1$

모든 실수 x에 대하여 $f(x)=f(-x)$가 성립하므로
함수 $y=f(x)$의 그래프는 y축에 대하여 대칭이며

$f(0)=1>0$이고

$f(-1)=f(1)=-2<0$,

$f(-2)=f(2)=1>0$이므로

$m \geq 3$일 때에도 $f(m)=f(-m)>0$이다.

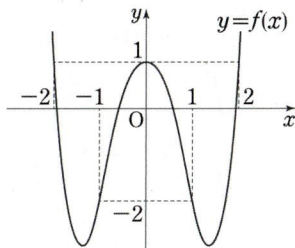

따라서 정수 m에 대하여 $f(m)f(m+1)$의 부호를
따져보면

$\cdots, \ f(-3)f(-2)>0,$

$f(-2)f(-1)<0, \ f(-1)f(0)<0,$

$f(0)f(1)<0, \ f(1)f(2)<0,$

$f(2)f(3)>0, \ \cdots$

즉, $-2, \ -1, \ 0, \ 1$이 아닌 모든 정수 m에 대하여
$f(m)f(m+1)>0$이므로

구하는 모든 정수 m의 값의 합은

$(-2)+(-1)+0+1=-2$

| **144** | 정답 ① |

$$\int_1^5 (|x-2|+|x-3|)dx$$

$$= \int_1^2 (-2x+5)dx + \int_2^3 1dx + \int_3^5 (2x-5)dx$$

$$= \left[-x^2+5x\right]_1^2 + \left[x\right]_2^3 + \left[x^2-5x\right]_3^5$$

$$= (6-4) + (3-2) + \{0-(-6)\}$$

$$= 2+1+6 = 9$$

| **145** | 정답 ① |

함수 $f(x)$의 x자리에 $x+1$을 대입하면

$$f(x+1) = \begin{cases} x^2+2x+1 & (x+1 \le 1) \\ -x-1 & (x+1 > 1) \end{cases}$$

즉, $xf(x+1) = \begin{cases} x^3+2x^2+x & (x \le 0) \\ -x^2-x & (x > 0) \end{cases}$ 이므로

$$\int_{-1}^2 xf(x+1)dx$$

$$= \int_{-1}^0 (x^3+2x^2+x)dx + \int_0^2 (-x^2-x)dx$$

$$= \left[\frac{1}{4}x^4 + \frac{2}{3}x^3 + \frac{1}{2}x^2\right]_{-1}^0 + \left[-\frac{1}{3}x^3 - \frac{1}{2}x^2\right]_0^2$$

$$= -\frac{1}{12} + \left(-\frac{14}{3}\right) = -\frac{19}{4}$$

다른 풀이

$g(x) = xf(x+1)$이라 하면
이 함수를 x축의 방향으로 1만큼 평행이동시키면

$$\int_{-1}^2 xf(x+1)dx = \int_0^3 (x-1)f(x)dx$$

$$= \int_0^1 (x^3-x^2)dx + \int_1^3 (-x^2+x)dx$$

$$= \left[\frac{1}{4}x^4 - \frac{1}{3}x^3\right]_0^1 + \left[-\frac{1}{3}x^3 + \frac{1}{2}x^2\right]_1^3$$

$$= -\frac{1}{12} + \left(-\frac{14}{3}\right) = -\frac{19}{4}$$

| **146** | 정답 ④ |

함수 $y = f(x)$의 그래프는 다음과 같다.

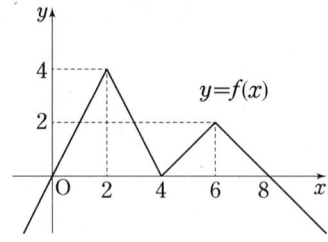

따라서 $\int_a^{a+4} f(x)dx \ge 0$을 만족시키는 정수 a는
$-2, -1, 0, 1, 2, 3, 4, 5, 6$으로 9개이다.

| **147** | 정답 4 |

$f(x)$는 삼차함수이고
$f(0) = f(1) = f(2) = 2$이므로
$f(x) - 2 = ax(x-1)(x-2)$ (단, $a \ne 0$)
$f(x) = ax(x-1)(x-2) + 2$

$$\therefore \int_0^2 f(x)dx = \int_0^2 \{a(x^3-3x^2+2x)+2\}dx$$

$$= \left[a\left(\frac{1}{4}x^4 - x^3 + x^2\right) + 2x\right]_0^2$$

$$= \left[\frac{a}{4}x^2(x-2)^2 + 2x\right]_0^2$$

$$= 4 - 0 = 4$$

> **TIP**
>
> $f(0) - 2 = f(1) - 2 = f(2) - 2 = 0$이므로
> $f(x) - 2$는 x, $(x-1)$, $(x-2)$를 인수로 가지는
> 삼차식임을 알 수 있다.
> 따라서 $f(x) - 2 = ax(x-1)(x-2)$로 놓을 수 있다.
> (단, $a \ne 0$)

| **148** | 정답 24 |

$$\int_1^3 \{3x^2 - f'(x)\}dx = \left[x^3 - f(x)\right]_1^3$$

$$= \{27 - f(3)\} - \{1 - f(1)\}$$

$$= 25 - f(3) \ (\because f(1) = -1)$$

즉, $25 - f(3) = 1$이므로 $f(3) = 24$이다.

| **149** | 정답 5 |

$y = \frac{1}{2}x + a$에서 x, y의 자리를 바꾸면

$x = \dfrac{1}{2}y + a,\ y = 2x - 2a$

즉, $g(x) = 2(x - a)$에서 $g(2) = 2(2 - a)$

$\displaystyle\int_{1}^{g(2)} \left(\dfrac{1}{2}x + a\right)dx = \left[\dfrac{1}{4}x^2 + ax\right]_{1}^{2(2-a)}$

$\qquad\qquad\qquad\qquad = -a^2 - a + \dfrac{15}{4} = 4$

$4a^2 + 4a + 1 = (2a + 1)^2 = 0$

따라서 $a = -\dfrac{1}{2}$이므로 $g(2) = 5$이다.

| 150 | 정답 ②

조건 (가)에서 모든 실수 x에 대하여
$(x + 3)f(x) = xf(x + 1)$이 성립하므로
$x = 1$을 대입하면 $4f(1) = f(2)$ ······㉠
조건 (나)에서
$\displaystyle\int_{1}^{2} f'(x)dx = \left[f(x)\right]_{1}^{2} = f(2) - f(1) = 3$ ······㉡
㉠, ㉡에서 $f(1) = 1,\ f(2) = 4$이다.
$\therefore\ f(1) + f(2) = 5$

> **참고**
>
> 조건 (가)에서
> $x = 0$을 대입하면 $f(0) = 0$,
> $x = -3$을 대입하면 $f(-2) = 0$,
> $x = -1$을 대입하면 $f(-1) = 0\ (\because\ f(0) = 0)$
> $\Rightarrow f(x) = ax(x + 1)(x + 2)$
>
> 이때, $f(1) = 1$이므로 $6a = 1$에서 $a = \dfrac{1}{6}$이다.
>
> 즉, $f(x) = \dfrac{1}{6}x(x + 1)(x + 2)$이다.

| 151 | 정답 ⑤

조건 (나), (다)에 의하여 두 함수 $x^2 - 2x + 3$, $x + 3$의
합이 $x^2 - x + 6$이고 곱이 $(x^2 - 2x + 3)(x + 3)$이고,
$x^2 - 2x + 3 = x + 3$에서 $x = 0$ 또는 $x = 3$이므로
조건 (가)에 의하여

$f(x) = \begin{cases} x^2 - 2x + 3 & (x \le 0) \\ x + 3 & (0 < x \le 3), \\ x^2 - 2x + 3 & (x > 3) \end{cases}$

$g(x) = \begin{cases} x + 3 & (x \le 0) \\ x^2 - 2x + 3 & (0 < x \le 3) \\ x + 3 & (x > 3) \end{cases}$

또는

$f(x) = \begin{cases} x + 3 & (x \le 0) \\ x^2 - 2x + 3 & (0 < x \le 3), \\ x + 3 & (x > 3) \end{cases}$

$g(x) = \begin{cases} x^2 - 2x + 3 & (x \le 0) \\ x + 3 & (0 < x \le 3) \\ x^2 - 2x + 3 & (x > 3) \end{cases}$이다.

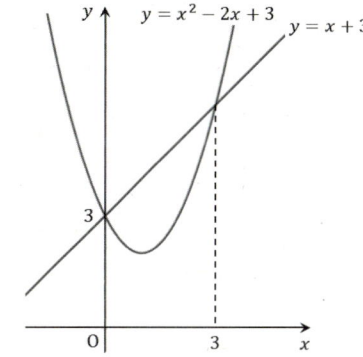

이때 $f(1) < g(1)$이려면 $0 < x \le 3$에서
$f(x) = x^2 - 2x + 3,\ g(x) = x + 3$이어야 하므로
$f(x) = \begin{cases} x + 3 & (x \le 0) \\ x^2 - 2x + 3 & (0 < x \le 3) \\ x + 3 & (x > 3) \end{cases}$이다.

$\therefore\ \displaystyle\int_{-1}^{1} f(x)dx = \int_{-1}^{0} (x + 3)dx + \int_{0}^{1} (x^2 - 2x + 3)dx$

$\qquad = \left[\dfrac{x^2}{2} + 3x\right]_{-1}^{0} + \left[\dfrac{x^3}{3} - x^2 + 3x\right]_{0}^{1}$

$\qquad = 0 - \left(\dfrac{1}{2} - 3\right) + \left(\dfrac{1}{3} - 1 + 3\right) - 0$

$\qquad = \dfrac{5}{2} + \dfrac{7}{3} = \dfrac{29}{6}$

| 152 | 정답 27

$f(x)$가 최고차항의 계수가 1인 삼차함수이므로 $f'(x)$는
최고차항의 계수가 3인 이차함수이다.
따라서 조건 (나)에 의하여 이차함수 $f'(x)$의 꼭짓점의
x좌표는 2이다.
$f'(x) = 3x^2 - 12x + a$라 하면 이차함수 $f'(x)$는
$x = 2$일 때 최솟값이 $a - 12$이므로
조건 (다)에 의하여 $a - 12 \ge -3$, 즉 $a \ge 9$이다.
이때 $f(x) = x^3 - 6x^2 + ax + C$ (단, C는 적분상수)이고
조건 (가)에서 $f(0) = 0$이므로 $C = 0$
$\therefore\ f(x) = x^3 - 6x^2 + ax$

$\displaystyle\int_{0}^{3} (x^3 - 6x^2 + ax)dx = \left[\dfrac{1}{4}x^4 - 2x^3 + \dfrac{a}{2}x^2\right]_{0}^{3}$

$\qquad\qquad\qquad\qquad = \dfrac{9}{2}a - \dfrac{135}{4}\ (a \ge 9)$

따라서 $a = 9$일 때 $\displaystyle\int_{0}^{3} f(x)dx$는 최솟값 $m = \dfrac{27}{4}$을
갖는다.
$\therefore\ 4m = 27$

| 153 | 정답 45

조건 (가)에서 $\displaystyle\int_0^2 |f(x)|dx = -\int_0^2 f(x)dx$이므로

구간 $[0, 2]$에서 $f(x) \leq 0$이고 $\quad$ ……㉠

조건 (나)에서 $\displaystyle\int_2^3 |f(x)|dx = \int_2^3 f(x)dx$이므로

구간 $[2, 3]$에서 $f(x) \geq 0$이다.

즉, $x = 2$의 좌우에서 이차함수 $f(x)$의 부호가 바뀌므로

$f(2) = 0$이고

주어진 조건에 의하여 $f(0) = 0$이므로

이차함수의 최고차항의 계수를 a라 하면

$f(x) = ax(x-2)$이다.

따라서

$$\int_0^2 |f(x)|dx = -\int_0^2 ax(x-2)dx \ (\because ㉠)$$

$$= -\left[\frac{a}{3}x^3 - ax^2\right]_0^2$$

$$= \frac{4}{3}a = 4$$

에서 $a = 3$이므로 $f(x) = 3x(x-2)$이다.

$\therefore f(5) = 45$

| 154 | 정답 ③

ㄱ. 함수 $f(x)$의 증가와 감소를 표로 나타내면 다음과 같다.

x	$\cdots$	-1	$\cdots$	0	$\cdots$	1	$\cdots$
$f'(x)$	$-$	0	$+$		$-$	0	$+$
$f(x)$	$\searrow$	극소	$\nearrow$	극대	$\searrow$	극소	$\nearrow$

따라서 함수 $f(x)$는 $x = 0$에서 극댓값을 갖는다. (참)

ㄴ. $f'(x) = \begin{cases} x+1 & (-2 < x < 0) \\ x-1 & (0 < x < 2) \end{cases}$에서

$f(x) = \begin{cases} \dfrac{1}{2}x^2 + x + C_1 & (-2 < x < 0) \\ \dfrac{1}{2}x^2 - x + C_2 & (0 < x < 2) \end{cases}$이다.

$\quad$ (단, C_1, C_2는 적분상수)

이때 함수 $f(x)$가 $x = 0$에서 연속이므로

$f(0) = C_1 = C_2$이다.

또한 $f(-1) = 1$이면

$\dfrac{1}{2} - 1 + C_1 = 1$에서 $C_1 = \dfrac{3}{2}$이다.

따라서 $f(1) = \dfrac{1}{2} - 1 + \dfrac{3}{2} = 1$이다. (참)

ㄷ. ㄴ에서 $f(x) = \begin{cases} \dfrac{1}{2}x^2 + x + C & (-2 < x < 0) \\ \dfrac{1}{2}x^2 - x + C & (0 < x < 2) \end{cases}$이다.

$\quad$ (단, C는 적분상수)

따라서 함수 $y = f(x)$의 그래프는 다음 그림과 같다.

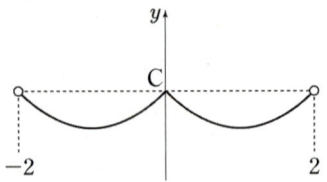

함수 $y = f(x)$의 그래프와 직선 $y = k$가 서로 다른

세 점에서 만나도록 하는 실수 k가 존재하지 않는다.

$\quad$ (거짓)

따라서 〈보기〉에서 옳은 것은 ㄱ, ㄴ이다.

> **참고**
>
> 함수 $y = f'(x)$의 그래프가 점 $(0, 0)$에 대하여
> 대칭이므로
> 함수 $y = f(x)$의 그래프는 y축에 대하여 대칭이다.
> 즉, $-2 < x < 2$인 모든 실수 x에 대하여
> $f(-x) = f(x)$가 성립한다.

7일차

본문 p.87~100

| SPEED CHECK |

155 ②	**156** ④	**157** ③	**158** 2
159 ④	**160** ③	**161** ④	**162** 12
163 ①	**164** 27	**165** ②	**166** 20
167 ③	**168** ①	**169** ①	**170** 40
171 18	**172** ①	**173** ②	**174** ③
175 34	**176** ②	**177** 1	**178** ③
179 ⑤	**180** 7	**181** ⑤	**182** ②

| 155 | 정답 ②

$$\int_{-1}^1 (x^2 + x + 1)(x^2 - x + 1)dx = \int_{-1}^1 (x^4 + x^2 + 1)dx$$

$$= 2\int_0^1 (x^4 + x^2 + 1)dx$$

$$= 2\left[\frac{1}{5}x^5 + \frac{1}{3}x^3 + x\right]_0^1$$

$$= 2 \times \left(\frac{23}{15} - 0\right) = \frac{46}{15}$$

| 156 | 정답 ④

$$\int_{-a}^{a} f(x)dx = \int_{-a}^{a} (4x^3 + 3x^2 + 2x + 1)dx$$
$$= 2\int_{0}^{a} (3x^2 + 1)dx$$
$$= 2\left[x^3 + x\right]_{0}^{a}$$
$$= 2a^3 + 2a = 4$$

이므로

$a^3 + a - 2 = 0$
$\Rightarrow (a-1)(a^2 + a + 2) = 0$
$\therefore\ a = 1$

| 157 | 정답 ③

$$\int_{-1}^{0} f(x)dx = \int_{-1}^{0} (x+1)dx$$
$$= \left[\frac{1}{2}x^2 + x\right]_{-1}^{0} = \frac{1}{2}$$

$f(x) = f(-x)$에서 함수 $y = f(x)$의 그래프가 y축에 대하여 대칭이므로

$$\int_{-1}^{0} f(x)dx = \int_{0}^{1} f(x)dx = \frac{1}{2} \qquad \cdots\cdots \ㄱ$$

즉,

$$\int_{-1}^{1} f(x)dx = \int_{-1}^{0} f(x)dx + \int_{0}^{1} f(x)dx$$
$$= \frac{1}{2} + \frac{1}{2} = 1 \qquad \cdots\cdots \ ㄴ$$

이고, $f(x) = f(x+2)$에서 함수 $y = f(x)$의 그래프의 주기는 2이므로

ㄱ에 의해 $\displaystyle\int_{-2}^{-1} f(x)dx = \int_{0}^{1} f(x)dx = \frac{1}{2}$

ㄴ에 의해 $\displaystyle\int_{-1}^{1} f(x)dx = \int_{1}^{3} f(x)dx = 1$

$$\therefore\ \int_{-2}^{3} f(x)dx$$
$$= \int_{-2}^{-1} f(x)dx + \int_{-1}^{1} f(x)dx + \int_{1}^{3} f(x)dx$$
$$= \frac{1}{2} + 1 + 1 = \frac{5}{2}$$

| 158 | 정답 2

이차함수 $f(x) = ax^2 + bx + c$ (단, a, b, c는 상수, $a \neq 0$) 라 하면

$f(1) = f(-1)$이므로
$a + b + c = a - b + c$에서 $b = 0$
따라서 $f(x) = ax^2 + c$
이때, $f(0) = -1$이므로 $c = -1$이다.
한편 $f(-x) = f(x) = ax^2 - 1$이므로
$f(x)$는 우함수이고,

$$\int_{-3}^{3} f(x)dx = 2\int_{0}^{3} f(x)dx = 0,$$

$$\int_{0}^{3} (ax^2 - 1)dx = \left[\frac{a}{3}x^3 - x\right]_{0}^{3} = 9a - 3 = 0$$에서

$a = \dfrac{1}{3}$이다.

따라서 $f(x) = \dfrac{1}{3}x^2 - 1$이고
$f(3) = 3 - 1 = 2$이다.

| 159 | 정답 ④

$f(x) + f(-x) = 3x^2 + 2$에서 $f(x)$의 짝수차항으로만 이루어진 함수를 $g(x)$라 하면

$$g(x) = \frac{1}{2}\{f(x) + f(-x)\} = \frac{3}{2}x^2 + 1$$

$$\therefore\ \int_{-1}^{1} f(x)dx = \int_{-1}^{1} g(x)dx$$
$$= 2\int_{0}^{1} g(x)dx$$
$$= 2\int_{0}^{1} \left(\frac{3}{2}x^2 + 1\right)dx$$
$$= 2\left[\frac{1}{2}x^3 + x\right]_{0}^{1} = 3$$

> **기본 개념**
>
> 다항함수 $f(x)$가
> $$f(x) = a_{2n}x^{2n} + a_{2n-1}x^{2n-1} + \cdots$$
> $$+ a_3x^3 + a_2x^2 + a_1x + a_0$$
> (a_0, a_1, a_2, $\cdots$, a_{2n-1}, a_{2n}은 상수, $a_{2n} \neq 0$)이면
> $$f(-x) = a_{2n}x^{2n} - a_{2n-1}x^{2n-1} + \cdots$$
> $$- a_3x^3 + a_2x^2 - a_1x + a_0$$
> 이므로 $f(x)$의 짝수차항으로만 이루어진 함수를 $g(x)$라 하면 $g(x) = a_{2n}x^{2n} + \cdots + a_2x^2 + a_0$
> ① $f(x) + f(-x) = 2a_{2n}x^{2n} + \cdots + 2a_2x^2 + 2a_0$
> 즉, $\boxed{f(x) + f(-x) = 2g(x)}$

② $\int_{-1}^{1} f(x)dx = \int_{-1}^{1} (a_{2n}x^{2n} + a_{2n-1}x^{2n-1} + \cdots$

$$+ a_3x^3 + a_2x^2 + a_1x + a_0)dx$$

$$= 2\int_{0}^{1} (a_{2n}x^{2n} + \cdots + a_2x^2 + a_0)dx$$

즉, $\int_{-1}^{1} f(x)dx = 2\int_{0}^{1} g(x)dx$

참고로 $f(x)$의 홀수차항으로만 이루어진 함수를 $h(x)$라 하면

$h(x) = a_{2n-1}x^{2n-1} + \cdots + a_3x^3 + a_1x$이고

$f(x) - f(-x) = 2a_{2n-1}x^{2n-1} + \cdots + 2a_3x^3 + 2a_1x$

이므로 $\boxed{f(x) + f(-x) = 2g(x)}$ 이다.

최고차항의 차수가 홀수인 다항함수도 같은 방법으로 생각해줄 수 있다.

| 160 | 정답 ③

모든 실수 x에 대하여 $f(-x) = f(x)$이므로
함수 $y = f(x)$의 그래프는 y축에 대하여 대칭이다.

따라서 $\int_{-a}^{a} f(x)dx = 2\int_{0}^{a} f(x)dx$이다.

$\therefore \int_{-a}^{a} f(x)dx - \int_{0}^{a} f(x)dx + \int_{a}^{0} f(x)dx$

$$= 2\int_{0}^{a} f(x)dx - \int_{0}^{a} f(x)dx - \int_{0}^{a} f(x)dx = 0$$

| 161 | 정답 ④

$f(x) = mx + n$(단, m, n은 상수, $m \neq 0$)이라 하면

$\int_{-1}^{1} (x^2 + ax + b)(mx + n)dx$

$= \int_{-1}^{1} \{mx^3 + (am + n)x^2 + (an + bm)x + bn\}dx$

$= 2\int_{0}^{1} \{(am + n)x^2 + bn\}dx$

$= 2\left[\dfrac{am + n}{3}x^3 + bnx\right]_{0}^{1}$

$= 2\left(\dfrac{am + n}{3}\right) + 2bn$

따라서 모든 m, n에 대하여

$\dfrac{2a}{3}m + 2\left(b + \dfrac{1}{3}\right)n = 0$이 성립하려면

$a = 0$, $b = -\dfrac{1}{3}$이다.

따라서 $a + b = -\dfrac{1}{3}$이다.

| 162 | 정답 12

$f(-x) = f(x)$로부터 함수 $y = f(x)$의 그래프는 y축에 대하여 대칭이므로

$$\int_{-a}^{a} f(x)dx = 2\int_{0}^{a} f(x)dx$$

또한, 함수 $y = xf(x)$의 그래프는 원점에 대하여

대칭이므로 $\int_{-a}^{a} xf(x)dx = 0$

$\therefore 2\int_{-a}^{a} f(x)dx + \int_{-a}^{a} xf(x)dx = 4\int_{0}^{a} f(x)dx + 0$

$$= 4 \times 3 = 12$$

TIP

함수 $xf(x)$를 $g(x) = xf(x)$라 하자.
이때 $g(x)$가 원점에 대하여 대칭이 됨을 보이기
위해서는 모든 실수 x에 대하여 $g(x) = -g(-x)$를
만족시킴을 확인을 해주면 된다.
$g(x) = xf(x)$이므로 $g(-x) = -xf(-x)$이고
함수 $f(x)$는 모든 실수 x에 대하여
$f(x) = f(-x)$를 만족시키므로
$g(-x) = -xf(-x) = -xf(x)$이다.
그러므로 $g(x) + g(-x) = xf(x) - xf(x) = 0$이
되므로 모든 실수 x에 대하여 $g(x) = -g(-x)$를
만족, 즉 함수 $xf(x)$는 원점에 대하여 대칭이 됨을
확인할 수 있다.

| 163 | 정답 ①

$f(x) = \begin{cases} -3x - 6 & (-2 \leq x < -1) \\ 3x & (-1 \leq x < 1) \\ -3x + 6 & (1 \leq x < 2) \end{cases}$ 에서

구간 $[-2, 2)$에서의 함수 $y = f(x)$의 그래프는 다음과 같다.

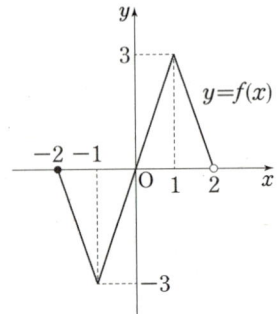

이때, 함수 $f(x)$가 모든 실수 x에 대하여
$f(x + 4) = f(x)$를 만족시키므로
함수 $f(x)$의 그래프는 원점에 대하여 대칭이다.
이때, $0 \leq x \leq 1$에서 $f(x) = 3x$,
$1 \leq x \leq 3$에서 $f(x) = -3x + 6$,
$3 \leq x \leq 5$에서 $f(x) = 3x - 12$이므로

$$\int_{-5}^{5} xf(x)dx$$

$$=2\int_{0}^{5} xf(x)dx$$

$$=2\left\{\int_{0}^{1} xf(x)dx+\int_{1}^{3} xf(x)dx+\int_{3}^{5} xf(x)dx\right\}$$

$$=2\left\{\int_{0}^{1} 3x^2 dx+\int_{1}^{3}(-3x^2+6x)dx\right.$$

$$\left.+\int_{3}^{5}(3x^2-12x)dx\right\}$$

$$=2\left\{\left[x^3\right]_{0}^{1}+\left[-x^3+3x^2\right]_{1}^{3}+\left[x^3-6x^2\right]_{3}^{5}\right\}=2$$

이다.

| 164 | 정답 27

$$g(x)=|f(x)|+f(x)$$
$$=\begin{cases}2f(x) & (f(x)\geq 0)\\ 0 & (f(x)<0)\end{cases}$$

이라 하자.

$f(x)=x^3+3x^2-9x-a$에서

$f'(x)=3x^2+6x-9=3(x+3)(x-1)$이므로

함수 $f(x)$의 그래프의 개형은 다음과 같다.

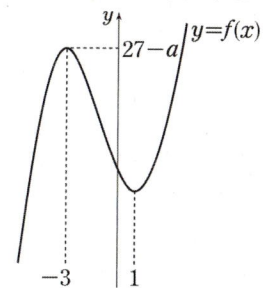

함수 $f(x)$의 극솟값이 양수인 경우

함수 $g(x)$의 그래프가 다음과 같으므로

$\int_{-n}^{n} g(x)dx=0$인 자연수 n의 값은 존재하지 않는다.

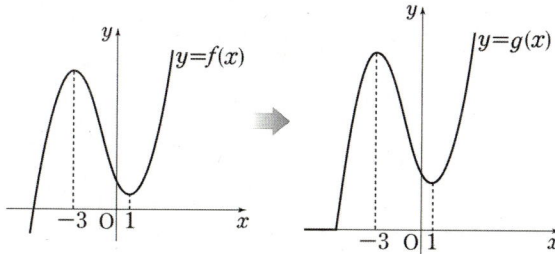

함수 $f(x)$의 극솟값이 0 이하더라도 극댓값이 양수인

경우 $\int_{-n}^{n} g(x)dx=0$을 만족시키는 자연수 n의 개수는

3 미만이다.

($\because$ 함수 $f(x)$는 $x=-3$에서 극댓값을 가지므로)

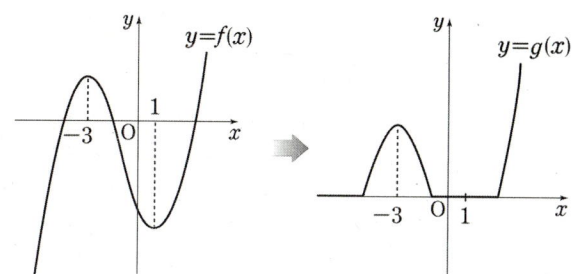

따라서 함수 $f(x)$의 극댓값 $f(-3)=27-a\leq 0$인

경우만 고려한다.

$a=27$인 경우 방정식 $f(x)=0$에서

$x^3+3x^2-9x-27=0$, $(x+3)^2(x-3)=0$이므로

실근은 $x=-3$ 또는 $x=3$이다.

이때, 함수 $g(x)$의 그래프는 다음과 같으므로

$n=1,\ 2,\ 3$일 때 $\int_{-n}^{n} g(x)dx=0$을 만족시킨다.

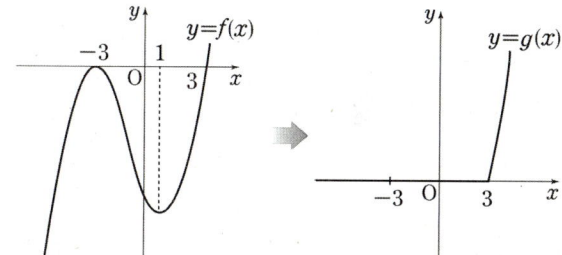

따라서 $a\geq 27$이므로 실수 a의 최솟값은 27이다.

| 165 | 정답 ②

$f(x)=x^3-3x+\int_{0}^{2} f(t)dt$에서

$\int_{0}^{2} f(t)dt=a$(단, a는 상수)라 하면

$f(x)=x^3-3x+a$이므로

$$a=\int_{0}^{2} f(t)dt$$

$$=\int_{0}^{2}(t^3-3t+a)dt$$

$$=\left[\frac{1}{4}t^4-\frac{3}{2}t^2+at\right]_{0}^{2}$$

$$=(2a-2)-0=2a-2$$

$$\Rightarrow a=2$$

따라서 $f(x)=x^3-3x+2$이므로 $f(0)=2$이다.

| 166 | 정답 20

$\int_{1}^{2} f(t)dt$의 값을 k라 하자.

$$f(x)=\frac{12}{7}x^2-2kx+k^2$$

$$\int_1^2 f(t)\,dt = \int_1^2 \left(\frac{12}{7}t^2 - 2kt + k^2\right)dt$$

$$= \left[\frac{4}{7}t^3 - kt^2 + k^2 t\right]_1^2$$

$$= 4 - 3k + k^2 = k$$

즉, $k^2 - 4k + 4 = 0$에서

$(k-2)^2 = 0$, $k = 2$

$$\therefore \ 10\int_1^2 f(x)\,dx = 10 \times 2 = 20$$

| 167 ├─ 정답 ③

$\int_1^x f(t)\,dt = x^3 + a$에서 $x = 1$을 대입하면

$0 = 1 + a \Rightarrow a = -1$

또한 $\int_1^x f(t)\,dt = x^3 + a$에서 양변을 x에 대하여 미분하면

$f(x) = 3x^2$

$\therefore \ f(a) = f(-1) = 3$

기본 개념

정적분으로 정의된 함수

적분과 미분의 관계에 의하여

함수 $f(x)$가 닫힌구간 $[a, b]$에서 연속이면

$\dfrac{d}{dx}\int_a^x f(t)\,dt = f(x)$(단, $a < x < b$)가 성립한다.

또한 미적분의 기본 정리에 의하여 닫힌구간 $[a, b]$에서 연속인 함수 $f(x)$의 한 부정적분을 $F(x)$라 하면

$\int_a^b f(x)\,dx = \Big[F(x)\Big]_a^b = F(b) - F(a)$가 성립한다.

| 168 ├─ 정답 ①

$\int_1^x \{f(t)\}^2\,dt = \frac{4}{3}x^3 + 2x^2 + x - \frac{13}{3}$에서

양변을 x에 대하여 미분하면

$\{f(x)\}^2 = 4x^2 + 4x + 1 = (2x+1)^2$이다.

$\Rightarrow f(x) = -(2x+1) \ (\because \ f(1) = -3)$

$$\therefore \ \int_0^2 f(x)\,dx = -\int_0^2 (2x+1)\,dx$$

$$= -\Big[x^2 + x\Big]_0^2 = -6$$

| 169 ├─ 정답 ①

$g(x) = x\int_0^x f'(t)\,dt$에서 양변을 x에 대하여 미분하면

$g'(x) = \int_0^x f'(t)\,dt + xf'(x) = f(x) - f(0) + xf'(x)$

$f(x) = ax + b$ (단, a, b는 실수이고 $a \neq 0$)라 하면

$f'(x) = a$이므로

$g'(x) = (ax + b) - b + ax = 2ax$

따라서

$$\sum_{x=1}^5 g'(x) = \sum_{x=1}^5 2ax = 2a \times \frac{5 \times 6}{2} = 30a$$이므로

$30a = 60$에서 $a = 2$이다.

$\therefore \ f'(1) = 2$

| 170 ├─ 정답 40

$\int_0^1 f(t)\,dt = k$라 하면

$$\int_0^x f(t)\,dt = x^3 - 2x^2 - 2kx$$

양변을 x에 대하여 미분하면

$f(x) = 3x^2 - 4x - 2k$

따라서

$$k = \int_0^1 f(x)\,dx$$

$$= \int_0^1 (3x^2 - 4x - 2k)\,dx$$

$$= \Big[x^3 - 2x^2 - 2kx\Big]_0^1$$

$$= -1 - 2k$$

에서 $k = -\frac{1}{3}$이므로

$f(x) = 3x^2 - 4x + \frac{2}{3}$

$f(0) = \frac{2}{3} = a$

$$\therefore \ 60a = 60 \times \frac{2}{3} = 40$$

| 171 ├─ 정답 18

$\int_{-1}^x (x-t)f(t)\,dt = 2x^3 + ax^2 - 1$에 $x = -1$을 대입하면

$0 = a - 3 \Rightarrow a = 3$

또한
$$\int_{-1}^{x}(x-t)f(t)dt = x\int_{-1}^{x}f(t)dt - \int_{-1}^{x}tf(t)dt$$
$$= 2x^3 + 3x^2 - 1$$
에서 양변을 x에 대하여 미분하면
$$\int_{-1}^{x}f(t)dt + xf(x) - xf(x) = 6x^2 + 6x$$
$$\Rightarrow \int_{-1}^{x}f(t)dt = 6x^2 + 6x$$
이때 $\int_{-1}^{x}f(t)dt = 6x^2 + 6x$의 양변을 x에 대하여
미분하면
$f(x) = 12x + 6$이다.
$$\therefore f(1) = 18$$

| 172 | 정답 ①

$\int_{0}^{x}(x-t)f(t)dt = x\int_{0}^{x}f(t)dt - \int_{0}^{x}tf(t)dt$이므로

$x\int_{0}^{x}f(t)dt - \int_{0}^{x}tf(t)dt = x^3 + x^2\int_{1}^{2}f(t)dt$에서

양변을 x에 대하여 미분하면
$$\int_{0}^{x}f(t)dt + xf(x) - xf(x) = 3x^2 + 2x\int_{1}^{2}f(t)dt$$
$$\int_{0}^{x}f(t)dt = 3x^2 + 2x\int_{1}^{2}f(t)dt$$
다시 양변을 x에 대하여 미분하면
$$f(x) = 6x + 2\int_{1}^{2}f(t)dt$$

$\int_{1}^{2}f(t)dt = a$ (단, a는 상수)라 하면

$f(x) = 6x + 2a$이므로
$$a = \int_{1}^{2}f(t)dt$$
$$= \int_{1}^{2}(6t + 2a)dt$$
$$= \left[3t^2 + 2at\right]_{1}^{2}$$
$$= 2a + 9$$
에서 $a = -9$이다.
따라서 $f(x) = 6x - 18$이므로 $f(5) = 12$이다.

| 173 | 정답 ②

$xf(x) = \dfrac{1}{3}x^3 + x^2 + \int_{0}^{x}f(t)dt$에서

양변을 x에 대하여 미분하면
$$f(x) + xf'(x) = x^2 + 2x + f(x), \ xf'(x) = x^2 + 2x$$
따라서 $f'(x) = x + 2$이므로
$$f(x) = \int(x+2)dx$$
$$= \frac{1}{2}x^2 + 2x + C \ (단, \ C는 적분상수)$$
문제 조건에서 $f(0) = 3$이므로 $C = 3$
따라서 $f(x) = \dfrac{1}{2}x^2 + 2x + 3$이므로 $f(1) = \dfrac{11}{2}$이다.

참고

풀이과정 중 $xf'(x) = x^2 + 2x$에서 양변을 x로
나누는 과정은 실제로 $x \neq 0$인 실수 x에 한하여
가능한 과정이므로 $f'(x) = x + 2$ (단, $x \neq 0$)란
결론을 얻게 되지만, 문제에서 함수 $f(x)$는
다항함수이기 때문에 $f'(x)$도 다항함수가 되므로,
$f'(x) = x + 2$ (단, $x \neq 0$)를 만족시키면 이는
$x = 0$인 경우에도 만족시켜야 함을 알 수 있다.
따라서 해설과 같이 모든 실수 x에 대하여
$f'(x) = x + 2$이다.

| 174 | 정답 ③

$$f(x) = \frac{d}{dx}\int_{2}^{x}(t^3 - 2xt)dt = \frac{d}{dx}\left(\int_{2}^{x}t^3 dt - 2x\int_{2}^{x}t dt\right)$$
$$= \frac{d}{dx}\int_{2}^{x}t^3 dt - \frac{d}{dx}\left(2x\int_{2}^{x}t dt\right)$$
$$= x^3 - 2\int_{2}^{x}t dt - 2x^2 = x^3 - 2\left[\frac{1}{2}t^2\right]_{2}^{x} - 2x^2$$
$$= x^3 - 3x^2 + 4$$
$$\therefore f(4) = 20$$

| 175 | 정답 34

$\int_{1}^{x}\dfrac{d}{dt}f(t)dt = x^3 + ax^2 - 2$에서 $x = 1$일 때
$$0 = 1 + a - 2 \Rightarrow a = 1$$
$$\int_{1}^{x}\frac{d}{dt}f(t)dt = \int_{1}^{x}f'(t)dt$$
$$= \left[f(t)\right]_{1}^{x}$$
$$= f(x) - f(1)$$
$$= x^3 + x^2 - 2$$
$$\therefore f(3) - f(1) = 34$$

176 정답 ②

$\int_1^x f'(t)dt = 2x^3 - 4x^2 - f(x)$에서 $x=1$을 대입하면

$0 = 2 - 4 - f(1) \Rightarrow f(1) = -2$

또한

$\int_1^x f'(t)dt = f(x) - f(1) = 2x^3 - 4x^2 - f(x)$이므로

$f(x) = x^3 - 2x^2 + \dfrac{1}{2}f(1)$이다.

$\Rightarrow f(x) = x^3 - 2x^2 - 1$

$\therefore f(2) = -1$

177 정답 1

$2x^{10} + x^9 - 2$의 한 부정적분을 $F(x)$라 하면

$$\int_1^x (2t^{10} + t^9 - 2)dt = \Big[F(t)\Big]_1^x$$
$$= F(x) - F(1)$$

이므로

$$\lim_{x \to 1} \frac{1}{x-1} \int_1^x (2t^{10} + t^9 - 2)dt = \lim_{x \to 1} \frac{F(x) - F(1)}{x-1}$$
$$= F'(1)$$

이때, $F(x) = \int (2x^{10} + x^9 - 2)dx$에서 양변을 x에

대하여 미분하면 $F'(x) = 2x^{10} + x^9 - 2$이므로

$F'(1) = 2 + 1 - 2 = 1$

TIP

정적분으로 표시된 함수의 극한

미분계수의 정의 $\lim\limits_{x \to a} \dfrac{f(x) - f(a)}{x-a} = f'(a)$와

도함수의 정의 $\lim\limits_{h \to 0} \dfrac{f(x+h) - f(x)}{h} = f'(x)$를

이용하여 정적분으로 표시된 함수의 극한을 알아두자.

❶ $\lim\limits_{x \to a} \dfrac{1}{x-a} \int_a^x f(t)dt = f(a)$

❷ $\lim\limits_{h \to 0} \dfrac{1}{h} \int_x^{x+h} f(t)dt = f(x)$

---

178 정답 ③

조건 (가)에서 $\dfrac{1}{x} = k$라 하면 $x \to 0+$일 때

$k \to \infty$이므로 $\lim\limits_{x \to 0+} x^3 f\left(\dfrac{1}{x}\right) = \lim\limits_{k \to \infty} \dfrac{f(k)}{k^3} = 0$에서

$f(k)$는 k에 대한 이차 이하의 다항식이다.

조건 (나)에서 $F'(x) = f(x)$라 하면

$$\lim_{x \to n} \frac{1}{x-n} \int_n^x f(t)dt = \lim_{x \to n} \frac{F(x) - F(n)}{x-n}$$
$$= F'(n) = f(n)$$

즉, n에 대한 방정식 $f(n) = n$의 세 실근이 1, 2, 3이다.

따라서 함수 $y = f(x)$의 그래프는

세 점 $(1, 1)$, $(2, 2)$, $(3, 3)$을 지난다.

즉, 함수 $f(x)$는 일차함수이고 $f(x) = x$이다.

$\therefore f(9) = 9$

179 정답 ⑤

조건 (가), (나)에서 각각 $x=1$일 때

$0 = 3 - 3 + a$, $0 = 5 - 1 + 1 + b$이므로

$a = 0$, $b = -5$

조건 (가), (나)에서 각각 양변을 x에 대하여 미분하면

$2f(x) - g(x) = 6x - 3$ ······㉠

$f(x) + 2g(x) = 15x^2 - 2x + 1$ ······㉡

㉠, ㉡을 연립하여 풀면

$f(x) = 3x^2 + 2x - 1$,

$g(x) = 6x^2 - 2x + 1$

따라서 $f(1) = 4$, $g(1) = 5$

$\therefore f(1) + g(1) + a + b = 4$

180 정답 7

$g(x) = \int_0^x f(t)dt$의 양변을 x에 대하여 미분하면

$g'(x) = f(x)$이다.

따라서 함수 $g(x)$가 열린구간 $(0, 4)$에서 오직 하나의

극값을 가지려면

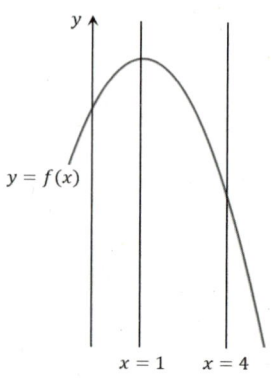

$f(x) = -(x-1)^2 + a + 1$이므로 $0 < x < 4$에서

$f(0) = a \geq 0$이고 $f(4) = a - 8 < 0$, 즉 $0 \leq a < 8$이다.

따라서 정수 a의 최댓값은 7, 최솟값은 0이므로

$M + m = 7 + 0 = 7$

181 정답 ⑤

$b = \int_{-a}^{a} f(t)dt$라 하면

$f(x) = 4x^3 + 12bx^2 + ax$이므로

$b = \int_{-a}^{a} f(t)dt$

$\quad = 2\int_{0}^{a} 12bt^2\,dt$

$\quad = 2\Big[4bt^3\Big]_{0}^{a}$

$\quad = 8ba^3$

$\therefore a = \dfrac{1}{2}$ 또는 $b = 0$

$b = 0$이면 $f(x) = 4x^3 + ax$에서

$f(-1) = -4 - a = 0$이므로 $a = -4$이다.

이때, a는 양수라는 조건을 만족시키지 않는다.

$a = \dfrac{1}{2}$이면 $f(x) = 4x^3 + 12bx^2 + \dfrac{x}{2}$이다.

이때 $f(-1) = 0$이므로

$-4 + 12b - \dfrac{1}{2} = 0$에서 $b = \dfrac{3}{8}$이고

$f(x) = 4x^3 + \dfrac{9}{2}x^2 + \dfrac{x}{2}$이다.

$\therefore f(1) = 9$

182 정답 ②

$f(x) = \int_{0}^{x} (t-a)(t-b)dt$의 양변을 x에 대하여

미분하면

$f'(x) = (x-a)(x-b)$

따라서 $x = a$ 또는 $x = b$일 때 $f'(x) = 0$이다.

이때 함수 $f(x)$의 증가와 감소를 표로 나타내면 다음과

같다.

x	$\cdots$	a	$\cdots$	b	$\cdots$
$f'(x)$	$+$	0	$-$	0	$+$
$f(x)$	↗	$f(a)$	↘	$f(b)$	↗

조건 (가)에 의하여 $a = \dfrac{1}{2}$ 또는 $b = \dfrac{1}{2}$이고 $\quad\cdots\cdots\,\text{㉠}$

조건 (나)에서

$f(a) - f(b) = \int_{0}^{a}(t-a)(t-b)dt - \int_{0}^{b}(t-a)(t-b)dt$

$\qquad\qquad = \int_{0}^{a}(t-a)(t-b)dt + \int_{b}^{0}(t-a)(t-b)dt$

$\qquad\qquad = \int_{b}^{a}(t-a)(t-b)dt$

$= \int_{b}^{a}\{(t^2 - (a+b)t + ab\}dt$

$= \Big[\dfrac{1}{3}t^3 - \dfrac{a+b}{2}t^2 + abt\Big]_{b}^{a}$

$= \Big(-\dfrac{1}{6}a^3 + \dfrac{1}{2}a^2b\Big) - \Big(-\dfrac{1}{6}b^3 + \dfrac{1}{2}ab^2\Big)$

$= \dfrac{1}{6}(b^3 - 3ab^2 + 3a^2b - a^3)$

$= \dfrac{1}{6}(b-a)^3 = \dfrac{1}{6}$

이므로 $(b-a)^3 = 1$에서 $b - a = 1$이다.

이때 $b = \dfrac{1}{2}$이면 $a = -\dfrac{1}{2}$이므로

a, b가 양수라는 조건에 모순이다.

따라서 $a = \dfrac{1}{2}$, $b = \dfrac{3}{2}$이다. ($\because$ ㉠)

$\therefore a + b = 2$

8일차

본문 p.101~109

| SPEED CHECK |

183 4	**184** ②	**185** 3	**186** ②
187 ③	**188** ③	**189** ③	**190** ②
191 ③	**192** 16	**193** ①	**194** ②
195 ④	**196** ③	**197** 57	**198** ④
199 ④	**200** 25		

183 정답 4

$-2x^2 + 3x = x$에서 $2x(x-1) = 0$

$\therefore x = 0$ 또는 $x = 1$

따라서 최고차항의 계수가 -2인 이차함수의 그래프와

직선 $y = x$의 교점의 x좌표가 0, 1이므로

곡선과 직선으로 둘러싸인 부분의 넓이는

$\dfrac{|-2|}{6} \times (1-0)^3 = \dfrac{1}{3}$이다.

$\therefore p + q = 3 + 1 = 4$

184 정답 ②

$f(x) = -x^2 + 4x = -(x-2)^2 + 4$

$g(x) = -x^2 + 8x - 12 = -(x-4)^2 + 4$라 하면

곡선 $y = g(x)$는 곡선 $y = f(x)$를

x축의 방향으로 2만큼 평행이동한 곡선이다.

이때, 곡선 $y = f(x)$의 대칭축은 $x = 2$이고

곡선 $y = g(x)$의 대칭축은 $x = 4$이므로

두 곡선은 서로 직선 $x = 3$에 대하여 대칭이다.

따라서 두 곡선 $y = -x^2 + 4x$, $y = -x^2 + 8x - 12$ 및

x축으로 둘러싸인 부분의 넓이는

$$2\int_3^4 f(x)dx = 2\int_3^4 (-x^2 + 4x)dx$$

$$= 2\left[-\frac{1}{3}x^3 + 2x^2\right]_3^4 = \frac{10}{3}$$

185 정답 3

$$A_1 = \int_0^1 x^3 dx = \left[\frac{1}{4}x^4\right]_0^1 = \frac{1}{4} - 0 = \frac{1}{4}$$

$$A_2 = (정사각형의 넓이) - A_1 = 1 - \frac{1}{4} = \frac{3}{4}$$

$$\therefore \frac{A_2}{A_1} = \frac{\frac{3}{4}}{\frac{1}{4}} = 3$$

186 정답 ②

곡선 $y = x^2 + 2x$와 x축과의 교점의 x좌표는

방정식 $x^2 + 2x = 0$의 실근이다.

따라서 $x(x+2) = 0$에서 $x = 0$ 또는 $x = -2$이다.

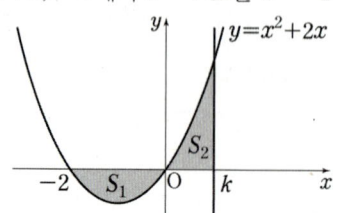

$$S_1 = \frac{1}{6}\{0 - (-2)\}^3 = \frac{4}{3}$$

$$S_2 = \int_0^k f(x)dx$$이므로

$$S_2 = \int_0^k (x^2 + 2x)dx$$

$$= \left[\frac{1}{3}x^3 + x^2\right]_0^k = \frac{1}{3}k^3 + k^2$$

$S_1 = S_2$에서 $\frac{4}{3} = \frac{1}{3}k^3 + k^2$

$\Rightarrow k^3 + 3k^2 - 4 = (k-1)(k+2)^2 = 0$

$\therefore k = 1 \ (\because k > 0)$

다른 풀이

$$S_2 - S_1 = \int_{-2}^k (x^2 + 2x)dx$$

$$= \left[\frac{1}{3}x^3 + x^2\right]_{-2}^k$$

$$= \frac{1}{3}k^3 + k^2 - \frac{4}{3}$$

$S_2 - S_1 = 0$에서 $k^3 + 3k^2 - 4 = (k-1)(k+2)^2 = 0$

$k = 1 \ (\because k > 0)$

참고

이차함수 $f(x)$에 대하여

$f(\alpha) = f(\beta) = 0$ (단, $\alpha < \beta$)일 때

곡선 $y = f(x)$와 x축으로 둘러싸인 부분의 넓이를

S_1, 곡선 $y = f(x)$와 x축 및 직선 $x = k \ (k > \beta)$로

둘러싸인 부분의 넓이를 S_2라 하자.

$S_1 = S_2$이면 $(\beta - \alpha) : (k - \beta) = 2 : 1$

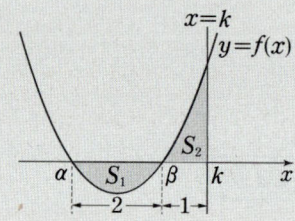

187 정답 ③

$f(x) = -x^2 + 3x$라 하면 $f'(x) = -2x + 3$이므로

$x = 2$에서의 접선의 기울기는 $f'(2) = -1$이다.

따라서 점 $(2, 2)$에서의 접선의 방정식은

$y - 2 = -(x-2)$, 즉 $y = -x + 4$

접선의 x절편과 y절편은 모두 4이다.

따라서 접선과 x축, y축이 이루는 삼각형의 넓이를 T라

하면

$$T = \frac{1}{2} \times 4 \times 4 = 8$$

또, 곡선 $y = -x^2 + 3x$와 x축으로 둘러싸인 도형의

넓이를 S라 하면 이차함수 그래프의 넓이 공식에 의하여

$$S = \frac{|-1|}{6}(3-0)^3 = \frac{9}{2}$$

$$\therefore A + B = T - S = 8 - \frac{9}{2} = \frac{7}{2}$$

| **188** | 정답 ③

$g(x) = (x-k)^2$이므로 두 곡선 $y=f(x)$, $y=g(x)$의

교점의 x좌표는 $\dfrac{k}{2}$이고, 두 곡선은 직선 $x=\dfrac{k}{2}$에 대하여

대칭이므로 두 곡선 $y=f(x)$, $y=g(x)$ 및 x축으로

둘러싸인 부분의 넓이는

$$2\int_0^{\frac{k}{2}} x^2 dx = 2\left[\frac{1}{3}x^3\right]_0^{\frac{k}{2}} = 2 \times \frac{k^3}{24} = \frac{k^3}{12} = 18$$

따라서 $k^3 = 216$이므로 $k=6$

| **189** | 정답 ③

조건 (가)에서 함수 $f(x)$가 원점에 대하여 대칭이므로

도함수 $f'(x)$는 y축에 대하여 대칭인 함수이다.

$f'(x) = 3(x-k)(x+k)$ (단, k는 양수)라 하면

$y=f'(x)$의 그래프와 x축으로 둘러싸인 부분의 넓이는

이차함수 그래프의 넓이 공식에 의하여

$\dfrac{3}{6}\{k-(-k)\}^3 = 4k^3 = 4$에서 $k=1$이다.

따라서 $f(x) = x^3 - 3x$이므로 $f(3) = 18$이다.

> **TIP**
>
> 삼차함수 $f(x)$는 최고차항의 계수가 1이고, 모든
> 실수 x에 대하여 $f(-x) = -f(x)$를 만족시키므로
> $f(x) = x^3 + ax$ (단, a는 상수)이다.
> 이때, $f'(x) = 3x^2 + a$이므로 모든 실수 x에 대하여
> $f'(-x) = f'(x)$를 만족시킨다.
> 즉, 함수 $y=f(x)$의 그래프는 원점에 대하여
> 대칭이고 함수 $y=f'(x)$의 그래프는 y축에 대하여
> 대칭이다.

| **190** | 정답 ②

삼각형 OAB의 넓이는 $\dfrac{1}{2} \times 2 \times 3 = 3$이므로

$S_1 + S_2 = 3$이고

$S_1 : S_2 = 13 : 3$에서

$S_1 = \dfrac{13}{13+3}(S_1 + S_2) = \dfrac{39}{16}$

한편, 두 점 A, B를 지나는 직선의 방정식은

$y = -\dfrac{3}{2}x + 3$이고,

직선 AB과 곡선 $y=ax^2$의 교점 중 제1사분면에 있는

점의 x좌표를 t $(0 < t < 2)$라 하면

$$-\frac{3}{2}t + 3 = at^2 \qquad\qquad \cdots\cdots\ \bigcirc$$

$$S_1 = \int_0^t \left\{\left(-\frac{3}{2}x + 3\right) - ax^2\right\}dx$$

$$= \left[-\frac{3}{4}x^2 + 3x - \frac{a}{3}x^3\right]_0^t$$

$$= -\frac{3}{4}t^2 + 3t - \frac{a}{3}t^3 = \frac{39}{16}$$

$\bigcirc$에 의하여

$$-\frac{3}{4}t^2 + 3t - \frac{1}{3}t\left(-\frac{3}{2}t + 3\right) = \frac{39}{16},$$

$$4t^2 - 32t + 39 = 0,$$

$$(2t-13)(2t-3) = 0,$$

$$t = \frac{3}{2} \ (\because 0 < t < 2)$$

$\bigcirc$에서 $-\dfrac{9}{4} + 3 = \dfrac{9}{4}a$

$$\therefore\ a = \frac{1}{3}$$

| **191** | 정답 ③

조건 (가)에서 서로 다른 두 점 P, Q의 x좌표를 각각

p, q $(p \neq q)$라 하면 두 점 $(p, f(p))$와 $(q, f(q))$를

지나는 직선의 기울기는 $\dfrac{f(p) - f(q)}{p - q}$이다.

이때, $\dfrac{f(p) - f(q)}{p - q} > 0$에서

$p < q$이면 $f(p) < f(q)$이고,

$p > q$이면 $f(p) > f(q)$이다.

즉, 함수 $f(x)$는 전 구간에서 증가하는 함수이다.

따라서 모든 실수 x에 대하여

$f'(x) = 3x^2 + 2ax + b \geq 0$이 성립한다.

이때, x에 대한 이차방정식 $f'(x) = 0$의 판별식을 D라

하면 $D \leq 0$이 성립한다.

$$\Rightarrow \frac{D}{4} = a^2 - 3b \leq 0 \qquad\qquad \cdots\cdots\ \bigcirc$$

또한 조건 (나)에서 사잇값 정리에 의해

$f(0)f(1) < 0$이면 열린구간 $(0, 1)$에서

x에 대한 방정식 $f(x) = 0$의 실근이 존재하게 되므로

열린구간 $(0, 1)$에서 x에 대한 방정식 $f(x) = 0$의 실근이

존재하지 않으면 $f(0)f(1) \geq 0$이 성립한다.

$$\Rightarrow -(1 + a + b - 1) \geq 0,\ a + b \leq 0 \qquad \cdots\cdots\ \bigcirc$$

$\bigcirc$, $\bigcirc$을 모두 만족시키는 점 (a, b)가 나타내는 영역은

그림과 같다.

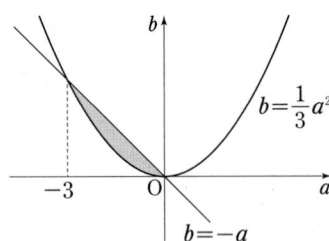

두 함수 $b=\dfrac{1}{3}a^2$과 $b=-a$의 그래프가 만나는 두 점의

a좌표는 $\dfrac{1}{3}a^2=-a$에서 $a=0$ 또는 $a=-3$이므로

점 $(a,\,b)$가 나타내는 영역의 넓이는

$$\dfrac{\left|\dfrac{1}{3}\right|}{6}\{0-(-3)\}^3=\dfrac{3}{2}\text{이다.}$$

| 192 | 정답 16

조건 (가)에 의하여 곡선 $y=f(x)$가 x축과

$x=0$, $x=a$, $x=6$일 때 만난다고 하면 ……㉠

곡선 $y=f(x)$를 x축에 대하여 대칭시키고,

x축의 방향으로 k만큼 평행이동시킨

곡선 $y=-f(x-k)$는 x축과

$x=k$, $x=a+k$, $x=6+k$일 때 만난다.

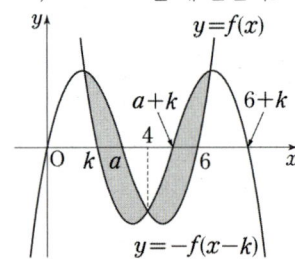

한편 제시된 상황은 조건 (나)에서 $\beta=4$일 때이며 ……㉡

$$\int_{\alpha}^{\gamma}\{f(x)+f(x-k)\}dx=0,$$

즉

$$\int_{\alpha}^{4}\{f(x)+f(x-k)\}dx$$
$$+\int_{4}^{\gamma}\{f(x)+f(x-k)\}dx=0,$$

$$\int_{\alpha}^{4}[f(x)-\{-f(x-k)\}]dx$$
$$=\int_{4}^{\gamma}\{-f(x-k)-f(x)\}dx$$

라는 것은 k의 값에 관계없이 위의 그래프의 색칠된 두 부분의 넓이가 서로 같다는 의미이므로 두 곡선 $y=f(x)$와 $y=-f(x-k)$가 직선 $x=4$에 대하여 서로 대칭이다.

따라서 $\dfrac{6+k}{2}=4$에서 $k=2$임을 알 수 있다.

방정식 $f(x)=-f(x-2)$는 $x=4$를 실근으로 가지므로
$$(\because \text{㉡})$$

$f(4)=-f(2)$이고

$f(x)=x(x-6)(x-a)$이므로 $(\because \text{㉠})$

$-32+8a=16-8a$에서 $a=3$이다.

$$\therefore \int_{0}^{2}f(x)dx=\int_{0}^{2}x(x-6)(x-3)dx$$
$$=\int_{0}^{2}(x^3-9x^2+18x)dx$$
$$=\left[\dfrac{1}{4}x^4-3x^3+9x^2\right]_{0}^{2}=16$$

| 193 | 정답 ①

점 P가 시각 $t=0$에서 시각 $t=4$까지 움직인 거리는 점 P의 속도 $v(t)$의 그래프와 t축 및 두 직선 $t=0$, $t=4$로 둘러싸인 두 부분의 넓이의 합과 같다.

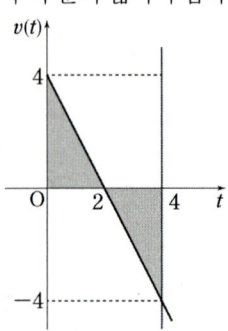

따라서 구하는 거리는 $\left(\dfrac{1}{2}\times 2\times 4\right)\times 2=8$이다

| 194 | 정답 ②

운동 방향을 바꿀 때의 속도는 0이므로

$t^2-3t+2=(t-1)(t-2)=0$에서 $t=1$ 또는 $t=2$이다.

따라서 운동 방향을 두 번째로 바꾸는 것은 $t=2$일 때이며, 이때까지 움직인 거리는

$$\int_{0}^{2}|t^2-3t+2|dt$$
$$=\int_{0}^{1}(t^2-3t+2)dt+\int_{1}^{2}(-t^2+3t-2)dt$$
$$=\left[\dfrac{1}{3}t^3-\dfrac{3}{2}t^2+2t\right]_{0}^{1}+\left[-\dfrac{1}{3}t^3+\dfrac{3}{2}t^2-2t\right]_{1}^{2}$$
$$=\dfrac{5}{6}+\dfrac{1}{6}=1$$

195 　정답 ④

시각 $t=0$에서의 점 P의 위치를 a라 하면
시각 $t=3$에서의 점 P의 위치는

$$a+\int_0^3 v(t)dt=a+\int_0^3(-2t+6)dt \qquad \cdots\cdots \,\text{㉠}$$

시각 $t=0$부터 시각 $t=5$까지 점 P가 움직인 거리는

$$\int_0^5 |v(t)|\,dt=\int_0^3 v(t)\,dt+\int_3^5\{-v(t)\}dt$$
$$=\int_0^3(-2t+6)\,dt+\int_3^5(2t-6)\,dt \quad \cdots\cdots\,\text{㉡}$$

㉠=㉡이어야 하므로

$$a=\int_3^5(2t-6)dt$$
$$=\Big[t^2-6t\Big]_3^5=4$$

196 　정답 ③

$v(t)=t^2+(1-a)t-a=(t+1)(t-a)$에서
$t=a$일 때 $v(t)=0$이므로 점 P는 $t=a$일 때 움직이는
방향을 바꾼다.
따라서 점 P가 시각 $t=0$에서 시각 $t=a$까지 움직인
거리는

$$\int_0^a |v(t)|\,dt=\int_0^a\{-t^2-(1-a)t+a\}dt$$
$$=\Big[-\frac{t^3}{3}-\frac{1-a}{2}t^2+at\Big]_0^a$$
$$=-\frac{a^3}{3}-\frac{a^2-a^3}{2}+a^2$$
$$=\frac{a^3}{6}+\frac{a^2}{2}$$
$$=\frac{10}{3}$$

$a^3+3a^2-20=(a-2)(a^2+5a+10)=0$에서
$a=2\,(\because a>0)$이다.
$v(t)=t^2-t-2$에서 $a(t)=2t-1$이므로
$t=2$에서 점 P의 가속도는 $a(2)=3$

197 　정답 57

$\displaystyle\int_2^4 v(t)dt=a$, $\displaystyle\int_4^5 v(t)dt=b$라 하자.
점 P가 $t=4$일 때 다시 원점을 지나고
$\displaystyle\int_0^2 v(t)dt=16$이므로

$$\int_0^4 v(t)dt=a+16=0$$에서 $a=-16$

또한, $\displaystyle\int_2^5 v(t)dt=a+b=9$에서 $b=25$이다.
따라서 구하고자 하는 값은

$$\int_0^5 |v(t)|dt=\int_0^2 v(t)dt+\int_2^4\{-v(t)\}dt+\int_4^5 v(t)dt$$
$$=16+16+25=57$$

198 　정답 ④

점 P의 시각 $t=x$에서의 위치를 $f(x)$라 하면

$$f(x)=8+\int_0^x(12t^3-12t^2)dt$$
$$=8+\Big[3t^4-4t^3\Big]_0^x$$
$$=3x^4-4x^3+8$$
$$f'(x)=12x^3-12x^2=12x^2(x-1)$$
$f'(x)=0$에서 $x=0$ 또는 $x=1$
함수 $f(x)$의 증가와 감소를 표로 나타내면 다음과 같다.

x	$\cdots$	0	$\cdots$	1	$\cdots$
$f'(x)$	$-$	0	$-$	0	$+$
$f(x)$	$\searrow$	8	$\searrow$	7	$\nearrow$

따라서 $f(x)$는 $x=1$일 때 최솟값을 가지므로
점 P는 $t=1$일 때 원점과 가장 가까우며
그 때의 위치는 $f(1)=7$이다.
$\therefore a+b=1+7=8$

199 　정답 ④

출발한 지 t초 후의 두 점 P, Q의 위치를 각각 P(t), Q(t)라
하면

$$\text{P}(t)=48+\int_0^t f(x)dx$$
$$=48+\int_0^t(3x^2-2)dx$$
$$=t^3-2t+48$$
$$\text{Q}(t)=100+\int_0^t g(x)dx=100+\int_0^t 1dx=t+100$$이다.

이때, 두 점 P, Q가 동시에 출발하여 $t=k$에서
두 점이 만나므로 $k^3-2k+48=k+100$이 성립한다.
$\Rightarrow k^3-3k-52=(k-4)(k^2+4k+13)=0$
$\therefore k=4\,(\because k^2+4k+13>0)$

시각 t에서의 두 점 P, Q의 위치를 각각 $P(t)$, $Q(t)$라 하면

$$P(t) = \int_0^t (3x^2 - 3)dx = t^3 - 3t$$

$$Q(t) = \int_0^t (18x - 18)dx = 9t^2 - 18t$$

두 점 P와 Q 사이의 거리는
$$|P(t) - Q(t)| = |(t^3 - 3t) - (9t^2 - 18t)| = |t^3 - 9t^2 + 15t|$$
이다. 이때, $h(t) = t^3 - 9t^2 + 15t$라 하면
$$h'(t) = 3t^2 - 18t + 15 = 3(t-1)(t-5)$$이다.
따라서 함수 $h(t)$의 증감표를 나타내면 다음과 같다.

t	0	$\cdots$	1	$\cdots$	5	$\cdots$	6
$h'(t)$		$+$	0	$-$	0	$+$	
$h(t)$	0	$\nearrow$	7	$\searrow$	-25	$\nearrow$	-18

따라서 함수 $y = |h(t)|$의 그래프는 다음과 같다.

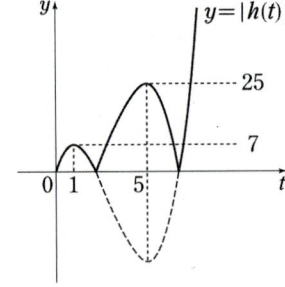

즉, 두 점 P와 Q 사이의 거리는 $t = 5$에서 최댓값 25를 갖는다.

실전+수능
고쟁이

미니 모의고사
정답과 풀이

수학 II

1. ①	**2.** ①	**3.** ②	**4.** ②	**5.** ⑤
6. 4	**7.** 9	**8.** 21		

1. 미분

정답 ①

문제 다시 보기

수직선 위를 움직이는 점 P의 시각 t $(t \geq 0)$에서의 위치 x가

$$x = \frac{1}{3}t^3 + kt \ (k는 \ 상수)$$

이고, 점 P의 속도가 15일 때 점 P의 가속도는 6이다.
k의 값은?

① 6　　② 8　　③ 10　　④ 12　　⑤ 14

점 P의 시각 t $(t \geq 0)$에서의 위치 x가

$x = \frac{1}{3}t^3 + kt$이므로

속도 v는 $v = t^2 + k$이고, 가속도 a는 $a = 2t$이다.

$t = \alpha$에서 점 P의 속도가 15이면 $\alpha^2 + k = 15$이고,

이때 가속도가 6이므로 $2\alpha = 6$이다.

즉, $\alpha = 3$이므로 $3^2 + k = 15$에서 $k = 6$이다.

2. 함수의 극한과 연속

정답 ①

문제 다시 보기

두 함수 $f(x) = \begin{cases} x+1 & (x < 1) \\ x-1 & (x \geq 1) \end{cases}$과 $g(x) = 2^{x-k} - 4$에 대하여
함수 $f(x)g(x)$가 실수 전체의 집합에서 연속일 때, 상수 k의
값은?

① -1　　② -2　　③ -3　　④ -4　　⑤ -5

함수 $f(x)$는 $x = 1$에서만 불연속이고,
함수 $g(x)$는 실수 전체의 집합에서 연속이므로
함수 $f(x)g(x)$가 연속이기 위해서는 $x = 1$에서 연속이어야
한다.
이때 $\lim\limits_{x \to 1-} f(x) = 2$, $\lim\limits_{x \to 1+} f(x) = f(1) = 0$이므로
함수 $f(x)g(x)$가 $x = 1$에서 연속이기 위해서는
$g(1) = 0$이어야 한다.

$2^{1-k} - 4 = 0$에서

$2^{1-k} = 4$, $1 - k = 2$

$\therefore \ k = -1$

3. 적분

정답 ②

문제 다시 보기

양수 t에 대하여 곡선 $y = 2x^2 - 3x$와 직선 $y = tx$로 둘러싸인

부분의 넓이를 $S(t)$라 할 때, $\lim\limits_{t \to \infty} \dfrac{S(t)}{t^3}$의 값은?

① $\dfrac{1}{48}$　　② $\dfrac{1}{24}$　　③ $\dfrac{1}{16}$　　④ $\dfrac{1}{12}$　　⑤ $\dfrac{5}{48}$

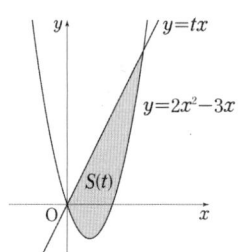

$2x^2 - 3x = tx$에서

$x(2x - 3 - t) = 0$이므로

$x = 0$ 또는 $x = \dfrac{t+3}{2}$

따라서 곡선 $y = 2x^2 - 3x$와 직선 $y = tx$의 교점의 x좌표는

0과 $\dfrac{t+3}{2}$이므로

곡선 $y = 2x^2 - 3x$와 직선 $y = tx$로 둘러싸인 부분의 넓이는

$$\int_0^{\frac{t+3}{2}} \{tx - (2x^2 - 3x)\}dx = \int_0^{\frac{t+3}{2}} \{-2x^2 + (t+3)x\}dx$$

$$= \left[-\frac{2}{3}x^3 + \frac{t+3}{2}x^2 \right]_0^{\frac{t+3}{2}}$$

$$= -\frac{2}{3}\left(\frac{t+3}{2}\right)^3 + \left(\frac{t+3}{2}\right)^3$$

$$= \frac{1}{3}\left(\frac{t+3}{2}\right)^3$$

$$= \frac{1}{24}(t+3)^3$$

$$\therefore \ \lim_{t \to \infty} \frac{S(t)}{t^3} = \frac{1}{24}\lim_{t \to \infty}\left(1 + \frac{3}{t}\right)^3 = \frac{1}{24}$$

4. 미분

문제 다시 보기

최고차항의 계수가 양수인 삼차함수 $f(x)$가 다음 조건을 만족시킨다.

> (가) $f'(1) = f'(3) = 0$
> (나) $f(f'(0)) = f(f'(k)) = f(1)$을 만족시키는 1보다 작은 양수 k가 존재한다.

$f'(6)$의 값은?

① 16 ② 20 ③ 24 ④ 28 ⑤ 32

방정식 $f(x) = f(1)$의 해를 1, α $(\alpha > 1)$라 하면
조건 (나)에서 $f'(0) = 1$ 또는 $f'(0) = \alpha$이고
$f'(k) = 1$ 또는 $f'(k) = \alpha$
이때 조건 (가)에 의하여 $f'(k) < f'(0)$이므로
$f'(k) = 1$이고 $f'(0) = \alpha$이다.
한편, $g(x) = f(x) - f(1)$이라 하면
방정식 $g(x) = 0$은 $x = 1$을 중근으로 가지므로
$g(x) = \beta(x-1)^2(x-\alpha)$라 할 수 있다. (단, $\beta \neq 0$)
이때 함수 $g(x)$는 $x = 3$에서 극값을 가지므로
$g'(x) = 2\beta(x-1)(x-\alpha) + \beta(x-1)^2$에서
$g'(3) = 4\beta(3-\alpha) + 4\beta = 16\beta - 4\alpha\beta = 0$
$\therefore \alpha = 4$ $(\because \beta \neq 0)$
이때 $f'(x) = 3\beta(x-1)(x-3)$에 $x = 0$을 대입하면
$f'(0) = 9\beta$이므로
$9\beta = 4$에서 $\beta = \dfrac{4}{9}$

$\therefore f'(x) = \dfrac{4}{3}(x-1)(x-3)$

$\therefore f'(6) = 20$

5. 적분

문제 다시 보기

두 양수 p, q에 대하여 함수 $f(x) = (x-p)^2 + q$가 있다. 자연수 n에 대하여 $\displaystyle\int_n^k f(x)dx = 2$를 만족시키는 실수 k의 값을 a_n이라 할 때, <보기>에서 옳은 것만을 있는 대로 고른 것은?

> **〈 보 기 〉**
> ㄱ. $a_2 = 3$, $a_3 = 4$이면 $f(2) = \dfrac{8}{3}$이다.
> ㄴ. $p = 3$이고, $\displaystyle\int_1^5 f(x)dx < 8$이면 $a_3 > 4$이다.
> ㄷ. $0 < p < 1$이면 모든 자연수 n에 대하여 $a_{n+1} - a_n < 1$이다.

① ㄱ ② ㄴ ③ ㄱ, ㄴ ④ ㄴ, ㄷ ⑤ ㄱ, ㄴ, ㄷ

ㄱ. $f(x) = (x-p)^2 + q$에서

$F(x) = \dfrac{1}{3}x^3 - px^2 + (p^2 + q)x$라 하자.

$a_2 = 3$에서 $\displaystyle\int_2^3 f(x)dx = F(3) - F(2) = 2$,

$a_3 = 4$에서 $\displaystyle\int_3^4 f(x)dx = F(4) - F(3) = 2$이므로

$F(4) + F(2) = 2F(3)$ ······㉠

이때

$F(4) + F(2) = \dfrac{72}{3} - 20p + 6(p^2 + q)$이고,

$2F(3) = 18 - 18p + 6(p^2 + q)$이므로

㉠에 의하여 $2p = 6$

$\therefore p = 3$

따라서 $f(x) = (x-3)^2 + q$라 하면

$\displaystyle\int_2^3 \{(x-3)^2 + q\}dx = \left[\dfrac{1}{3}(x-3)^3 + qx\right]_2^3$
$= 3q - \left(-\dfrac{1}{3} + 2q\right) = q + \dfrac{1}{3} = 2$

에서 $q = \dfrac{5}{3}$이다.

즉, $f(x) = (x-3)^2 + \dfrac{5}{3}$이므로 $f(2) = \dfrac{8}{3}$이다. (참)

ㄴ. $p = 3$이면 $\displaystyle\int_1^3 f(x)dx = \int_3^5 f(x)dx$이고,

$\displaystyle\int_1^5 f(x)dx = 2\int_3^5 f(x)dx$이므로

$\displaystyle\int_1^5 f(x)dx < 8$이면 $\displaystyle\int_3^5 f(x)dx < 4$이다.

이때 $\displaystyle\int_3^4 f(x)dx < \int_4^5 f(x)dx$이므로

$\displaystyle\int_3^4 f(x)dx < 2$이다.

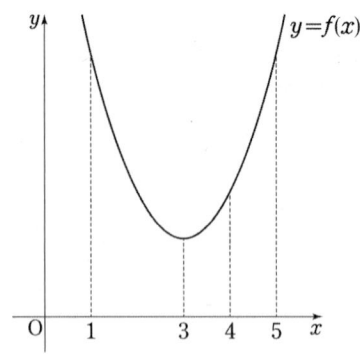

따라서 $\displaystyle\int_{3}^{a_3} f(x)dx = 2$ 에서 $a_3 > 4$ 이다. (참)

ㄷ. $0 < p < 1$ 이면 $x > 1$ 에서 함수 $f(x)$ 는 증가한다.

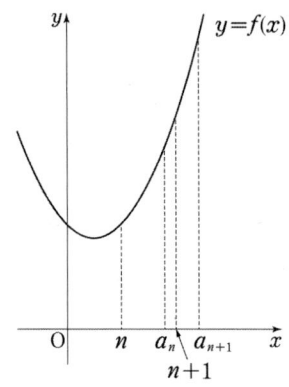

따라서 $\displaystyle\int_{n}^{a_n} f(x)dx = 2$ 에서 $a_n - n > a_{n+1} - (n+1)$

즉, $a_{n+1} - a_n < 1$ 이다. (참)

이상에서 ㄱ, ㄴ, ㄷ 모두 옳다.

> **참고**
>
> $a_2 = 3$, $a_3 = 4$ 이면 $\displaystyle\int_{2}^{3} f(x)dx = \int_{3}^{4} f(x)dx$ 이다.
>
> 이때 $\displaystyle\int_{2}^{3} f(x)dx$ 와 $\displaystyle\int_{3}^{4} f(x)dx$ 의 적분 구간은 서로 같고 함수 $f(x)$ 는 이차함수, 즉 직선 $x = p$ 에 대하여 대칭인 함수이므로 대칭성에 의하여 $p = 3$ 임을 빠르게 찾을 수 있다.

6. 적분　　　　　　　　　　　　　　　정답 4

> **문제 다시 보기**
>
> 최고차항의 계수가 1인 이차함수 $f(x)$ 에 대하여 함수 $g(x)$ 를
>
> $$g(x) = \int_{0}^{x} f(t)dt + x$$
>
> 라 하자. 함수 $g(x)$ 가 $x = 1$ 에서 1을 극값으로 가질 때, $f(4)$ 의 값을 구하시오.

함수 $f(x)$ 가 이차함수이므로 함수 $g(x)$ 는 삼차함수이고 $g(x) = \displaystyle\int_{0}^{x} f(t)dt + x$ 에서 $g'(x) = f(x) + 1$ 이다.

함수 $g(x)$ 가 $x = 1$ 에서 극값을 가지므로 $g'(1) = f(1) + 1 = 0$ 즉, $f(1) = -1$ 이다.　　……㉠

또한 $g(1) = 1$ 에서 $\displaystyle\int_{0}^{1} f(t)dt + 1 = 1$ 이므로

$$\int_{0}^{1} f(t)dt = 0 \text{이다.} \qquad \cdots\cdots ㉡$$

$f(x) = x^2 + ax + b$ (a, b는 상수)라 하면 ㉠에서 $a + b = -2$ 이고,

㉡에서

$$\int_{0}^{1} (t^2 + at + b)dt = \left[\frac{1}{3}t^3 + \frac{a}{2}t^2 + bt \right]_{0}^{1}$$
$$= \frac{1}{3} + \frac{a}{2} + b = 0$$

즉, $a + 2b = -\dfrac{2}{3}$ 이다.

따라서 $a = -\dfrac{10}{3}$, $b = \dfrac{4}{3}$ 이므로

$f(x) = x^2 - \dfrac{10}{3}x + \dfrac{4}{3}$ 이다.

$\therefore f(4) = 16 - \dfrac{40}{3} + \dfrac{4}{3} = 4$

7. 함수의 극한과 연속　　　　　　　정답 9

> **문제 다시 보기**
>
> 실수 전체의 집합에서 정의된 함수
>
> $$f(x) = \begin{cases} (x-m)^2 & (x < m) \\ -4x + m^2 & (x \geq m) \end{cases}$$
>
> 가 $\displaystyle\lim_{x \to 2-} f(x) - \lim_{x \to 4+} f(x) = 8$ 을 만족시키도록 하는 모든 자연수 m 의 값의 합을 구하시오.

함수 $f(x) = \begin{cases} (x-m)^2 & (x < m) \\ -4x + m^2 & (x \geq m) \end{cases}$ 에 대하여 편의상

$\displaystyle\lim_{x \to 2-} f(x)$ 의 값을 p, $\displaystyle\lim_{x \to 4+} f(x)$ 의 값을 q 라 하자.

ⅰ) $m = 1$ 인 경우

$p = -8 + m^2$, $q = -16 + m^2$ 이므로 $p - q = 8$ 을 만족시킨다.

ⅱ) $m = 2, 3, 4$ 인 경우

$p = (2 - m)^2$, $q = -16 + m^2$ 이므로 $p - q = -4m + 20$ 이다. 이때 $-4m + 20 = 8$ 이려면 $m = 3$ 이어야 한다.

ⅲ) $m = 5, 6, 7, \cdots$ 인 경우

$p = (2 - m)^2$, $q = (4 - m)^2$ 이므로 $p - q = 4m - 12$ 이다. 이때 $4m - 12 = 8$ 이려면 $m = 5$ 이어야 한다.

따라서 구하는 모든 자연수 m의 값의 합은
$1+3+5=9$이다.

8. 미분 정답 21

문제 다시 보기

삼차함수 $y=x^3-3x$의 그래프를 x축의 방향으로 a만큼,
y축의 방향으로 b만큼 평행이동시킨 그래프를 갖는 함수
$y=f(x)$가 다음 조건을 만족시킨다.

> (가) $f(0)=0$
> (나) 함수 $f(x)$의 극솟값은 자연수이다.
> (다) 두 함수 $y=f(x)$, $y=|x-k|+n$의 그래프의 교점의
> 개수가 2가 되도록 하는 실수 k와 자연수 n의 모든
> 순서쌍 (k,n)의 개수는 69이다.

$a+b$의 값을 구하시오. (단, a, b는 상수이다.)

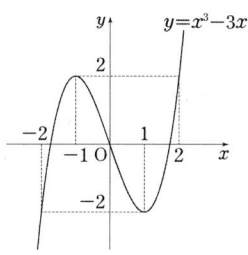

함수 $f(x)=(x-a)^3-3(x-a)+b$가 조건 (가)와 (나)를
만족시키면 그 그래프는 다음 그림과 같다.

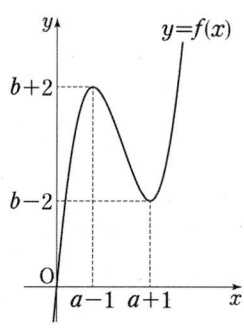

이때 $f(0)=-a^3+3a+b=0$이고 $\cdots\cdots$ ㉠
극솟값 $b-2$와 극댓값 $b+2$는 모두 자연수이다.
한편 곡선 $y=x^3-3x$ 위의 점에서의 접선의 기울기가 1
또는 -1인 점은 다음 그림과 같이 4개가 있다.

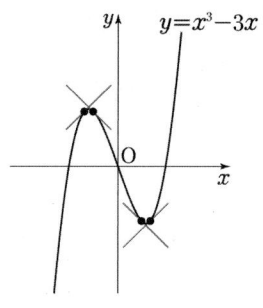

함수 $y=|x-k|+n$의 그래프는 V자 모양이고 극소인 점의
좌표가 (k,n)이므로 두 함수 $y=f(x)$, $y=|x-k|+n$의
그래프의 교점의 개수가 2가 되도록 하는 실수 k와 자연수
n의 순서쌍 (k,n)은 다음과 같이 3가지 경우로 나누어
구할 수 있다.

ⅰ) 교점 중 하나의 좌표가 (k,n)

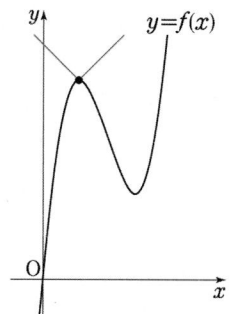

$(k,n)=(a-1,b+2)$로 1쌍이 있다.

ⅱ) 교점 중 하나가 기울기 1인 접선의 접점

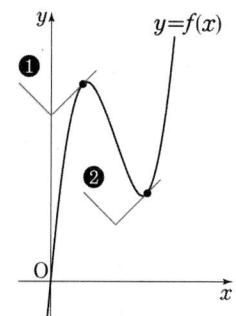

❶의 형태에서 $n=1$, 2, 3, $\cdots$, $b+1$로 $b+1$쌍이
있고, ❷의 형태에서 $n=1$, 2, 3, $\cdots$, $b-3$으로
$b-3$쌍이 있다.

ⅲ) 교점 중 하나가 기울기 -1인 접선의 접점

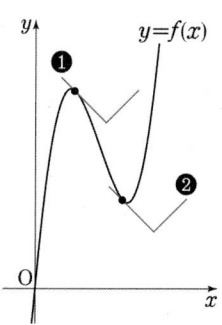

❶의 형태에서 $n=1$, 2, 3, $\cdots$, $b+1$로 $b+1$쌍이
있고, ❷의 형태에서 $n=1$, 2, 3, $\cdots$, $b-3$으로
$b-3$쌍이 있다.
이상에서 조건 (다)를 만족시키는 모든 순서쌍 (k,n)의
개수는 $1+(2b-2)+(2b-2)=69$이므로 $b=18$이고 ㉠에
의하여 $a^3-3a-18=0$이다.
$(a-3)(a^2+3a+6)=0$이므로 $a=3$
$\therefore a+b=21$

> **참고**
>
> ❷의 형태에서 $n=b-2$일 때는 두 함수 $y=f(x)$,
> $y=|x-k|+n$의 그래프의 교점의 개수가 4임에 유의한다.

1. ⑤	**2.** ②	**3.** ④	**4.** ②	**5.** ③
6. 11	**7.** 5	**8.** 15		

1. 미분

정답 ⑤

문제 다시 보기

함수 $f(x) = \dfrac{1}{3}x^3 + ax^2 + 4x$의 역함수가 존재하도록 하는 모든 정수 a의 개수는?

① 1   ② 2   ③ 3   ④ 4   ⑤ 5

함수 $f(x)$의 역함수가 존재하기 위한 필요충분조건은
$f(x)$가 일대일대응인 것이므로
최고차항의 계수가 양수인 삼차함수 $f(x)$는 구간
$(-\infty, \infty)$에서 증가하는 함수가 되어야 한다.
즉, 모든 실수 x에 대하여
$f'(x) = x^2 + 2ax + 4 \geq 0$이어야 하므로
이차방정식 $x^2 + 2ax + 4 = 0$의 판별식을 D라 하면
$\dfrac{D}{4} = a^2 - 4 = (a+2)(a-2) \leq 0$

$\therefore -2 \leq a \leq 2$
따라서 모든 정수 a의 개수는 5이다.

2. 적분

정답 ②

문제 다시 보기

다항함수 $f(x)$가 모든 실수 x에 대하여

$$\int_0^x f(t)dt = (x+1)f(x) + x^2 - kx \ (k\text{는 상수})$$

를 만족시킬 때, $f(3)$의 값은?

① -8 ② -6 ③ -4 ④ -2 ⑤ 0

$\displaystyle\int_0^x f(t)dt = (x+1)f(x) + x^2 - kx$에서 양변에 $x = 0$을
대입하면 $f(0) = 0$이고,   ……㉠

양변을 x에 대하여 미분하면
$f(x) = f(x) + (x+1)f'(x) + 2x - k$,
$(x+1)f'(x) = -2x + k$
양변에 $x = -1$을 대입하면 $0 = 2 + k$
$\therefore k = -2$
따라서 $(x+1)f'(x) = -2(x+1)$이다.
이때 함수 $f(x)$는 다항함수이므로 $f'(x) = -2$이다.
따라서 $f(x) = -2x + C$ (단, C는 적분상수)이고
㉠에 의하여 $f(0) = 0$이므로 $C = 0$
$\therefore f(x) = -2x$
$\therefore f(3) = -6$

3. 함수의 극한과 연속

정답 ④

문제 다시 보기

실수 t에 대하여 직선 $y = t$가 함수 $y = |2^x - 1| + 3$의
그래프와 만나는 점의 개수를 $f(t)$라 할 때,
$f(3) + \lim\limits_{t \to 4-} f(t)$의 값은?

① 0   ② 1   ③ 2   ④ 3   ⑤ 4

함수 $y = 2^x - 1$의 그래프의 점근선이 직선 $y = -1$이므로
함수 $y = |2^x - 1|$의 그래프의 점근선은 직선 $y = 1$이고,
이를 y축의 방향으로 3만큼 평행이동시킨
함수 $y = |2^x - 1| + 3$의 그래프의 점근선은 직선 $y = 4$이다.

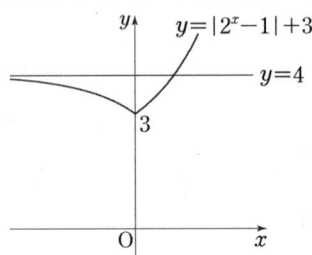

따라서 직선 $y = t$가 함수 $y = |2^x - 1| + 3$의 그래프와
만나는 점의 개수는

$$f(t) = \begin{cases} 0 & (t < 3) \\ 1 & (t = 3) \\ 2 & (3 < t < 4) \\ 1 & (t \geq 4) \end{cases} \text{이다.}$$

$\therefore f(3) + \lim\limits_{t \to 4-} f(t) = 1 + 2 = 3$

4. 미분 정답 ②

문제 다시 보기

최고차항의 계수가 1이고 모든 실수 x에 대하여
$f(x)=-f(-x)$를 만족시키는 삼차함수 $f(x)$가 있다. 실수
t에 대하여 방정식 $f'(x)=\dfrac{f(t+3)-f(t)}{3}$를 만족시키는
$t<x<t+3$인 실수 x의 개수를 $g(t)$라 하자. 서로 다른 두
실수 $\alpha,\ \beta\ (\alpha<\beta)$에 대하여 실수 전체의 집합에서 정의된
함수 $g(t)$가 $t=\alpha,\ t=\beta$에서만 불연속일 때, $\alpha+\beta$의 값은?

① -2 ② -3 ③ -4 ④ -5 ⑤ -6

두 점 $(\alpha, f(\alpha))$, $(\alpha+3, f(\alpha+3))$을 이은 직선을 l_α라
하고,
두 점 $(\beta, f(\beta))$, $(\beta+3, f(\beta+3))$을 이은 직선을 l_β라 하자.
함수 $g(t)$가 $t=\alpha,\ t=\beta$에서 불연속이기 위해서는
다음 그림과 같이 두 직선 l_α와 l_β는 곡선 $y=f(x)$의
접선이어야 한다.

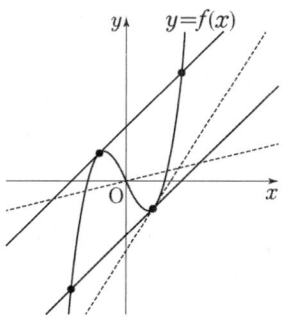

직선 l_α의 방정식을 $y=ax+b$라 하고,
직선 l_α와 곡선 $y=f(x)$가 점 $(k, f(k))$에서 접한다고 하면
$$f(x)-ax-b=(x-\alpha)(x-k)^2$$
$$=(x-\alpha)(x^2-2kx+k^2)$$
$$=x^3-(2k+\alpha)x^2+(k^2+2k\alpha)x-\alpha k^2$$
이때, 함수 $f(x)$는 모든 실수 x에 대하여
$f(x)=-f(-x)$를 만족시키므로
$f(x)=x^3+\gamma x$라 하면
$$x^3+(\gamma-a)x-b=x^3-(2k+\alpha)x^2+(k^2+2k\alpha)x-\alpha k^2$$
x^2의 계수를 비교하면 $k=-\dfrac{\alpha}{2}$

주어진 조건에 의하여 $-\dfrac{\alpha}{2}=\alpha+3$이므로 $\alpha=-2$이다.
한편, 곡선 $y=f(x)$는 원점에 대하여 대칭이므로
$$\beta=\dfrac{\alpha}{2}=-1$$
$$\therefore\ \alpha+\beta=-3$$

5. 적분 정답 ③

문제 다시 보기

최고차항의 계수가 1인 서로 다른 두 삼차함수 $f(x),\ g(x)$가
다음 조건을 만족시킨다.

(가) $\lim\limits_{x\to 0}\dfrac{f(x)g(x)}{x^2}=0$, $\lim\limits_{x\to 1}\dfrac{f(x)g(x)}{x-1}=0$
(나) 방정식 $f(x)=g(x)$는 서로 다른 두 실근 $0, 3$을
갖는다.

좌표평면에서 두 곡선 $y=f(x)$, $y=g(x)$로 둘러싸인 부분의
넓이는?

① $\dfrac{7}{6}$ ② $\dfrac{4}{3}$ ③ $\dfrac{3}{2}$ ④ $\dfrac{5}{3}$ ⑤ $\dfrac{11}{6}$

조건 (가)에 의하여 다항식 $f(x)g(x)$는 x^3과 $(x-1)^2$을
인수로 갖는다. $\qquad\qquad\cdots\cdots(*)$
순서를 고려하지 않고 최고차항의 계수가 1인 두 삼차식
$f(x),\ g(x)$의 조합으로 가능한 경우는 다음의 3가지이다.
(단, a는 상수)
❶ $x^3,\ (x-1)^2(x+a)$
❷ $x^2(x+a),\ x(x-1)^2$
❸ $x^2(x-1),\ x(x-1)(x+a)$
조건 (나)에 의하여 $\begin{cases}f(0)=g(0)\\ f(3)=g(3)\end{cases}$이어야 하는데 ❶과 ❸은
이를 만족시키지 못하므로 ❷에서
$x=3$일 때의 함숫값은 $9(3+a)=12\ \Rightarrow\ a=-\dfrac{5}{3}$

따라서 두 곡선 $y=x^2\left(x-\dfrac{5}{3}\right)$, $y=x(x-1)^2$으로 둘러싸인
부분의 넓이를 계산하면 다음과 같다.

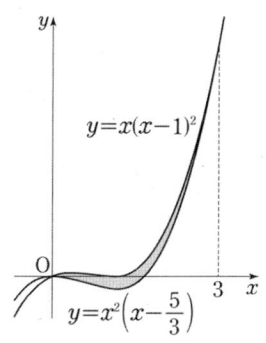

$$\int_0^3\left\{x(x-1)^2-x^2\left(x-\dfrac{5}{3}\right)\right\}dx=\int_0^3\left(-\dfrac{1}{3}x^2+x\right)dx$$
$$=\left[-\dfrac{1}{9}x^3+\dfrac{1}{2}x^2\right]_0^3=\dfrac{3}{2}$$

참고

$(*)$에서 자연수 n, 다항식 $h(x)$, 상수 α에 대하여
$\lim\limits_{x\to k}\dfrac{h(x)}{(x-k)^n}=\alpha$이면 $h(x)$는 $(x-k)^n$을 인수로 갖는다.
특히 α가 0인 경우 $h(x)$는 $(x-k)^{n+1}$을 인수로 갖는다.

6. 미분 정답 11

문제 다시 보기

최고차항의 계수가 $\frac{1}{3}$인 삼차함수 $f(x)$는 다음 조건을 만족시킨다.

> (가) 모든 실수 x에 대하여 $f'(x) = f'(-x)$이다.
> (나) 어떤 상수 k에 대하여 $g(x) = f(x) - kx^2$이라 할 때, 함수 $g(x)$는 $x = 1$과 $x = 2$에서 극값을 가진다.

$f'(3)$의 값을 구하시오.

함수 $f(x)$는 최고차항의 계수가 $\frac{1}{3}$인 삼차함수이므로

함수 $f'(x)$는 최고차항의 계수가 1인 이차함수이다.

$f'(x) = x^2 + ax + b$라 하자.

조건 (가)에서 모든 실수 x에 대하여

$f'(x) = f'(-x)$이므로 $a = 0$

따라서 $f'(x) = x^2 + b$라 하면

조건 (나)에서

$g'(x) = (x^2 + b) - 2kx = x^2 - 2kx + b$

이때 함수 $g(x)$는 $x = 1$과 $x = 2$에서 극값을 가지므로

$g'(x) = (x-1)(x-2) = x^2 - 3x + 2$이다.

따라서 $k = \frac{3}{2}$이고 $b = 2$이다.

$\therefore\ f'(x) = x^2 + 2$

$\therefore\ f'(3) = 11$

7. 적분 정답 5

문제 다시 보기

점 $A(a)$에서 출발하여 수직선 위를 움직이는 점 P의 시각 $t\,(t \geq 0)$에서의 속도 $v(t)$가

$$v(t) = -20t(t-1)(t-2)$$

이다. 출발한 후 점 P가 원점을 두 번만 지났을 때, 상수 a의 값을 구하시오.

$v(t) = 0$에서 $t = 0$, $t = 1$, $t = 2$이므로

시각 $t\,(t \geq 0)$에서의 점 A의 위치를 $x(t)$라 하면

위치 $x(t)$를 나타내는 그래프는 다음과 같다.

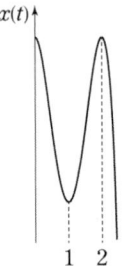

이때 출발한 후 점 P가 원점을 두 번만 지나려면

위치 $x(t)$를 나타내는 그래프와 t축이 서로 다른 두 점에서 만나야 하므로

함수 $x(t)$의 극솟값이 0, 즉 $x(1) = 0$이어야 한다.

$$\begin{aligned}
x(1) &= a + \int_0^1 v(t)dt \\
&= a - 20\int_0^1 (t^3 - 3t^2 + 2t)dt \\
&= a - 20\left[\frac{t^4}{4} - t^3 + t^2\right]_0^1 \\
&= a - 20 \times \frac{1}{4} = 0
\end{aligned}$$

$\therefore\ a = 5$

문제 다시 보기

함수

$$f(x) = \begin{cases} kx^2 & (x < 0) \\ |x-1| & (x \geq 0) \end{cases}$$

에 대하여

$$g(x) = \{f(x)+a\}\{f(x+b)+a\}$$

라 하자. 함수 $g(x)$가 실수 전체의 집합에서 연속이 되도록 하는 두 실수 a, b의 모든 순서쌍 (a, b)의 개수가 5일 때, 상수 k에 대하여 $60k$의 값을 구하시오.

주어진 조건에서 함수 $f(x)$는 $x=0$에서 불연속이므로 함수 $g(x)$가 실수 전체의 집합에서 연속이기 위해서는 $x=0$과 $x=-b$에서 연속이어야 한다.

먼저 $b=0$일 때를 생각하면

$$\lim_{x \to 0-} \{f(x)+a\} = a, \quad \lim_{x \to 0+} \{f(x)+a\} = 1+a$$

이므로 $a^2 = (1+a)^2$에서 $a = -\dfrac{1}{2}$

$b \neq 0$인 경우를 생각하자.

$$\lim_{x \to 0-} \{f(x)+a\} = a, \quad \lim_{x \to 0+} \{f(x)+a\} = 1+a,$$

$$\lim_{x \to 0-} \{f(x+b)+a\} = f(b)+a,$$

$$\lim_{x \to 0+} \{f(x+b)+a\} = f(b)+a$$

이고 $g(0) = (1+a)\{f(b)+a\}$이므로

$$\lim_{x \to 0-} g(x) = a\{f(b)+a\},$$

$$\lim_{x \to 0+} g(x) = g(0) = (1+a)\{f(b)+a\}$$

에서 함수 $g(x)$가 $x=0$에서 연속이기 위해서는
$f(b)+a=0$이어야 한다. $\qquad$ ······㉠

또한

$$\lim_{x \to -b-} \{f(x)+a\} = f(-b)+a,$$

$$\lim_{x \to -b+} \{f(x)+a\} = f(-b)+a,$$

$$\lim_{x \to -b-} \{f(x+b)+a\} = a, \quad \lim_{x \to -b+} \{f(x+b)+a\} = 1+a$$

이고, $g(-b) = \{f(-b)+a\}(1+a)$이므로

$$\lim_{x \to -b-} g(x) = a\{f(-b)+a\},$$

$$\lim_{x \to -b+} g(x) = g(-b) = \{f(-b)+a\}(1+a)$$

에서 함수 $g(x)$가 $x=-b$에서 연속이기 위해서는
$f(-b)+a=0$이어야 한다. $\qquad$ ······㉡

㉠, ㉡에서 $f(b) = f(-b)$

이때 주어진 조건을 만족시키는 순서쌍 (a, b)의 개수는 5이어야 하므로 $k>0$이어야 한다.

또한 방정식 $f(x) = f(-x)$의 0이 아닌 서로 다른 실근의 개수는 4이어야 하므로

직선 $y=x-1$과 곡선 $y=kx^2$은 서로 접해야 한다.

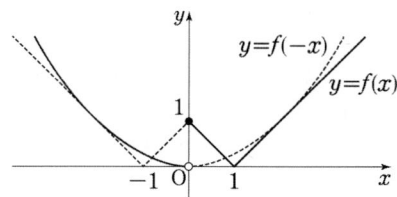

따라서 방정식 $kx^2 = x-1$은 중근을 가지므로

$$kx^2 - x + 1 = k\left(x - \frac{1}{2k}\right)^2 \text{에서 } \frac{1}{4k} = 1$$

$$\therefore \ k = \frac{1}{4}$$

$$\therefore \ 60k = 15$$

1. ①	**2.** ③	**3.** ③	**4.** ③	**5.** ⑤
6. 2	**7.** 29	**8.** 15		

1. 함수의 극한과 연속   정답 ①

문제 다시 보기

실수 전체의 집합에서 연속인 함수 $f(x)$가 $x > 1$일 때

$$-x(x-1)(x-3) \le f(x) \le x^2 - 1$$

을 만족시킨다. $\lim\limits_{x \to 1+} \dfrac{f(x)}{x-1}$의 값은?

① 2   ② 3   ③ 4   ④ 5   ⑤ 6

$-x(x-1)(x-3) \le f(x) \le x^2 - 1$에서 $x > 1$일 때

$-x(x-3) \le \dfrac{f(x)}{x-1} \le x + 1$이므로

$\lim\limits_{x \to 1+} \{-x(x-3)\} \le \lim\limits_{x \to 1+} \dfrac{f(x)}{x-1} \le \lim\limits_{x \to 1+} (x+1)$이다.

이때 $\lim\limits_{x \to 1+} \{-x(x-3)\} = 2$, $\lim\limits_{x \to 1+} (x+1) = 2$이므로

$\lim\limits_{x \to 1+} \dfrac{f(x)}{x-1} = 2$이다.

2. 적분   정답 ③

문제 다시 보기

함수 $f(x)$의 도함수가

$$f'(x) = \begin{cases} x + 2 & (x \le 1) \\ -x^2 + 4 & (x > 1) \end{cases}$$

이고 $f(0) = -\dfrac{3}{2}$일 때, 함수 $f(x)$의 극댓값은?

① 2   ② $\dfrac{7}{3}$ ③ $\dfrac{8}{3}$ ④ 3   ⑤ $\dfrac{10}{3}$

함수 $f'(x)$의 그래프가 다음과 같으므로
함수 $f(x)$는 $x = 2$에서 극댓값을 갖는다.

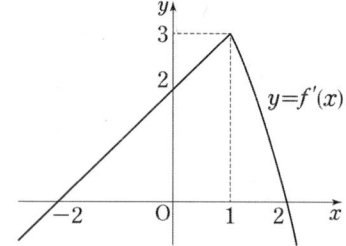

함수 $f'(x)$의 식을 적분하면

$$f(x) = \begin{cases} \dfrac{1}{2}x^2 + 2x + C_1 & (x \le 1) \\ -\dfrac{1}{3}x^3 + 4x + C_2 & (x > 1) \end{cases}$$ (단, C_1, C_2는 적분상수)

이고, $f(0) = -\dfrac{3}{2}$이므로 $C_1 = -\dfrac{3}{2}$

함수 $f(x)$가 $x = 1$에서 연속이므로

$f(1) = \lim\limits_{x \to 1+} f(x) = \lim\limits_{x \to 1-} f(x)$에서

$1 = \dfrac{11}{3} + C_2$, 즉 $C_2 = -\dfrac{8}{3}$

따라서 함수 $f(x)$의 극댓값은

$f(2) = -\dfrac{8}{3} + 8 - \dfrac{8}{3} = \dfrac{8}{3}$

3. 미분 정답 ③

문제 다시 보기

최고차항의 계수가 1인 삼차함수 $f(x)$에 대하여 함수 $g(x)=|(x-1)f(x)|$는 한 점에서만 미분가능하지 않고 $x=4$에서 극댓값을 갖는다. 함수 $f(x)$의 극값이 존재할 때, 함수 $f(x)$의 극댓값과 극솟값의 합은?

① $-\dfrac{256}{9}$ ② $-\dfrac{128}{9}$ ③ $-\dfrac{256}{27}$ ④ $-\dfrac{128}{27}$ ⑤ $-\dfrac{64}{27}$

$h(x)=(x-1)f(x)$라 하면 $h(x)$는 최고차항의 계수가 1인 사차함수이고
함수 $g(x)=|h(x)|$가 한 점에서만 미분가능하지 않으므로 가능한 그래프는 다음과 같다.

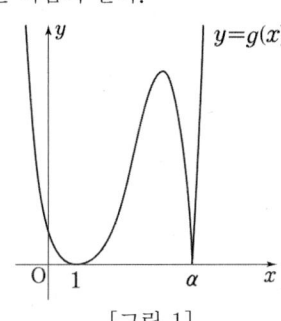

[그림 1]

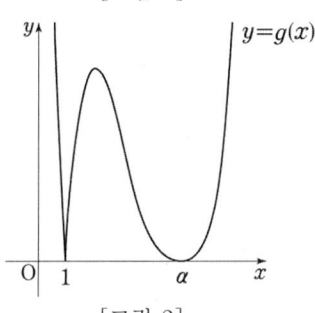

[그림 2]

함수 $g(x)$의 x절편 중 1이 아닌 것을 α라 하면
[그림 1]에서 $h(x)=(x-1)^3(x-\alpha)$이므로
$f(x)=(x-1)^2(x-\alpha)$
[그림 2]에서 $h(x)=(x-1)(x-\alpha)^3$이므로
$f(x)=(x-\alpha)^3$이지만 이때 함수 $f(x)$의 극값이 존재하지 않으므로 조건을 만족시키지 않는다.
따라서 $f(x)=(x-1)^2(x-\alpha)$이고
함수 $h(x)=(x-1)^3(x-\alpha)$가 $x=4$에서 극솟값을 가지므로
$h'(x)=3(x-1)^2(x-\alpha)+(x-1)^3$에서
$h'(4)=3^3(4-\alpha)+3^3=0$, $4-\alpha+1=0$, $\alpha=5$
$\therefore f(x)=(x-1)^2(x-5)$
$f'(x)=2(x-1)(x-5)+(x-1)^2$
$\qquad=(x-1)(3x-11)=0$
에서 함수 $f(x)$는 $x=1$에서 극댓값, $x=\dfrac{11}{3}$에서 극솟값을 갖는다.
따라서 함수 $f(x)$의 극댓값과 극솟값의 합은
$f(1)+f\left(\dfrac{11}{3}\right)=0+\left(\dfrac{8}{3}\right)^2\left(-\dfrac{4}{3}\right)=-\dfrac{256}{27}$

---

4. 미분 정답 ③

문제 다시 보기

1보다 큰 양수 a에 대하여 함수 $f(x)$를 $f(x)=x^2(x-1)+a$라 하자. 곡선 $y=f(x)$와 x축이 만나는 점의 x좌표를 b라 하고 b보다 큰 실수 t에 대하여 두 점 $(b,0)$, $(t,f(t))$를 이은 직선의 기울기를 $g(t)$라 하자. $t>b$에서 정의된 함수 $g(t)$의 최솟값이 1일 때, ab의 값은?

① -3 ② $-\dfrac{5}{2}$ ③ -2 ④ $-\dfrac{3}{2}$ ⑤ -1

$h(x)=x^2(x-1)$이라 하면
$h'(x)=2x(x-1)+x^2=3x^2-2x$
이때 $f'(x)=h'(x)$이고 함수 $g(t)$의 최솟값은 1이므로
방정식 $h'(x)=1$에서
$3x^2-2x=1$, $3x^2-2x-1=0$,
$(3x+1)(x-1)=0$
$\therefore x=-\dfrac{1}{3}$ 또는 $x=1$

이때 함수 $g(t)$가 최솟값을 가지는 t의 값을 c라 하면
$b<c$이므로
이를 만족시키기 위해서는 $c=1$이어야 한다.

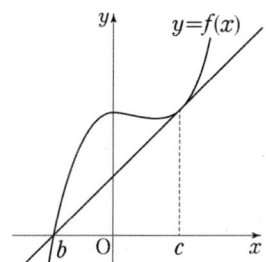

$h(1)=0$이므로 곡선 $y=h(x)$ 위의 점 $(1,0)$에서의 접선의 방정식은 $y=x-1$
따라서 방정식 $h(x)=x-1$에서
$x^3-x^2=x-1$, $x^2(x-1)=x-1$,
$(x^2-1)(x-1)=0$, $(x+1)(x-1)^2=0$
$\therefore x=-1$ 또는 $x=1$
즉, $b=-1$이다.
따라서 $f(-1)=0$에서 $a=2$이다.
$\therefore ab=-2$

문제 다시 보기

함수 $f(x)$가 모든 자연수 n에 대하여 다음 조건을 만족시킨다.

(가) $\lim_{x \to 0+} f(x) = f(2n-2) = 0$

(나) 함수 $f(x)$의 그래프는 $n-1 < x \le n$에서 기울기가 1 또는 -1인 직선이다.

(다) n이 3의 배수이면 $\lim_{x \to n-} f(x) > \lim_{x \to n+} f(x)$이고,

n이 3의 배수가 아니면

$\lim_{x \to n-} f(x) = \lim_{x \to n+} f(x)$이다.

$f(1) + f(5) = \lim_{x \to 6+} f(x)$일 때, $f(x) = -\frac{1}{2}$을 만족시키는 10 이하의 모든 양수 x의 값의 합은?

① $\frac{61}{2}$　　② 31　　③ $\frac{63}{2}$　　④ 32　　⑤ $\frac{65}{2}$

조건 (가)에서 $f(0) = f(2) = 0$이므로 조건 (나)에 의하여 $0 \le x \le 2$에서 함수 $f(x)$는

$f(x) = \begin{cases} x & (0 \le x \le 1) \\ -x+2 & (1 < x \le 2) \end{cases}$ 또는

$f(x) = \begin{cases} -x & (0 \le x \le 1) \\ x-2 & (1 < x \le 2) \end{cases}$이다.

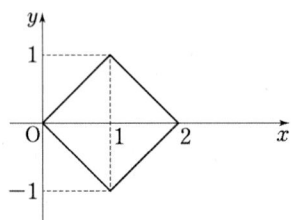

또한 $f(4) = 0$이고 $\lim_{x \to 3-} f(x) > \lim_{x \to 3+} f(x)$이므로

$2 < x \le 4$에서 함수 $f(x)$는

$f(x) = \begin{cases} x-2 & (2 < x \le 3) \\ x-4 & (3 < x \le 4) \end{cases}$이다.

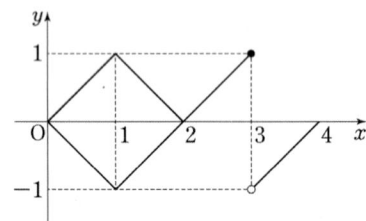

또한 $f(6) = 0$이므로 $4 < x \le 6$에서 함수 $f(x)$는

$f(x) = \begin{cases} x-4 & (4 < x \le 5) \\ -x+6 & (5 < x \le 6) \end{cases}$ 또는

$f(x) = \begin{cases} -x+4 & (4 < x \le 5) \\ x-6 & (5 < x \le 6) \end{cases}$이다.

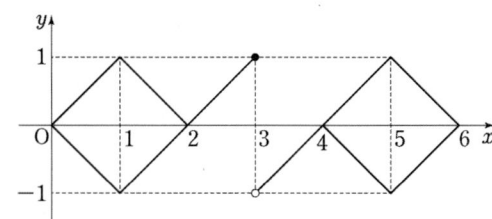

또한 $f(8) = 0$이고 $\lim_{x \to 6-} f(x) > \lim_{x \to 6+} f(x)$이므로

$6 < x \le 8$에서 함수 $f(x)$는

$f(x) = x-8$이다.

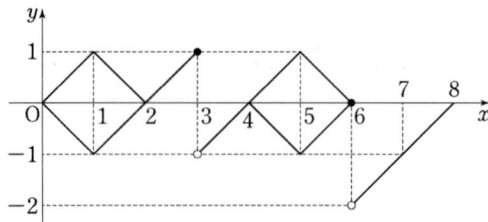

또한 $f(10) = 0$이고 $\lim_{x \to 9-} f(x) > \lim_{x \to 9+} f(x)$이므로

$8 < x \le 10$에서 함수 $f(x)$는

$f(x) = \begin{cases} x-8 & (8 < x \le 9) \\ x-10 & (9 < x \le 10) \end{cases}$이다.

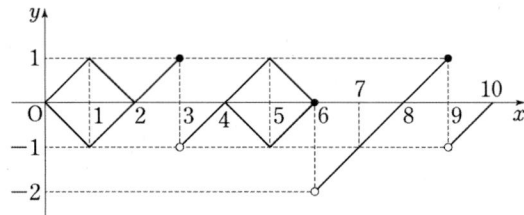

이때, $f(1) + f(5) = \lim_{x \to 6+} f(x)$에서 $\lim_{x \to 6+} f(x) = -2$이므로

$f(1) + f(5) = -2$가 되어야 하므로

$0 \le x \le 2$에서 $f(x) = \begin{cases} -x & (0 \le x \le 1) \\ x-2 & (1 < x \le 2) \end{cases}$이고

$4 < x \le 6$에서 $f(x) = \begin{cases} -x+4 & (4 < x \le 5) \\ x-6 & (5 < x \le 6) \end{cases}$이다.

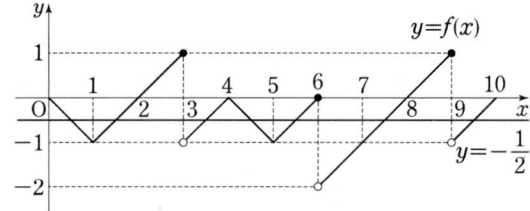

이상에서 $f(x) = -\frac{1}{2}$을 만족시키는 10 이하의 모든 양수 x의 값은 $\frac{1}{2}$, $\frac{3}{2}$, $\frac{7}{2}$, $\frac{9}{2}$, $\frac{11}{2}$, $\frac{15}{2}$, $\frac{19}{2}$이므로 합은

$\frac{65}{2}$이다.

6. 적분

정답 2

문제 다시 보기

두 다항함수 $f(x)$, $g(x)$가

$$\int_0^1 \{f(x)+3g(x)\}dx = 10,$$

$$\int_1^0 \{f(x)-g(x)\}dx = 6$$

을 만족시킬 때, $\int_0^1 \{f(x)+g(x)\}dx$의 값을 구하시오.

$$\int_0^1 \{f(x)+3g(x)\}dx$$

$$= \int_0^1 f(x)dx + 3\int_0^1 g(x)dx = 10 \qquad \cdots\cdots \text{㉠}$$

$\int_1^0 \{f(x)-g(x)\}dx = 6$에서

$\int_0^1 \{f(x)-g(x)\}dx = -6$이므로

$$\int_0^1 f(x)dx - \int_0^1 g(x)dx = -6 \qquad \cdots\cdots \text{㉡}$$

㉠, ㉡을 연립하여 풀면

$$\int_0^1 f(x)dx = -2, \quad \int_0^1 g(x)dx = 4$$

$$\therefore \int_0^1 \{f(x)+g(x)\}dx = \int_0^1 f(x)dx + \int_0^1 g(x)dx = 2$$

7. 미분

정답 29

문제 다시 보기

다항함수 $f(x)$가 다음 조건을 만족시킬 때, $f(1)$의 값을 구하시오.

(가) $\lim_{x\to\infty} \dfrac{f(x)-x^3}{x^2} = 3$

(나) $\lim_{x\to0} \dfrac{f(x)-1}{x} = \dfrac{f'(2)}{2}$

조건 (가)에 의하여 함수 $f(x)-x^3$은 최고차항의 계수가 3인 이차함수이다.

$f(x) = x^3 + 3x^2 + ax + b$ (a, b는 상수)라 하자.

조건 (나)에서 (분모)$\to 0$이므로 (분자)$\to 0$이다.

즉, $f(0) = 1$이므로 $b = 1$

$\lim_{x\to0} \dfrac{f(x)-1}{x} = \lim_{x\to0} \dfrac{f(x)-f(0)}{x-0} = f'(0)$이므로

$f'(0) = \dfrac{f'(2)}{2}$이어야 한다.

$f'(x) = 3x^2 + 6x + a$에서

$f'(0) = a$, $\dfrac{f'(2)}{2} = \dfrac{12+12+a}{2} = 12 + \dfrac{a}{2}$이므로

$$a = 12 + \dfrac{a}{2}, \quad a = 24$$

$$\therefore f(x) = x^3 + 3x^2 + 24x + 1$$

$$\therefore f(1) = 29$$

8. 적분

정답 15

문제 다시 보기

수직선 위를 움직이는 두 점 P, Q의 시각 t ($t \geq 0$)에서의 속도를 각각 $v_P(t)$, $v_Q(t)$라 하면

$$v_P(t) = 2t-1, \quad v_Q(t) = -3t^2$$

이고, 두 점 P, Q는 다음 조건을 만족시킨다.

(가) 두 점 P, Q의 속도가 같아질 때, 점 P의 위치는 $\dfrac{16}{9}$이다.

(나) 시각 $t=0$일 때 점 Q의 원점으로부터의 거리는 점 P의 원점으로부터의 거리의 6배이다.

(다) 점 Q는 처음 움직이기 시작한 후 원점을 지나지 않는다.

시각 $t=1$일 때, 두 점 P, Q 사이의 거리를 구하시오.

두 점 P, Q의 시각 t ($t \geq 0$)에서의 위치를 각각 $x_P(t)$, $x_Q(t)$라 하면

$x_P(t) = t^2 - t + C_1$,

$x_Q(t) = -t^3 + C_2$ (단, C_1, C_2는 적분상수)

$v_P(t) = v_Q(t)$가 되는 t의 값을 구하면

$3t^2 + 2t - 1 = 0$에서 $t = -1$ 또는 $t = \dfrac{1}{3}$

이때 $t \geq 0$이므로 $t = \dfrac{1}{3}$이고 $x_P\left(\dfrac{1}{3}\right) = -\dfrac{2}{9} + C_1$이므로 조건 (가)에 의하여 $C_1 = 2$이다.

따라서 시각 $t=0$일 때 점 P의 원점으로부터의 거리는 2이다.

한편, 시각 $t=0$일 때 점 Q의 원점으로부터의 거리는 $|C_2|$이고,

조건 (나)에 의하여 $|C_2| = 12$이므로 $C_2 = \pm 12$

이때 삼차함수 $y = -t^3 + C_2$가 x축과 만나는 점의 x좌표가 양수가 아니기 위해서는 $C_2 \leq 0$이어야 하므로 조건 (다)에 의하여 $C_2 = -12$이다.

따라서 $x_P(1) = 2$, $x_Q(1) = -13$이므로

시각 $t=1$일 때, 두 점 P, Q 사이의 거리는 15이다.

1. ①	**2.** ①	**3.** ④	**4.** ①	**5.** ⑤
6. 6	**7.** 3	**8.** 16		

1. 미분

정답 ①

문제 다시 보기

함수

$$f(x) = \begin{cases} 2x^4 + a & (x \le 1) \\ x^3 + bx + 1 & (x > 1) \end{cases}$$

이 실수 전체의 집합에서 미분가능할 때, $a + b$의 값은?
(단, a, b는 상수이다.)

① 10 ② 12 ③ 14 ④ 16 ⑤ 18

$g(x) = 2x^4 + a$, $h(x) = x^3 + bx + 1$이라 하자.
함수 $f(x)$가 $x = 1$에서 연속이므로
$\lim\limits_{x \to 1} f(x) = f(1)$이어야 한다.
즉, $g(1) = h(1)$이어야 하므로
$2 + a = b + 2$, $a = b$
함수 $f(x)$가 $x = 1$에서 미분가능하므로
$x = 1$에서 미분계수를 가져야 한다.
즉, $g'(x) = 8x^3$, $h'(x) = 3x^2 + b$에서
$g'(1) = h'(1)$이어야 한다.
즉, $8 = 3 + b$에서 $b = 5$
$\therefore a + b = 5 + 5 = 10$

2. 적분

정답 ①

문제 다시 보기

다항함수 $f(x)$가 모든 실수 x에 대하여

$$\int_a^x f(t)dt = x^2 - 5x + 6$$

을 만족시킨다. $f(a) > 0$일 때, $\int_a^{2a} f'(x)dx$의 값은?
(단, a는 상수이다.)

① 6 ② 8 ③ 10 ④ 12 ⑤ 14

$$\int_a^x f(t)dt = x^2 - 5x + 6 \qquad \cdots\cdots \text{㉠}$$

㉠의 양변에 $x = a$를 대입하면
$0 = a^2 - 5a + 6 = (a-2)(a-3)$이므로
$a = 2$ 또는 $a = 3$
㉠의 양변을 미분하면
$\dfrac{d}{dx}\int_a^x f(t)dt = \dfrac{d}{dx}(x^2 - 5x + 6)$에서
$f(x) = 2x - 5$
이때 $f(a) > 0$이고,
$f(2) = -1 < 0$, $f(3) = 1 > 0$이므로
$a = 3$이다.
$$\therefore \int_a^{2a} f'(x)dx = f(2a) - f(a)$$
$$= f(6) - f(3)$$
$$= 7 - 1 = 6$$

3. 함수의 극한과 연속

정답 ④

문제 다시 보기

최고차항의 계수가 1인 이차함수 $f(x)$는 $f(1) < 0$을 만족시킨다. 실수 t에 대하여 함수 $y = |f(x)|$의 그래프와 직선 $y = t$가 만나는 점의 개수를 $g(t)$라 하자. 함수 $f(x)g(x)$가 실수 전체의 집합에서 연속일 때, $f(3)$의 값은?

① 0 ② -1 ③ -2 ④ -3 ⑤ -4

$f(1) < 0$에서 방정식 $f(x) = 0$은 서로 다른 두 실근을 가지므로
함수 $y = |f(x)|$의 그래프는 다음과 같다.

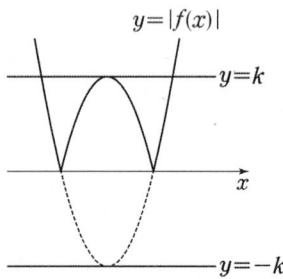

이때 양수 k에 대하여 함수 $f(x)$의 극솟값을 $-k$라 하면
함수 $g(t)$는 $t = 0$과 $t = k$에서 불연속이다.
따라서 함수 $f(x)g(x)$가 실수 전체의 집합에서 연속이기 위해서는
$f(0) = 0$, $f(k) = 0$을 만족시켜야 한다.

$f(x) = x(x-k)$에서 함수 $f(x)$는 $x = \dfrac{k}{2}$에서 극솟값을

갖고

$f\left(\dfrac{k}{2}\right) = \dfrac{k}{2} \times \left(-\dfrac{k}{2}\right) = -\dfrac{k^2}{4}$이므로

$\dfrac{k^2}{4} = k$에서 $k = 4$ ($\because k \neq 0$)

따라서 $f(x) = x(x-4)$이므로 $f(3) = -3$이다.

4. 미분

문제 다시 보기

최고차항의 계수가 1인 이차함수 $f(x)$가 다음 조건을 만족시킬

때, $f(2)$의 값은?

(가) $\displaystyle\lim_{x \to 1+} \dfrac{|f(x)| - |f(1)|}{x-1} \times \lim_{x \to 1-} \dfrac{|f(x)| - |f(1)|}{x-1} = -25$

(나) 임의의 실수 p에 대하여 $\displaystyle\lim_{x \to p} \dfrac{x^3 - 13x + 12}{f(x)}$의 값이

존재한다.

① 6   ② 7   ③ 8   ④ 9   ⑤ 10

함수 $|f(x)|$가 $x = 1$에서 미분가능하면

$\displaystyle\lim_{x \to 1+} \dfrac{|f(x)| - |f(1)|}{x-1} = \lim_{x \to 1-} \dfrac{|f(x)| - |f(1)|}{x-1}$이므로

$\displaystyle\lim_{x \to 1+} \dfrac{|f(x)| - |f(1)|}{x-1} \times \lim_{x \to 1-} \dfrac{|f(x)| - |f(1)|}{x-1} \geq 0$이어야

한다.

이는 조건 (가)를 만족시키지 않으므로 함수 $|f(x)|$는

$x = 1$에서 미분가능하지 않다.

따라서 이차방정식 $f(x) = 0$은 $x = 1$을 중근이 아닌

한 실근으로 가져야 한다.

$\therefore f(x) = (x-1)(x-k)$ $(k \neq 1)$

$f'(x) = (x-k) + (x-1) = 2x - k - 1$이므로

$f'(1) = 1 - k$

조건 (가)에서 $-\{f'(1)\}^2 = -(1-k)^2 = -25$이므로

$1 - k = 5$ 또는 $1 - k = -5$

$\therefore k = -4$ 또는 $k = 6$ ······㉠

한편, 조건 (나)에서 임의의 실수 p에 대하여

$\displaystyle\lim_{x \to p} \dfrac{x^3 - 13x + 12}{f(x)} = \lim_{x \to p} \dfrac{(x-1)(x-3)(x+4)}{f(x)}$의 값이

존재하려면 함수 $f(x)$는 $(x-1)(x-3)(x+4)$의

인수이어야 한다.   ······㉡

따라서 ㉠, ㉡에 의하여

$f(x) = (x-1)(x+4)$

$\therefore f(2) = 6$

5. 적분

문제 다시 보기

시각 $t = 0$일 때 동시에 원점을 출발하여 수직선 위를 움직이는

두 점 P, Q가 있다. 다음은 시각 t ($0 \leq t \leq c$)에서 점 P의

속도 $f(t)$와 점 Q의 속도 $g(t)$를 나타내는 그래프이다.

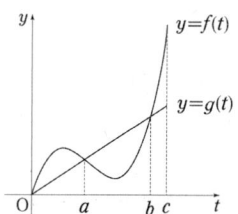

$\displaystyle\int_0^c \{f(t) - g(t)\}dt = 0$이고 $f(a) = g(a)$, $f(b) = g(b)$일 때,

<보기>에서 옳은 것만을 있는 대로 고른 것은?

(단, $0 < a < b < c$이다.)

〈 보 기 〉

ㄱ. 시각 $t = 0$에서 $t = c$까지 점 P는 운동방향을 바꾸지
않는다.

ㄴ. 시각 $t = 0$에서 $t = c$까지 두 점 P와 Q가 움직인
거리는 같다.

ㄷ. 시각 $t = a$에서 $t = b$까지 두 점 P와 Q의 위치가
같아지는 순간이 적어도 한 번 존재한다.

① ㄱ   ② ㄱ, ㄴ   ③ ㄱ, ㄷ

④ ㄴ, ㄷ   ⑤ ㄱ, ㄴ, ㄷ

ㄱ. $0 \leq t \leq c$일 때 점 P의 속도인 $f(t)$는 항상 $f(t) \geq 0$을
만족시키므로 운동방향을 바꾸지 않는다. (참)

ㄴ. $0 \leq t \leq c$에서 $f(t) \geq 0$, $g(t) \geq 0$이므로

$\displaystyle\int_0^c \{f(t) - g(t)\}dt = 0$에서

$\displaystyle\int_0^c |f(t)|dt = \int_0^c |g(t)|dt$

따라서 $t = 0$에서 $t = c$까지 두 점 P와 Q가 움직인
거리는 같다. (참)

ㄷ. 시각 t에서 점 P의 위치를 $F(t)$, 점 Q의 위치를
$G(t)$라 하면

$F(t) = \displaystyle\int_0^t f(x)dx$, $G(t) = \displaystyle\int_0^t g(x)dx$이다.

$\displaystyle\int_0^a f(t)dt > \int_0^a g(t)dt$이므로 $F(a) > G(a)$ ······㉠

$\displaystyle\int_0^c f(t)dt = \int_0^c g(t)dt$이고

$\displaystyle\int_b^c f(t)dt > \int_b^c g(t)dt$이므로

$\displaystyle\int_0^b f(t)dt < \int_0^b g(t)dt$에서 $F(b) < G(b)$ ······㉡

$h(x) = F(x) - G(x)$라 하면 ㉠에 의하여

$h(a) > 0$이고, ㉡에 의하여 $h(b) < 0$이다.

이때 사잇값 정리에 의하여 열린구간 (a, b)에서

$h(d) = 0$인 실수 d가 존재한다.

$F(d) = G(d)$이므로 $t = d\,(a < d < b)$에서 두 점 P와 Q의 위치가 같다. (참)

따라서 옳은 것은 ㄱ, ㄴ, ㄷ이다.

6. 함수의 극한과 연속 정답 6

문제 다시 보기

양의 실수 전체의 집합에서 정의된 함수 $f(x)$가 모든 양의 실수 x에 대하여

$$2x^2 + 3x \leq \frac{f(x)}{2x} \leq 4x^2 + 3x$$

를 만족시킬 때, $\displaystyle\lim_{x \to 0+} \frac{f(x)}{x^2}$의 값을 구하시오.

모든 양의 실수 x에 대하여

$$2x^2 + 3x \leq \frac{f(x)}{2x} \leq 4x^2 + 3x$$

이므로 부등식의 양변에 $\dfrac{2}{x}$를 곱하면

$$2(2x+3) \leq \frac{f(x)}{x^2} \leq 2(4x+3)$$

$\displaystyle\lim_{x \to 0+} 2(2x+3) = 6$, $\displaystyle\lim_{x \to 0+} 2(4x+3) = 6$으로 같으므로

$$\lim_{x \to 0+} \frac{f(x)}{x^2} = 6$$이다.

7. 적분 정답 3

문제 다시 보기

그림과 같이 곡선 $y = 3x^2 - 2x + 5$와 x축, y축 및 직선 $x = 1$로 둘러싸인 부분의 넓이가 두 직선 $y = ax + 1$, $x = 1$ 및 x축, y축으로 둘러싸인 부분의 넓이의 2배일 때, 상수 a의 값을 구하시오.

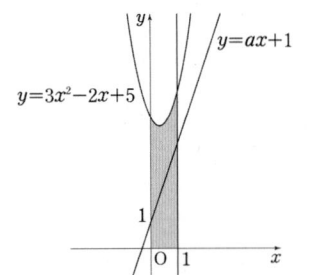

곡선 $y = 3x^2 - 2x + 5$와 x축, y축 및 직선 $x = 1$로 둘러싸인 부분의 넓이는

$$\int_0^1 (3x^2 - 2x + 5)dx = \left[x^3 - x^2 + 5x\right]_0^1 = 5$$

이므로 두 직선 $y = ax + 1$, $x = 1$ 및 x축, y축으로 둘러싸인 사다리꼴의 넓이는 $\dfrac{5}{2}$이다.

따라서 $\dfrac{1}{2} \times \{1 + (a+1)\} = \dfrac{a+2}{2} = \dfrac{5}{2}$이다.

$\therefore a = 3$

8. 미분 정답 16

문제 다시 보기

최고차항의 계수가 1이고 $f(0) = 0$인 사차함수 $f(x)$가 다음 조건을 만족시킨다.

(가) 함수 $f(x)$는 극댓값을 갖는다.
(나) 함수 $|f(x) - f(2)|$가 $x = a$에서 극값을 갖는 서로 다른 실수 a의 개수는 3이다.

$f'(0) = f'(2)$이고 $f'(1)f(1) \leq 0$일 때, $f(-1)$의 최댓값과 최솟값의 합을 구하시오.

조건 (나)를 만족시키려면
함수 $f(x)$가 $x = a$에서 극값을 갖거나 $f(a) = f(2)$인 서로 다른 실수 a의 개수가 3이어야 한다. $\cdots\cdots$㉠
최고차항의 계수가 양수인 함수 $f(x)$가 극댓값을 가지므로 함수 $f(x)$가 $x = a$에서 극값을 갖는 서로 다른 실수 a의 개수가 3이다.
따라서 ㉠을 만족시키려면 함수 $y = f(x)$의 그래프와 직선 $y = f(2)$가 만나는 모든 점에서 극값을 가져야 한다.
즉, 함수 $f(x)$는 $x = 2$에서 극소이면서 최소이어야 한다.
이때 $f'(0) = f'(2) = 0$이어야 하므로
가능한 함수 $y = f(x)$의 그래프의 개형은 다음과 같다.

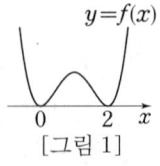
[그림 1]

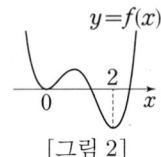
[그림 2]

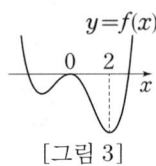
[그림 3]

i) [그림 1]인 경우
$f(x) = x^2(x-2)^2$이므로 $f'(1)f(1) \leq 0$을 만족시킨다.
이 경우 $f(-1) = 9$이다.

ii) [그림 2]인 경우
$f(0) = f'(0) = 0$이므로
$f(x) = x^2(x^2 + bx + c)$라 하면
$f'(x) = 4x^3 + 3bx^2 + 2cx$이다.

$f'(2) = 32 + 12b + 4c = 0$에서 $c = -3b - 8$이므로

$f(x) = x^2(x^2 + bx - 3b - 8)$이다.

이때 $f(2) = 4(-b-4) < 0$이어야 하므로 $b > -4$이다.

따라서 $f'(1) = -3b - 12 < 0$이므로

$f'(1)f(1) \leq 0$을 만족시키려면

$f(1) = -2b - 7 \geq 0$, 즉 $b \leq -\dfrac{7}{2}$이어야 한다.

즉, $-4 < b \leq -\dfrac{7}{2}$이면 조건을 만족시키므로

$f(-1) = -4b - 7$의 값의 범위는 $7 \leq f(-1) < 9$이다.

iii) [그림 3]인 경우

$f'(1) < 0$, $f(1) < 0$이므로 $f'(1)f(1) \leq 0$을

만족시키지 않는다.

i)~iii)에 의하여 $7 \leq f(-1) \leq 9$이므로

$f(-1)$의 최댓값과 최솟값의 합은 $9 + 7 = 16$이다.

참고

ii)에서 다음과 같이 $f(-1)$의 값의 범위를 구할 수도 있다.

함수 $f(x)$가 $x = \alpha\,(0 < \alpha < 2)$에서 극댓값을 갖는다고

하면

$f'(x) = 4x(x-\alpha)(x-2)$

$\qquad = 4x^3 - 4(\alpha+2)x^2 + 8\alpha x$

이므로

$f(x) = x^4 - \dfrac{4}{3}(\alpha+2)x^3 + 4\alpha x^2\,(\because\ f(0) = 0)$

$f(2) = \dfrac{16}{3}\alpha - \dfrac{16}{3} < 0$이어야 하므로 $\alpha < 1$이다.

따라서 $f'(1) < 0$이므로 $f'(1)f(1) \leq 0$을 만족시키려면

$f(1) = \dfrac{8}{3}\alpha - \dfrac{5}{3} \geq 0$, 즉 $\alpha \geq \dfrac{5}{8}$이어야 한다.

이때 $\dfrac{5}{8} \leq \alpha < 1$이면 조건을 만족시키므로

$f(-1) = \dfrac{16}{3}\alpha + \dfrac{11}{3}$의 값의 범위는 $7 \leq f(-1) < 9$이다.

1. 함수의 극한과 연속 [정답] ⑤

문제 다시 보기

함수 $f(x) = \dfrac{x+1}{x^2+kx+6}$ 이 실수 전체의 집합에서 연속이 되도록 하는 모든 정수 k의 개수는?

① 5 ② 6 ③ 7 ④ 8 ⑤ 9

함수 $x+1$, x^2+kx+6이 각각 실수 전체의 집합에서 연속이므로

함수 $f(x) = \dfrac{x+1}{x^2+kx+6}$ 가 실수 전체의 집합에서 연속이려면

모든 실수 x에 대하여 $x^2+kx+6 \neq 0$이어야 한다.

이차방정식 $x^2+kx+6=0$의 판별식을 D라 하면

$D=k^2-24<0$이어야 하므로

이를 만족시키는 정수 k는 -4, -3, -2, $\cdots$, 3, 4로 총 9개이다.

2. 함수의 극한과 연속 [정답] ④

문제 다시 보기

삼차함수 $f(x)$가 $\displaystyle\lim_{x \to -1} \dfrac{f(x)}{x^2-1}=3$, $\displaystyle\lim_{x \to 2} \dfrac{f(x)}{x^2-3x+2}=15$를 만족시킬 때, $f(4)$의 값은?

① 40 ② 50 ③ 60 ④ 70 ⑤ 80

$\displaystyle\lim_{x \to -1} \dfrac{f(x)}{x^2-1}=3$에서 $x \to -1$일 때 (분모)$\to 0$이므로

(분자)$\to 0$, 즉 $f(-1)=0$이고

$\displaystyle\lim_{x \to 2} \dfrac{f(x)}{x^2-3x+2}=15$에서 $x \to 2$일 때 (분모)$\to 0$이므로

(분자)$\to 0$, 즉 $f(2)=0$이다.

따라서 $f(x)=(x+1)(x-2)(ax+b)$ (a, b는 상수)라 하자.

$$\lim_{x \to -1} \frac{f(x)}{x^2-1} = \lim_{x \to -1} \frac{(x+1)(x-2)(ax+b)}{(x+1)(x-1)}$$

$$= \lim_{x \to -1} \frac{(x-2)(ax+b)}{x-1}$$

$$= \frac{3}{2}(-a+b)=3$$

에서 $-a+b=2$, $b=a+2$ ……㉠

$$\lim_{x \to 2} \frac{f(x)}{x^2-3x+2} = \lim_{x \to 2} \frac{(x+1)(x-2)(ax+b)}{(x-1)(x-2)}$$

$$= \lim_{x \to 2} \frac{(x+1)(ax+b)}{x-1}$$

$$= 3(2a+b)=15$$

에서 $2a+b=5$

㉠을 대입하면 $3a=3$에서 $a=1$, $b=3$이다.

따라서 $f(x)=(x+1)(x-2)(x+3)$이므로

$f(4)=5 \times 2 \times 7=70$

3. 미분 [정답] ⑤

문제 다시 보기

수직선 위를 움직이는 점 P의 시각 t $(t \geq 0)$에서의 위치 x가

$$x=t^4+t^3-3t^2$$

이다. $t=p$에서 점 P의 가속도가 0일 때, $t=p$에서 점 P의 속도는 q이다. $p+q$의 값은? (단, $p>0$)

① $-\dfrac{1}{4}$ ② $-\dfrac{1}{2}$ ③ $-\dfrac{3}{4}$ ④ -1 ⑤ $-\dfrac{5}{4}$

점 P의 시각 t $(t \geq 0)$에서의 위치 x가

$x=t^4+t^3-3t^2$이므로

속도 v는 $v=4t^3+3t^2-6t$이고,

가속도 a는 $a=12t^2+6t-6$이다.

주어진 조건에서 $t=p$에서 점 P의 가속도가 0이므로

$12p^2+6p-6=0$에서

$2p^2+p-1=0$, $(2p-1)(p+1)=0$

$\therefore p=\dfrac{1}{2}$

또한 $t = \frac{1}{2}$일 때 속도 v는

$$v = 4 \times \left(\frac{1}{2}\right)^3 + 3 \times \left(\frac{1}{2}\right)^2 - 6 \times \frac{1}{2}$$

$$= \frac{1}{2} + \frac{3}{4} - 3 = -\frac{7}{4}$$

이므로 $p + q = \frac{1}{2} + \left(-\frac{7}{4}\right) = -\frac{5}{4}$이다.

---

4. 적분

정답 ⑤

문제 다시 보기

삼차함수 $y = f(x)$의 도함수 $y = f'(x)$의 그래프가 그림과 같다.

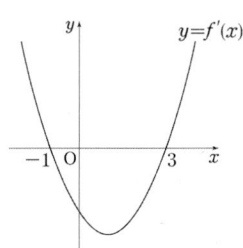

$f'(-1) = f'(3) = 0$이고 곡선 $y = f'(x)$와 x축으로 둘러싸인 부분의 넓이가 8일 때, $f(4) - f(0)$의 값은?

① -1 ② -2 ③ -3 ④ -4 ⑤ -5

삼차함수 $f(x)$의 도함수 $f'(x)$는 이차함수이므로
$f'(x) = k(x+1)(x-3)$ $(k > 0)$라 하자.
곡선 $y = f'(x)$와 x축으로 둘러싸인 부분의 넓이가 8이므로

$$\int_{-1}^{3} |f'(x)| dx = -\int_{-1}^{3} k(x^2 - 2x - 3) dx$$

$$= -k \left[\frac{x^3}{3} - x^2 - 3x \right]_{-1}^{3}$$

$$= -k(9 - 9 - 9) + k\left(-\frac{1}{3} - 1 + 3\right)$$

$$= 9k + \frac{5}{3}k = \frac{32}{3}k$$

$\frac{32}{3}k = 8$에서 $k = \frac{3}{4}$

따라서

$$f'(x) = \frac{3}{4}(x+1)(x-3) = \frac{3}{4}x^2 - \frac{3}{2}x - \frac{9}{4}$$에서

$$f(x) = \frac{x^3}{4} - \frac{3}{4}x^2 - \frac{9}{4}x + C \text{ (단, } C\text{는 적분상수)}$$

$$\therefore f(4) - f(0) = (16 - 12 - 9 + C) - C$$
$$= -5$$

---

5. 적분

정답 ①

문제 다시 보기

함수 $f(x) = x^2(3k - x)$에 대하여 함수 $g(x)$를

$$g(x) = \int_0^x (x - t)f(t) dt$$

라 하자. 함수 $g(x)$가 다음 조건을 만족시킬 때, $f(4)$의 값은?
(단, k는 상수이다.)

함수 $g(x)$의 극댓값을 a, 함수 $g'(x)$의 극댓값을 b라 하면 $9a = 16b$이다.

① -19 ② -17 ③ -15 ④ -13 ⑤ -11

$$g(x) = \int_0^x (x - t)f(t) dt = x\int_0^x f(t) dt - \int_0^x tf(t) dt$$

$$g'(x) = \int_0^x f(t) dt + xf(x) - xf(x) = \int_0^x f(t) dt$$

$$F(x) = \int_0^x f(t) dt \text{라 하면}$$

$$F'(x) = f(x) = x^2(3k - x)$$

함수 $F'(x)$의 부호가 $x = 3k$의 좌우에서 양에서 음으로 바뀌므로 함수 $F(x)$는 $x = 3k$에서 극대이다.
즉, 함수 $g'(x)$는 $x = 3k$에서 극대이다.

$$g'(x) = \int_0^x t^2(3k - t) dt = \int_0^x (-t^3 + 3kt^2) dt$$

$$= \left[-\frac{1}{4}t^4 + kt^3 \right]_0^x = -\frac{1}{4}x^4 + kx^3$$

$$\therefore b = g'(3k) = -\frac{81}{4}k^4 + 27k^4 = \frac{27}{4}k^4$$

또한 $g'(x) = -\frac{1}{4}x^3(x - 4k)$에서

$x = 0$ 또는 $x = 4k$일 때 $g'(x) = 0$
$k < 0$이면 함수 $g(x)$는 $x = 4k$에서 극소이고 $x = 0$에서 극대이다.

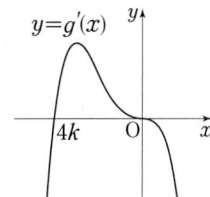 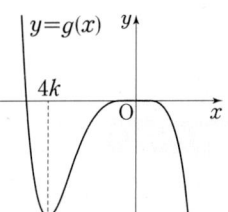

이때 함수 $g(x)$의 극댓값이 $g(0) = 0$이므로 $a = 0$이다.
이는 $9a = 16b$를 만족시키지 않으므로 모순이다.
$k = 0$이면 함수 $g(x)$가 극값을 갖지 않으므로 모순이다.
$k > 0$이면 함수 $g(x)$는 $x = 0$에서 극소이고 $x = 4k$에서 극대이다.

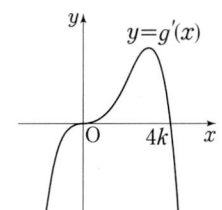 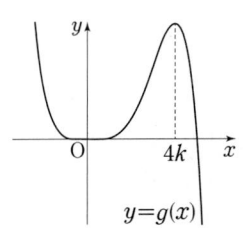

$$g(x) = \int_0^x g'(t)dt = \int_0^x \left(-\frac{1}{4}t^4 + kt^3\right)dt$$

$$= \left[-\frac{1}{20}t^5 + \frac{k}{4}t^4\right]_0^x = -\frac{1}{20}x^5 + \frac{k}{4}x^4$$

$$\therefore \ a = g(4k) = -\frac{256}{5}k^5 + 64k^5 = \frac{64}{5}k^5$$

$9a = 16b$이므로

$$9 \times \frac{64}{5}k^5 = 16 \times \frac{27}{4}k^4, \quad \frac{16}{5}k = 3$$

$$\therefore \ k = \frac{15}{16}$$

따라서 $f(x) = x^2\left(\frac{45}{16} - x\right)$이므로

$$f(4) = 16 \times \left(-\frac{19}{16}\right) = -19$$

참고

다항함수의 넓이 공식을 활용하면

$$b = g'(3k) = \int_0^{3k} f(t)dt$$

$$= \frac{|-1|}{12}(3k-0)^4 = \frac{27}{4}k^4$$

$$a = g(4k) = \int_0^{4k} g'(t)dt$$

$$= \frac{\left|-\frac{1}{4}\right|}{20}(4k-0)^5 = \frac{64}{5}k^5$$

---

6. 미분 정답 12

문제 다시 보기

함수 $f(x) = 2x^2 + 1$에서 x의 값이 0에서 k까지 변할 때의 평균변화율이 함수 $f(x)$의 $x = 6$에서의 미분계수와 같게 되도록 하는 실수 k의 값을 구하시오.

함수 $f(x) = 2x^2 + 1$에서 x의 값이 0에서 k까지 변할 때의 평균변화율은

$$\frac{f(k) - f(0)}{k - 0} = \frac{(2k^2 + 1) - 1}{k} = 2k$$

함수 $f(x) = 2x^2 + 1$에서 $f'(x) = 4x$이므로

$$f'(6) = 24$$

따라서 $2k = 24$에서

$$k = 12$$

---

7. 적분 정답 19

문제 다시 보기

그림과 같이 함수 $f(x) = x^2$과 양수 t에 대하여 곡선 $y = f(x)$ 위의 점 $P(t, f(t))$에서의 접선을 l이라 하고 점 $Q(-t, f(-t))$에서의 접선을 m이라 하자. 두 직선 l, m과 곡선 $y = f(x)$로 둘러싸인 부분의 넓이를 $S(t)$라 할 때, $S'(a) = 8$인 양수 a에 대하여 $S(a)$의 값은 $\frac{q}{p}$이다. $p+q$의 값을 구하시오. (단, p와 q는 서로소인 자연수이다.)

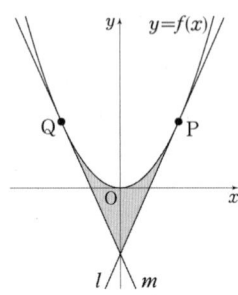

$f(x) = x^2$에서 $f'(x) = 2x$이므로

곡선 $y = f(x)$ 위의 점 $P(t, t^2)$에서의 접선 l의 방정식은

$y = 2t(x-t) + t^2$, 즉 $y = 2tx - t^2$이다.

이때 곡선 $y = f(x)$가 y축에 대하여 대칭이므로

점 $P(t, f(t))$에서의 접선 l과 점 $Q(-t, f(-t))$에서의 접선 m도 y축에 대하여 대칭이다.

따라서 $S(t)$는 곡선 $y = f(x)$와 직선 l 및 y축으로 둘러싸인 부분의 넓이의 두 배이다.

즉,

$$S(t) = 2\int_0^t \{x^2 - (2tx - t^2)\}dx$$

$$= 2\left[\frac{x^3}{3} - tx^2 + t^2 x\right]_0^t$$

$$= 2\left(\frac{t^3}{3} - t^3 + t^3\right) = \frac{2t^3}{3}$$

$$S'(t) = 2t^2$$

$S'(a) = 2a^2 = 8$에서 $a = 2 \ (\because a > 0)$이므로

$$S(a) = S(2) = \frac{16}{3}$$

$$\therefore \ p + q = 3 + 16 = 19$$

문제 다시 보기

함수 $f(x)=x^3-3x^2$에 대하여 실수 전체의 집합에서 미분가능한 함수 $g(x)$를

$$g(x)=\begin{cases} f(x) & (x<3) \\ f(x-p)+q & (x\geq 3) \end{cases}$$

라 하자. 함수 $y=|g(x)-g(k)|$가 미분가능하지 않은 점의 개수가 1이 되도록 하는 10 이하의 모든 자연수 k의 값의 합을 구하시오. (단, p, q는 양수이다.)

$f(x)$는 미분가능한 함수이므로 $g(x)$가 $x=3$에서 미분가능하면 함수 $g(x)$는 실수 전체의 집합에서 미분가능하다.

함수 $g(x)$는 $x=3$에서 연속, 즉

$\lim\limits_{x\to 3-}g(x)=\lim\limits_{x\to 3+}g(x)=g(3)$이어야 하므로

$\lim\limits_{x\to 3-}g(x)=\lim\limits_{x\to 3-}f(x)=f(3)$

$\lim\limits_{x\to 3+}g(x)=\lim\limits_{x\to 3+}\{f(x-p)+q\}=f(3-p)+q$

$g(3)=f(3-p)+q$에서

$f(3)=f(3-p)+q$ 즉, $(3-p)^3-3(3-p)^2+q=0$ ……㉠

함수 $g(x)$는 $x=3$에서 미분가능,

즉 $\lim\limits_{x\to 3-}g'(x)=\lim\limits_{x\to 3+}g'(x)$이어야 하고

$f'(x)=3x^2-6x$, $g'(x)=\begin{cases} f'(x) & (x<3) \\ f'(x-p) & (x>3) \end{cases}$이므로

$\lim\limits_{x\to 3-}g'(x)=\lim\limits_{x\to 3-}f'(x)=f'(3)$

$\lim\limits_{x\to 3+}g'(x)=\lim\limits_{x\to 3+}f'(x-p)=f'(3-p)$에서

$f'(3)=f'(3-p)$ 즉, $9=3(3-p)^2-6(3-p)$

$\therefore p=4$ $(\because p\neq 0)$

따라서 ㉠에서 $q=4$

$f(x)=x^3-3x^2$, $g(x)=\begin{cases} f(x) & (x<3) \\ f(x-4)+4 & (x\geq 3) \end{cases}$

이고 $y=f(x-4)+4$의 그래프는 $y=f(x)$의 그래프를 x축의 방향으로 4만큼, y축의 방향으로 4만큼 평행이동시킨 것이므로 함수 $y=g(x)$의 그래프는 그림과 같다.

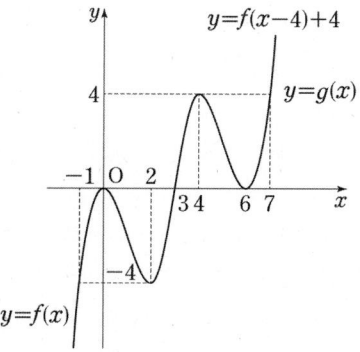

$f'(x)=3x^2-6x=3x(x-2)$

이므로 함수 $f(x)$는 $x=0$에서 극댓값 0, $x=2$에서 극솟값 -4를 가진다.

따라서 함수 $f(x-4)+4$는 $x=4$에서 극댓값 4, $x=6$에서 극솟값 0을 가진다.

이때

$g(x)=-4$를 만족시키는 x의 값은 -1, 2이고

$g(x)=0$을 만족시키는 x의 값은 0, 3, 6,

$g(x)=4$를 만족시키는 x의 값은 4, 7이다.

따라서 함수 $y=|g(x)-g(k)|$의 미분가능하지 않는 점의 개수가 1이 되는 k의 값은

$k\leq -1$, $k\geq 7$, $k=0$, 2, 3, 4, 6

이므로 10 이하의 모든 자연수 k의 값의 합은

$2+3+4+6+7+8+9+10=49$

1. ②	**2.** ③	**3.** ②	**4.** ④	**5.** ④
6. 16	**7.** 8	**8.** 8		

1. 적분

정답 ②

문제 다시 보기

$\lim\limits_{x \to 2}\left(\dfrac{1}{x-2}\displaystyle\int_{2}^{x} xt^2 dt\right)$의 값은?

① 4　② 8　③ 12　④ 14　⑤ 16

$$\lim_{x \to 2}\left(\frac{1}{x-2}\int_{2}^{x} xt^2 dt\right) = \lim_{x \to 2}\left(\frac{x}{x-2}\int_{2}^{x} t^2 dt\right)$$

$f(t) = t^2$이라 하고, 함수 $f(t)$의 한 부정적분을 $F(t)$라 하면

$$\lim_{x \to 2}\left(\frac{x}{x-2}\int_{2}^{x} t^2 dt\right) = \lim_{x \to 2}\left(x \times \frac{1}{x-2}\int_{2}^{x} f(t)dt\right)$$
$$= \lim_{x \to 2}\left\{x \times \frac{F(x)-F(2)}{x-2}\right\}$$
$$= 2F'(2) = 2f(2) = 8$$

2. 함수의 극한과 연속

정답 ③

문제 다시 보기

0이 아닌 실수 t에 대하여 직선 $y = \dfrac{1}{t}x + 1$이 함수

$y = |\sin\pi x|$의 그래프와 만나는 점의 개수를 $f(t)$라 할 때,

$\lim\limits_{t \to -1+} f(t) + \lim\limits_{t \to 3-} f(t)$의 값은?

① 4　② 5　③ 6　④ 7　⑤ 8

함수 $y = |\sin\pi x|$의 그래프는 다음과 같다.

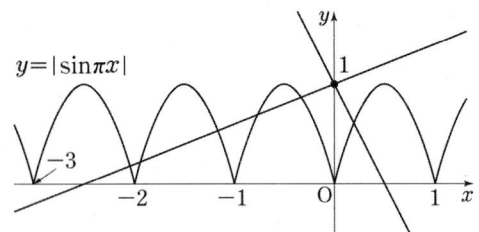

직선 $y = \dfrac{1}{t}x + 1$은 y축과 점 $(0, 1)$에서 항상 만나고

x절편이 $-t$인 직선이므로

직선 $y = \dfrac{1}{t}x + 1$이 함수 $y = |\sin\pi x|$의 그래프와 만나는

점의 개수는

$-1 < t < 0$, 즉 $0 < -t < 1$일 때, 그림과 같이 1개이고,

$2 < t < 3$, 즉 $-3 < -t < -2$일 때, 그림과 같이 5개다.

즉, $\lim\limits_{t \to -1+} f(t) = 1$, $\lim\limits_{t \to 3-} f(t) = 5$

$\therefore \lim\limits_{t \to -1+} f(t) + \lim\limits_{t \to 3-} f(t) = 6$

3. 미분

정답 ②

문제 다시 보기

다항함수 $f(x)$가 모든 실수 t에 대하여

$$\lim_{h \to 0}\frac{f(t+h)-f(t)}{h} = 2t^3 - f(t)$$

를 만족시킬 때, 곡선 $y = f(x)$ 위의 점 $(2, f(2))$에서의
접선의 y절편은?

① -22　② -20　③ -18　④ -16　⑤ -14

도함수의 정의는 $\lim\limits_{h \to 0}\dfrac{f(t+h)-f(t)}{h} = f'(t)$이므로 모든

실수 t에 대하여 $f'(t) = 2t^3 - f(t)$,

즉 $f(t) + f'(t) = 2t^3$ ⋯⋯㉠

$f(t)$를 n차식이라 하면 $f(t) + f'(t)$도 n차식이므로 항등식

㉠에서 $n = 3$이고 $f(t)$의 삼차항의 계수는 2이어야 한다.

세 상수 a, b, c에 대하여 $f(t) = 2t^3 + at^2 + bt + c$라 하면

$f'(t) = 6t^2 + 2at + b$이므로 항등식 ㉠은

$2t^3 + (a+6)t^2 + (b+2a)t + (c+b) = 2t^3$이다.

따라서 양변의 계수를 비교하면 $a = -6$, $b = 12$, $c = -12$

즉, $f(x) = 2x^3 - 6x^2 + 12x - 12$에서 $f(2) = 4$이고

$f'(x) = 6x^2 - 12x + 12$에서 $f'(2) = 12$이므로

곡선 $y = f(x)$ 위의 점 $(2, f(2))$에서의 접선

$y = f'(2)(x-2) + f(2)$, 즉 $y = 12(x-2) + 4$의 y절편은

-20이다.

4. 적분

실수 전체의 집합에서 미분가능한 함수 $f(x)$가 다음 조건을 만족시킨다.

(가) $f(0) = 3$
(나) 열린구간 $(0, 1)$에서 $f'(x) = -2x$이다.
(다) $0 < a < b < 2$인 모든 실수 a, b에 대하여
$f'(a) \geq f'(b)$이다.

$\int_0^2 f(x)dx$의 최댓값은?

① $\dfrac{8}{3}$　　② 3　　③ $\dfrac{10}{3}$　　④ $\dfrac{11}{3}$　　⑤ 4

함수 $f(x)$가 실수 전체의 집합에서 미분가능하고,
구간 $(0, 1)$에서 $f'(x) = -2x$, $f(0) = 3$이므로
구간 $[0, 1]$에서 $f(x) = -x^2 + 3$이고,
$f(1) = 2$, $f'(1) = -2$이다.
조건 (다)에 의하여 $1 < x < 2$인 모든 실수 x에 대하여
$f'(x) \leq f'(1) = -2$
이므로 $1 < x < 2$인 모든 실수 x에 대하여
$$\int_1^x f'(t)dt \leq \int_1^x f'(1)dt$$
$f(x) - f(1) \leq -2(x-1)$
$f(x) \leq -2x + 4$
$$\int_0^2 f(x)dx = \int_0^1 f(x)dx + \int_1^2 f(x)dx$$
$$\leq \int_0^1 (-x^2+3)dx + \int_1^2 (-2x+4)dx$$
$$= \left[-\frac{1}{3}x^3 + 3x \right]_0^1 + \left[-x^2 + 4x \right]_1^2$$
$$= \frac{8}{3} + 1 = \frac{11}{3}$$

따라서 $\int_0^2 f(x)dx$의 최댓값은 $\dfrac{11}{3}$이다.

---

5. 미분

최고차항의 계수가 1이고 모든 실수 x에 대하여
$f(x) = -f(-x)$를 만족시키는 삼차함수 $f(x)$가 있다.
$x \leq t$에서 함수 $f(x)$의 최댓값을 $g(t)$라 하자. 함수 $f(x)$와
실수 전체의 집합에서 정의된 함수 $g(t)$에 대하여 <보기>에서
옳은 것만을 있는 대로 고른 것은?

〈 보 기 〉

ㄱ. $f'(2) - f'(1) = 9$
ㄴ. 함수 $g(t)$가 실수 전체의 집합에서 미분가능하면 방정식
$f'(x) = 0$은 서로 다른 두 실근을 갖는다.
ㄷ. 함수 $g(t)$가 $t = 6$에서만 미분가능하지 않으면
$f(-1) = 26$이다.

① ㄱ　　　　② ㄴ　　　　③ ㄱ, ㄴ
④ ㄱ, ㄷ　　　　⑤ ㄱ, ㄴ, ㄷ

$f(x) = -f(-x)$에서 $f(x) = x^3 - kx$ (단, k는 상수)라 하자.
ㄱ. $f'(x) = 3x^2 - k$에서
$f'(2) = 12 - k$, $f'(1) = 3 - k$이므로
$f'(2) - f'(1) = (12-k) - (3-k) = 9$이다. (참)
ㄴ. 먼저 $k \leq 0$인 경우를 생각하자.
$f'(x) = 3x^2 - k$이므로 모든 실수 x에 대하여
$f'(x) \geq 0$을 만족시킨다.
따라서 함수 $y = f(x)$의 그래프는 다음과 같다.

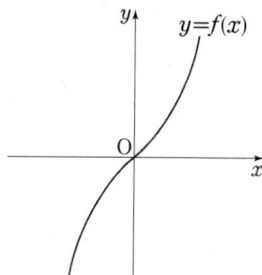

이때 함수 $f(x)$는 실수 전체의 집합에서 증가하므로
$x \leq t$에서 함수 $f(x)$의 최댓값은 $f(t)$이다.
즉, $g(t) = f(t)$이고 함수 $f(t)$는 실수 전체의 집합에서
미분가능하다.
다음으로 $k > 0$인 경우를 생각하자.
$f'(x) = 3x^2 - k$에서 방정식 $f'(x) = 0$의 해는
2개이므로 함수 $y = f(x)$의 그래프는 다음과 같다.

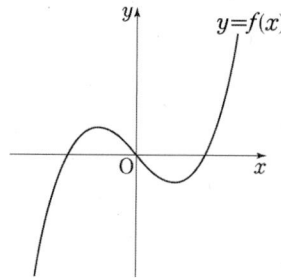

이때 함수 $f(x)$가 $x = \alpha$에서 극댓값을 가지면
$t \leq \alpha$일 때 $g(t) = f(t)$이고
방정식 $f(x) = f(\alpha)$의 해 중 α가 아닌 x의 값을 β라

하면

$\alpha < t < \beta$일 때 $g(t) = f(\alpha)$이다.

또한 $t \geq \beta$이면 $g(t) = f(t)$이므로

함수 $g(t)$는 $t = \beta$에서 미분가능하지 않다.

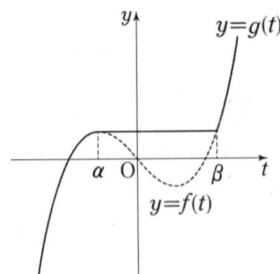

따라서 함수 $g(t)$가 실수 전체의 집합에서 미분가능하면

방정식 $f'(x) = 0$의 해는 존재하지 않거나 오직 하나의

실근을 갖는다. (거짓)

ㄷ. 함수 $g(t)$가 미분가능하지 않은 점이 존재하므로 ㄴ에

의하여

함수 $f(x)$는 극값을 가져야 하고, 이 경우 $k > 0$이다.

$f'(x) = 3x^2 - k = 0$에서 $x = \pm\sqrt{\dfrac{k}{3}}$

또한 $f(x) - f\left(-\sqrt{\dfrac{k}{3}}\right) = \left(x + \sqrt{\dfrac{k}{3}}\right)^2 (x - \gamma)$라 하면

$f(x)$의 전개식에서 x^2의 계수는 0이므로 $\gamma = 2\sqrt{\dfrac{k}{3}}$

즉, $f(x) - f\left(-\sqrt{\dfrac{k}{3}}\right) = \left(x + \sqrt{\dfrac{k}{3}}\right)^2 \left(x - 2\sqrt{\dfrac{k}{3}}\right)$이다.

따라서 $t \leq -\sqrt{\dfrac{k}{3}}$일 때 $g(t) = f(t)$이고,

$-\sqrt{\dfrac{k}{3}} < t \leq 2\sqrt{\dfrac{k}{3}}$일 때 $g(t) = f\left(-\sqrt{\dfrac{k}{3}}\right)$,

$t > 2\sqrt{\dfrac{k}{3}}$일 때 $g(t) = f(t)$이므로

함수 $g(t)$는 $t = 2\sqrt{\dfrac{k}{3}}$에서 미분가능하지 않다.

주어진 조건에서 함수 $g(t)$는 $t = 6$에서 미분가능하지

않으므로

$2\sqrt{\dfrac{k}{3}} = 6$에서 $\dfrac{k}{3} = 9$

$\therefore k = 27$

즉, $f(x) = x^3 - 27x$이므로

$f(-1) = -1 + 27 = 26$이다. (참)

따라서 옳은 것은 ㄱ, ㄷ이다.

---

6. 미분 정답 16

문제 다시 보기

> 두 함수 $y = x^4 + x^3 + k$와 $y = x^4 + 12x$의 그래프가 서로 다른
> 두 점에서만 만나도록 하는 양수 k의 값을 구하시오.

두 함수 $y = x^4 + x^3 + k$와 $y = x^4 + 12x$의 그래프가 서로

다른 두 점에서만 만나려면

방정식 $x^4 + x^3 + k = x^4 + 12x$가 서로 다른 두 실근을 가져야

한다.

즉, 방정식 $x^3 - 12x + k = 0$이 서로 다른 두 실근을 가져야

한다. ⋯⋯㉠

$f(x) = x^3 - 12x + k$라 하자.

$f'(x) = 3x^2 - 12 = 3(x - 2)(x + 2)$이므로

삼차함수 $f(x)$는 $x = -2$에서 극댓값 $f(-2) = 16 + k$,

$x = 2$에서 극솟값 $f(2) = -16 + k$를 갖는다.

㉠을 만족시키려면 $16 + k = 0$ 또는 $-16 + k = 0$이므로

$k = -16$ 또는 $k = 16$

따라서 양수 k의 값은 16이다.

---

7. 함수의 극한과 연속 정답 8

문제 다시 보기

> 양수 a에 대하여
>
> $$f(x) = \begin{cases} \dfrac{x+a}{x-a} & (x < 0) \\ x - 4 & (x \geq 0) \end{cases}$$
>
> 이라 하고, 양수 p에 대하여 함수 $g(x)$를
>
> $$g(x) = f(x)f(x - p)$$
>
> 라 하자. 함수 $g(x)$가 실수 전체의 집합에서 연속일 때, $a + p$의
> 값을 구하시오.

함수 $y = f(x)$의 그래프는 다음 그림과 같다.

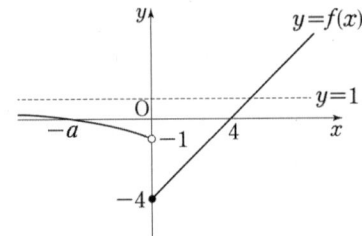

이때 함수 $f(x)$는 $x = 0$에서 불연속이므로

함수 $g(x)$가 $x = 0$에서 연속이기 위해서는

$f(-p) = 0$이어야 한다.

따라서 $\dfrac{-p+a}{-p-a} = 0$

$\therefore a = p$

한편, 함수 $f(x-p)$는 $x=p$에서 불연속이므로
함수 $g(x)$가 $x=p$에서 연속이기 위해서는 $f(p)=0$이어야
한다.
따라서 $p-4=0$에서 $p=4$
$\therefore a+p=4+4=8$

8. 적분

정답 8

문제 다시 보기

함수 $f(x)=x^2+2ax+11$에 대하여 함수

$$g(x)=\int_0^x \{f(t)+f'(t)\}dt$$

가 역함수를 갖는다. 정수 a가 최대일 때와 최소일 때의 함수
$g(x)$의 역함수를 각각 $h_1(x)$, $h_2(x)$라 하자. 두 곡선
$y=h_1(x)$와 $y=h_2(x)$로 둘러싸인 부분의 넓이를 구하시오.

$g(x)=\int_0^x \{f(t)+f'(t)\}dt$의 양변을 x에 대하여 미분하면

$$\cdots\cdots \text{㉠}$$

$$\begin{aligned} g'(x) &= f(x)+f'(x) \\ &= (x^2+2ax+11)+(2x+2a) \\ &= x^2+2(a+1)x+2a+11 \text{이다.} \end{aligned}$$

이때 함수 $g'(x)$의 최고차항의 계수가 양수이므로
함수 $g(x)$가 역함수를 가지려면 모든 실수 x에 대하여
$g'(x) \geq 0$이어야 한다.
이차방정식 $g'(x)=0$의 판별식을 D라 하면

$$\frac{D}{4}=(a+1)^2-(2a+11)=a^2-10 \leq 0$$에서

$-\sqrt{10} \leq a \leq \sqrt{10}$이므로 정수 a의 최댓값은 3, 최솟값은
-3이다.

i) $a=3$일 때의 함수 $g(x)$를 $g_1(x)$라 하면

$g_1{}'(x)=x^2+8x+17$이고 $g_1(0)=0$에 의하여

$$g_1(x)=\frac{1}{3}x^3+4x^2+17x$$

이때 함수 $g_1(x)$의 역함수가 $h_1(x)$이다.

ii) $a=-3$일 때의 함수 $g(x)$를 $g_2(x)$라 하면

$g_2{}'(x)=x^2-4x+5$이고 $g_2(0)=0$에 의하여

$$g_2(x)=\frac{1}{3}x^3-2x^2+5x$$

이때 함수 $g_2(x)$의 역함수가 $h_2(x)$이다.

두 곡선 $y=h_1(x)$와 $y=h_2(x)$로 둘러싸인 부분과
두 곡선 $y=g_1(x)$와 $y=g_2(x)$로 둘러싸인 부분은
서로 직선 $y=x$에 대하여 대칭이고, 두 부분의 넓이는
같다.

두 곡선 $y=g_1(x)$, $y=g_2(x)$의 교점의 x좌표는

$$\frac{1}{3}x^3+4x^2+17x=\frac{1}{3}x^3-2x^2+5x$$

$$6x^2+12x=0, \ 6x(x+2)=0$$

$$\therefore x=0 \text{ 또는 } x=-2$$

따라서 구하는 넓이는

$$\begin{aligned} \int_{-2}^0 |g_1(x)-g_2(x)|dx &= \int_{-2}^0 |6x^2+12x|dx \\ &= \int_{-2}^0 (-6x^2-12x)dx \\ &= \left[-2x^3-6x^2\right]_{-2}^0 \\ &= 0-(16-24)=8 \end{aligned}$$

1. ④	**2.** ②	**3.** ⑤	**4.** ③	**5.** ⑤
6. 25	**7.** 4	**8.** 28		

1. 적분

정답 ④

문제 다시 보기

다항함수 $f(x)$가

$$\lim_{x \to 0} \frac{\displaystyle\int_0^x f(t)dt}{x^2+2x} = 2$$

를 만족시킬 때, $f(0)$의 값은?

① 1　　② 2　　③ 3　　④ 4　　⑤ 5

$\displaystyle\int_0^x f(t)dt = F(x)$ 라 하면 $F(0)=0$이고,

$$\lim_{x \to 0} \frac{\displaystyle\int_0^x f(t)dt}{x^2+2x} = \lim_{x \to 0} \frac{F(x)}{x(x+2)}$$

$$= \lim_{x \to 0} \frac{F(x)-F(0)}{x} \times \lim_{x \to 0} \frac{1}{x+2}$$

$$= F'(0) \times \frac{1}{2}$$

$$= f(0) \times \frac{1}{2} = 2$$

$$\therefore f(0) = 4$$

2. 미분

정답 ②

문제 다시 보기

함수 $f(x) = |x^2 - 8x + 13|$과 실수 t에 대하여 함수 $g(t)$를

$$g(t) = \lim_{x \to t^-} \frac{f(x)-f(t)}{x-t}$$

라 하자. $a < b$이고 $g(a) = g(b)$일 때, $b-a$의 값은?

① 2　　② $2\sqrt{3}$　　③ 6　　④ $6\sqrt{3}$　　⑤ 18

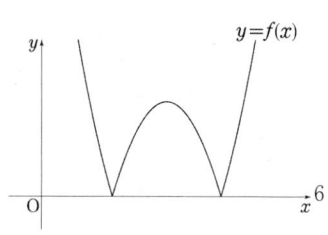

$h(x) = x^2 - 8x + 13$이라 하자.
이차방정식 $h(x) = 0$의 서로 다른 두 실근을 각각 α, β라
하면 (단, $\alpha < \beta$)
$h'(\alpha) = -h'(\beta)$이고
$g(\alpha) = h'(\alpha)$, $g(\beta) = -h'(\beta)$이므로
$g(\alpha) = g(\beta)$이다.
따라서 $a = \alpha$, $b = \beta$이다.
이때 이차방정식의 근과 계수의 관계에 의하여
$\alpha + \beta = 8$, $\alpha\beta = 13$이므로
$(\beta - \alpha)^2 = (\alpha + \beta)^2 - 4\alpha\beta = 8^2 - 4 \times 13 = 12$
이다.
$$\therefore b - a = \beta - \alpha = 2\sqrt{3}$$

3. 미분

정답 ⑤

문제 다시 보기

양수 a에 대하여 함수 $f(x) = x^3 + ax^2 - ax + 2$의 그래프
위의 점 $(1, 3)$에서의 접선이 x축과 만나는 점을 P, y축과
만나는 점을 Q라 하자. 삼각형 OPQ의 넓이가 2일 때, a의
값은? (단, O는 원점이다.)

① 2　　② 3　　③ 4　　④ 5　　⑤ 6

$f(x) = x^3 + ax^2 - ax + 2$에서 $f'(x) = 3x^2 + 2ax - a$이므로
점 $(1, 3)$에서의 접선의 기울기는 $f'(1) = a + 3$이다.

따라서 접선의 방정식은

$y=(a+3)(x-1)+3=(a+3)x-a$

이다.

이 접선이 x축과 만나는 점의 x좌표를 p라 하면

$(a+3)p-a=0$, $(a+3)p=a$에서 $p=\dfrac{a}{a+3}$ 이고,

y축과 만나는 점의 y좌표를 q라 하면

$q=-a$이다.

따라서 삼각형 OPQ의 넓이는

$\dfrac{1}{2}\times|-a|\times\left|\dfrac{a}{a+3}\right|$에서 a가 양수이므로

$\dfrac{1}{2}\times a\times\dfrac{a}{a+3}=2$, $\dfrac{a^2}{a+3}=4$,

$a^2-4a-12=(a-6)(a+2)=0$

$\therefore\ a=6\ (\because\ a>0)$

---

4. 미분
정답 ③

문제 다시 보기

> 최고차항의 계수가 1인 두 이차함수 $f(x)$, $g(x)$가 다음 조건을
> 만족시킬 때, $f(1)$의 값은?
>
> (가) $f(1)=g(1)$, $f(2)=2g(2)$, $f(3)=3g(3)$
> (나) $f'(1)=g'(1)+5$
>
> ① 5 　 ② 6 　 ③ 7 　 ④ 8 　 ⑤ 9

조건 (가)에 의하여

$f(1)-g(1)=0$, $f(2)-2g(2)=0$, $f(3)-3g(3)=0$

$\quad\cdots\cdots\ \text{㉠}$

함수 $h(x)=f(x)-xg(x)$라 하면

두 함수 $f(x)$, $g(x)$가 모두 최고차항의 계수가 1인
이차함수이므로 함수 $h(x)$는 최고차항의 계수가 -1인
삼차함수이다.

㉠에 의하여 $h(1)=h(2)=h(3)=0$이므로

$h(x)=-(x-1)(x-2)(x-3)$이다.

즉, $f(x)-xg(x)=-(x-1)(x-2)(x-3)$

양변을 x에 대하여 미분하면

$f'(x)-g(x)-xg'(x)$
$=-(x-2)(x-3)-(x-1)(x-3)-(x-1)(x-2)$

이 식의 양변에 $x=1$을 대입하면

$f'(1)-g(1)-g'(1)=-2$

조건 (나)에 의하여

$\{g'(1)+5\}-g(1)-g'(1)=-2$이므로

$g(1)=7$

$\therefore\ f(1)=g(1)=7$

---

5. 함수의 극한과 연속
정답 ⑤

문제 다시 보기

> 세 양수 a, b, c에 대하여 함수 $f(x)$를 다음과 같이 정의한다.
>
> (가) $0\le x<2$에서 $f(x)=\begin{cases}x^2+ax & (0\le x<1)\\ -x+b & (1\le x<2)\end{cases}$이다.
> (나) 모든 실수 x에 대하여 $f(x+2)=f(x)+c$이다.
>
> 함수 $f(x)$가 실수 전체의 집합에서 연속이고 $f(t)=f(1)$을
> 만족시키는 서로 다른 실수 t의 개수가 9일 때, $a+b+c$의
> 값은?
>
> ① $\dfrac{9}{4}$ 　 ② $\dfrac{19}{8}$ 　 ③ $\dfrac{5}{2}$ 　 ④ $\dfrac{21}{8}$ 　 ⑤ $\dfrac{11}{4}$

함수 $f(x)$가 실수 전체의 집합에서 연속이므로 $x=1$과
$x=2$에서도 연속이다.

조건 (가)에 의하여 $x=1$에서의 $f(x)$의 좌극한값, 함숫값,
우극한값은 각각 $\lim\limits_{x\to1-}(x^2+ax)=1+a$, $f(1)=-1+b$,

$\lim\limits_{x\to1+}(-x+b)=-1+b$이므로 $1+a=-1+b$이다. $\quad\cdots\cdots\ \text{㉠}$

이때 $a>0$이면 $1+a>1$, 즉 $-1+b>1$이므로 $b>2$이다.

조건 (가)에 의하여 $x=2$에서의 $f(x)$의 좌극한 값은

$\lim\limits_{x\to2-}(-x+b)=-2+b$이다.

조건 (나)에서 x 대신 $x-2$를 대입하면

$f(x)=f(x-2)+c$이므로

$2\le x<4$일 때의 함수 $y=f(x)$의 그래프는 $0\le x<2$일
때의 함수 $y=f(x)$의 그래프를 x축의 방향으로 2만큼,
y축의 방향으로 c만큼 평행이동시킨 것과 같다.

그러므로 $x=2$에서의 $f(x)$의 함숫값과 우극한 값은 각각

$f(2)=f(0)+c$, $\lim\limits_{x\to2+}f(x)=f(0)+c$이고 조건 (가)에

의하여 $f(0)=0$이므로 $f(2)=c$, $\lim\limits_{x\to2+}f(x)=c$이다.

이상에서 $-2+b=c$이어야 한다. $\quad\cdots\cdots\ \text{㉡}$

$b>2$, $c>0$임을 유의하여 함수 $y=f(x)$의 그래프를 그릴
때에 $f(t)=f(1)$을 만족시키는 실수 t의 개수가 9, 즉 함수
$y=f(x)$의 그래프가 직선 $y=f(1)$과 만나는 점의 개수가
9가 되려면 그림과 같이 $f(10)=f(1)$이어야 한다.

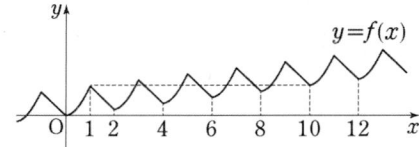

이때 $f(1)=-1+b$이고 $f(10)=5c$이므로

$5c=-1+b$이어야 한다. $\quad\cdots\cdots\ \text{㉢}$

㉡과 ㉢을 연립하여 풀면 $c=\dfrac{1}{4}$, $b=\dfrac{9}{4}$이고

㉠에서 $a=\dfrac{1}{4}$이다.

$\therefore\ a+b+c=\dfrac{11}{4}$

6. 미분

문제 다시 보기

함수 $f(x) = a(x^3 - bx^2 - 2bx)$가 $x = b$에서 극솟값 -1을 가질 때, $100ab$의 값을 구하시오.

(단, a, b는 0이 아닌 상수이다.)

$f(x) = a(x^3 - bx^2 - 2bx)$에서

$f'(x) = a(3x^2 - 2bx - 2b)$이다.

함수 $f(x)$가 $x = b$에서 극솟값을 가지면

$f'(b) = 0$, 즉 $b^2 - 2b = 0$에서 $b = 2$이다. ($\because b \neq 0$)

즉, $f(x) = a(x^3 - 2x^2 - 4x)$이고

극솟값이 -1이므로

$f(2) = -1$, 즉 $-8a = -1$에서 $a = \dfrac{1}{8}$이다.

$\therefore 100ab = 100 \times \dfrac{1}{8} \times 2 = 25$

7. 적분

문제 다시 보기

최고차항의 계수가 1인 이차함수 $f(x)$에 대하여 함수 $g(x)$를

$$g(x) = \int_1^x t f(t)\, dt$$

라 하면 함수 $g(x)$는 다음 조건을 만족시킨다.

(가) 함수 $g(x)$는 모든 실수 x에 대하여 $g(x) = g(-x)$이다.

(나) 함수 $g(x)$는 모든 실수 x에 대하여 $g(x) \geq g(2)$이다.

$g(3)$의 값을 구하시오.

함수 $xf(x)$가 삼차함수이므로 함수 $g(x)$는 사차함수이고, 조건 (가)에 의해 함수 $g(x)$의 삼차항과 일차항의 계수는 0이다.

또한 이차함수 $f(x)$의 이차항의 계수가 1이므로

함수 $g(x)$의 사차항의 계수는 $\dfrac{1}{4}$이다.

두 상수 a, b에 대하여 $g(x) = \dfrac{1}{4}x^4 + ax^2 + b$라 하자.

조건 (나)에 의하여 함수 $g(x)$의 최솟값은 $g(2)$이고 $g'(2) = 0$이다.

이때 $g'(x) = x^3 + 2ax$이므로 $8 + 4a = 0$에서 $a = -2$

또한 $g(1) = 0$이므로 $\dfrac{1}{4} - 2 + b = 0$에서 $b = \dfrac{7}{4}$이다.

$\therefore g(x) = \dfrac{1}{4}x^4 - 2x^2 + \dfrac{7}{4}$

$\therefore g(3) = \dfrac{81}{4} - 18 + \dfrac{7}{4} = 4$

8. 미분

문제 다시 보기

이차함수 $f(x) = ax(20 - x)$에 대하여 다음 조건을 만족시키는 양수 a의 최솟값은 $\dfrac{q}{p \times 2^{10}}$이다.

세 실수 0, $\log f(8t)$, $\log f(5t)$가 이 순서대로 등차수열을 이루도록 하는 실수 t가 존재한다.

$p + q$의 값을 구하시오. (단, p와 q는 서로소인 자연수이다.)

양수 a에 대하여 이차함수 $f(x) = ax(20 - x)$의 그래프는 다음 그림과 같다.

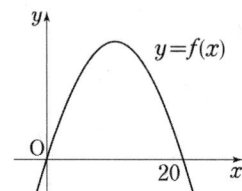

우선 로그의 진수조건에 의해 $\begin{cases} f(8t) > 0 \\ f(5t) > 0 \end{cases}$,

즉 $\begin{cases} 0 < 8t < 20 \\ 0 < 5t < 20 \end{cases}$이므로 $0 < t < \dfrac{5}{2}$이어야 한다.

세 실수 0, $\log f(8t)$, $\log f(5t)$가 이 순서대로 등차수열을 이루면 세 양의 실수 1, $f(8t)$, $f(5t)$는 이 순서대로 등비수열을 이루므로 $\{f(8t)\}^2 = f(5t)$이다.

이때 등식 $\{8at(20 - 8t)\}^2 = 5at(20 - 5t)$를 정리하면

$\dfrac{2^{10}}{25}at(2t - 5)^2 = 4 - t$이다. $\qquad \cdots\cdots \bigcirc$

$g(x) = \dfrac{2^{10}}{25}ax(2x - 5)^2$이라 하고 $h(x) = 4 - x$라 하면

$\bigcirc$을 만족시키는 실수 t의 값이 존재하기 위해서는

$0 < x < \dfrac{5}{2}$에서 두 함수 $y = g(x)$, $y = h(x)$의 그래프의 교점이 존재해야 한다.

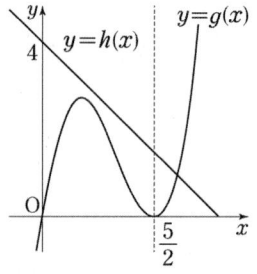

곡선 $y = g(x)$는 양수 a의 값에 따라 y축의 방향을 따라 적당히 잡아 늘린 모양을 가지므로 양수 a의 값이 최소일 때는 곡선 $y = g(x)$와 직선 $y = h(x)$가 접할 때이다.

접점의 x좌표를 $c \left(0 < c < \dfrac{5}{2}\right)$라 하면

$g(c) = h(c)$에서 $\dfrac{2^{10}}{25}ac(2c - 5)^2 = 4 - c$ $\qquad \cdots\cdots \bigcirc\!\!\bigcirc$

함수 $g(x) = \dfrac{2^{10}}{25}a(4x^3 - 20x^2 + 25x)$의 도함수는

$g'(x) = \dfrac{2^{10}}{25}a(12x^2 - 40x + 25)$,

즉 $g'(x) = \dfrac{2^{10}}{25}a(2x-5)(6x-5)$ 이므로

$g'(c) = h'(c)$ 에서 $\dfrac{2^{10}}{25}a(2c-5)(6c-5) = -1$ ......ⓒ

ⓛ÷ⓒ에서 $\dfrac{c(2c-5)}{6c-5} = c-4$ 이므로

$2c^2 - 5c = 6c^2 - 29c + 20$,

$4(c-1)(c-5) = 0 \Rightarrow c = 1$ 또는 $c = 5$

따라서 $c = 1$ 이고 $\left(\because 0 < c < \dfrac{5}{2} \right)$

ⓛ에 의하여 $\dfrac{9 \times 2^{10}}{25}a = 3$ 이므로 $a = \dfrac{25}{3 \times 2^{10}}$ 이다.

$\therefore p+q = 3 + 25 = 28$

> **참고**
>
> 세 실수 $\log_a X$, $\log_a Y$, $\log_a Z$가 이 순서대로
> 등차수열을 이루면 $2\log_a Y = \log_a X + \log_a Z$에서 로그의
> 성질에 의해 $\log_a Y^2 = \log_a XZ$이므로 $Y^2 = XZ$이다.
> 따라서 세 양수 X, Y, Z는 이 순서대로 등비수열을 이룬다.

1. ⑤	2. ③	3. ③	4. ②	5. ⑤
6. 2	7. 2	8. 88		

1. 함수의 극한과 연속

정답 ⑤

문제 다시 보기

함수

$$f(x) = \begin{cases} \dfrac{x^2 + ax + b}{x - 1} & (x < 1) \\ x + 2 & (x \geq 1) \end{cases}$$

이 실수 전체의 집합에서 연속일 때, $a - b$의 값은?

(단, a와 b는 상수이다.)

① -2 ② -1 ③ 1 ④ 2 ⑤ 3

함수 $f(x)$가 $x = 1$에서 연속이므로

$$\lim_{x \to 1-} \frac{x^2 + ax + b}{x - 1} = \lim_{x \to 1+} (x + 2) = 3$$

극한값이 존재하므로 $\lim_{x \to 1-} (x^2 + ax + b) = 0$이다.

$x^2 + ax + b = (x - 1)(x + k)$ (k는 상수)라 하면

$$\lim_{x \to 1-} \frac{x^2 + ax + b}{x - 1} = \lim_{x \to 1-} (x + k) = k + 1 = 3$$

이므로 $k = 2$

따라서 $x^2 + ax + b = (x - 1)(x + 2) = x^2 + x - 2$이므로

$a = 1$, $b = -2$

$\therefore a - b = 3$

2. 적분

정답 ③

문제 다시 보기

삼차함수 $f(x) = x^3 - 6x^2 + 5x$에 대하여 $0 \leq x \leq 4$에서 곡선 $y = f(x)$와 y축 및 직선 $y = x + a$로 둘러싸인 부분의 넓이를 S_1, 곡선 $y = f(x)$와 두 직선 $y = x + a$, $x = 4$로 둘러싸인 부분의 넓이를 S_2라 하자. $S_1 = S_2$일 때, 상수 a의 값은?

(단, $-16 < a < 0$)

① -10 ② -9 ③ -8 ④ -7 ⑤ -6

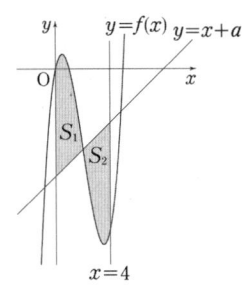

$S_1 = S_2$이므로 $\displaystyle\int_0^4 \{f(x) - (x + a)\}dx = 0$이다.

$$\int_0^4 (x^3 - 6x^2 + 4x - a)dx = \left[\frac{x^4}{4} - 2x^3 + 2x^2 - ax \right]_0^4$$

$$= 64 - 128 + 32 - 4a$$

$$= -32 - 4a = 0$$

$$\therefore a = -8$$

3. 함수의 극한과 연속 　　　　　　　　　정답 ③

문제 다시 보기

그림과 같이 직선 $y=2x$ 위의 두 점 A$(t-1,\ 2t-2)$, B$(t,\ 2t)$와 x축 위의 점 C$(t-1,\ 0)$을 꼭짓점으로 하는 삼각형 ABC가 있다. 원점을 지나고 삼각형 ABC의 넓이를 이등분하는 직선의 기울기를 $m(t)$라 할 때, $\lim\limits_{t\to\infty}m(t)$의 값은?

(단, $t>1$이다.)

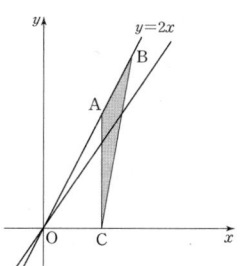

① $\sqrt{2}-\dfrac{1}{2}$ 　　② $\sqrt{2}-\dfrac{1}{4}$ 　　③ $\sqrt{2}$

④ $\sqrt{3}-\dfrac{1}{4}$ 　　⑤ $\sqrt{3}$

삼각형 ABC의 넓이는

$\dfrac{1}{2}\times 1\times(2t-2)=t-1$

이므로 직선 $y=m(t)x$가 두 선분 AC, BC와 만나는 점을

각각 D, E라 하면 삼각형 CDE의 넓이는 $\dfrac{1}{2}(t-1)$

직선 BC의 방정식은

$y=2t\{x-(t-1)\}$

이므로 점 E의 x좌표는

$2t\{x-(t-1)\}=m(t)x$에서

$x=\dfrac{2t(t-1)}{2t-m(t)}$

이때 삼각형 CDE의 넓이는

$\dfrac{1}{2}m(t)(t-1)\left\{\dfrac{2t(t-1)}{2t-m(t)}-(t-1)\right\}$

$=\dfrac{1}{2}m(t)(t-1)^2\left\{\dfrac{2t}{2t-m(t)}-1\right\}$

$=\dfrac{1}{2}m(t)(t-1)^2\times\dfrac{m(t)}{2t-m(t)}$

$=\dfrac{(t-1)^2\{m(t)\}^2}{2\{2t-m(t)\}}$

이므로

$\dfrac{(t-1)^2\{m(t)\}^2}{2\{2t-m(t)\}}=\dfrac{1}{2}(t-1)$에서

$\dfrac{(t-1)\{m(t)\}^2}{2t-m(t)}=1$,

$(t-1)\{m(t)\}^2+m(t)-2t=0$

$\therefore\ m(t)=\dfrac{-1+\sqrt{8t^2-8t+1}}{2t-2}\ (\because\ m(t)>0)$

$\therefore\ \lim\limits_{t\to\infty}m(t)=\lim\limits_{t\to\infty}\dfrac{-1+\sqrt{8t^2-8t+1}}{2t-2}$

$=\lim\limits_{t\to\infty}\dfrac{-\dfrac{1}{t}+\sqrt{8-\dfrac{8}{t}+\dfrac{1}{t^2}}}{2-\dfrac{2}{t}}$

$=\sqrt{2}$

4. 미분 　　　　　　　　　　　　　　정답 ②

문제 다시 보기

두 함수

$f(x)=2x^3-3x+k,$

$g(x)=x^3-3x^2+6x$

에 대하여 방정식 $f(x)=g(x)$가 서로 다른 세 실근을 갖고, 그 세 실근의 곱이 양수가 되도록 하는 모든 정수 k의 개수는?

① 24　　② 26　　③ 28　　④ 30　　⑤ 32

방정식 $f(x)=g(x)$에서

$2x^3-3x+k=x^3-3x^2+6x$,

즉 $-x^3-3x^2+9x=k$

이때 $h(x)=-x^3-3x^2+9x$라 하면

방정식 $h(x)=k$가 서로 다른 세 양의 실근을 갖거나

한 개의 양의 실근과 두 개의 음의 실근을 가져야 한다.

$h'(x)=-3x^2-6x+9$

$\qquad=-3(x+3)(x-1)$

이므로 함수 $h(x)$의 증가, 감소를 표로 나타내면 다음과 같다.

x	$\cdots$	-3	$\cdots$	1	$\cdots$
$h'(x)$	$-$	0	$+$	0	$-$
$h(x)$	$\searrow$	-27	$\nearrow$	5	$\searrow$

따라서 함수 $y=h(x)$의 그래프는 다음과 같다.

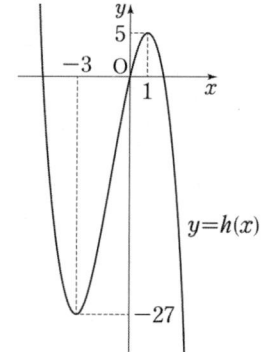

방정식 $h(x)=k$가 서로 다른 세 양의 실근을 갖는 경우는 존재하지 않고,

한 개의 양의 실근과 두 개의 음의 실근을 가지려면

$-27<k<0$이어야 하므로

정수 k의 개수는 26이다.

미니모의고사 | 정답과 풀이　**31**

문제 다시 보기

최고차항의 계수가 양수인 삼차함수 $y=f(x)$의 그래프 위의 한 점 $(a, f(a))$에서의 접선의 방정식을 $y=g(x)$라 하자. $h(x)=f(x)-g(x)$라 할 때, <보기>에서 옳은 것만을 있는 대로 고른 것은?

───────────〈보 기〉───────────

ㄱ. $h'(x)=f'(x)-f'(a)$

ㄴ. $h(b)=0$이고 $a \neq b$일 때, $f'(a)<f'(b)$이다.

ㄷ. 방정식 $h(x)=0$이 오직 한 실근을 가지면 함수 $f'(x)$는 $x=a$에서 극솟값을 갖는다.

─────────────────────────────

① ㄱ　　　　　② ㄴ　　　　　③ ㄱ, ㄴ

④ ㄱ, ㄷ　　　　⑤ ㄱ, ㄴ, ㄷ

ㄱ. 곡선 $y=f(x)$ 위의 점 $(a, f(a))$에서의 접선의 방정식은
$g(x)=f'(a)(x-a)+f(a)$이므로
$$h(x)=f(x)-g(x)$$
$$=f(x)-\{f'(a)(x-a)+f(a)\}$$
이다. 따라서
$h'(x)=f'(x)-f'(a)$이다. (참)　　……㉠

ㄴ. $f(x)$는 최고차항의 양수인 삼차함수이고 $g(x)$는 일차함수이므로
함수 $h(x)=f(x)-g(x)$는 최고차항의 계수가 양수인 삼차함수이다.
또한 ㉠에 의하여 $h(a)=0$, $h'(a)=0$이므로 $h(x)$는 $(x-a)^2$을 인수로 갖고
$h(b)=0$이므로 $h(x)$는 $(x-b)$를 인수로 갖는다.
즉, $h(x)=k(x-a)^2(x-b)$라 할 수 있다. (단, $k>0$)
$$h'(x)=k(x-a)(x-b)+k(x-a)(x-b)+k(x-a)^2$$
$$=k(x-a)(3x-a-2b)$$
이다. 이를 ㉠에 대입하면
$k(x-a)(3x-a-2b)=f'(x)-f'(a)$이고
양변에 $x=b$를 대입하면
$k(b-a)^2=f'(b)-f'(a)$이다.
이때 $k>0$이고 $a \neq b$이므로
$f'(b)-f'(a)>0$, 즉 $f'(a)<f'(b)$이다. (참)

ㄷ. 방정식 $h(x)=0$이 오직 한 실근을 가지려면
ㄴ에 의하여 최고차항의 계수가 양수인 함수 $h(x)$가 $(x-a)^3$을 인수로 가져야 한다.
즉, $h(x)=k(x-a)(x-a)(x-a)$라 할 수 있다.
　　　　　　　　　　　　　　　　(단, $k>0$)
$$h'(x)=k(x-a)^2+k(x-a)^2+k(x-a)^2$$
$$=3k(x-a)^2$$
이다. 이를 ㉠에 대입하면
$f'(x)=3k(x-a)^2+f'(a)$이므로
함수 $y=f'(x)$의 그래프는 직선 $x=a$에 대하여 대칭이고 아래로 볼록한 이차함수의 그래프이므로
함수 $f'(x)$는 $x=a$에서 극솟값을 갖는다. (참)

따라서 옳은 것은 ㄱ, ㄴ, ㄷ이다.

다른 풀이

ㄱ. 함수 $y=f(x)$의 그래프와 직선 $y=g(x)$가 점 $(a, f(a))$에서 접하므로
직선 $g(x)$의 기울기 $g'(x)$는 $f'(a)$와 같다.
따라서 $h(x)=f(x)-g(x)$에서
$$h'(x)=f'(x)-g'(x)$$
$$=f'(x)-f'(a)　　　　　　……㉠$$
이다. (참)

ㄴ. $a \neq b$이고 $h(b)=0$, 즉 $f(b)=g(b)$이므로
삼차함수 $y=f(x)$의 그래프와 직선 $y=g(x)$는 다음 그림과 같이 $x=a$에서 접하고 $x=b$에서 만난다.

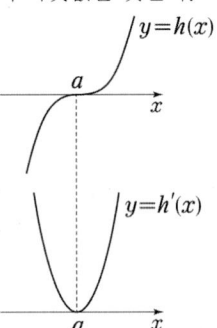

$a<b$인 경우 평균값 정리에 의하여
구간 (a, b)에서 $f'(c)=f'(a)$인 실수 c가 존재하고
구간 (c, b)에서 함수 $f'(x)$는 증가하므로
$f'(c)<f'(b)$, 즉 $f'(a)<f'(b)$이다.
$b<a$인 경우도 마찬가지로 $f'(a)<f'(b)$이다. (참)

ㄷ. $f(x)$는 최고차항의 양수인 삼차함수이고 $g(x)$는 일차함수이므로
함수 $h(x)=f(x)-g(x)$는 최고차항의 계수가 양수인 삼차함수이다.
또한 ㉠에 의하여 $h(a)=0$, $h'(a)=0$이므로 $h(x)$는 $(x-a)^2$을 인수로 갖는다.
이때 삼차방정식 $h(x)=0$이 오직 한 실근을 가지려면
$h(x)=k(x-a)^3$이어야 한다. (단, $k>0$)
따라서 도함수 $y=h'(x)$의 그래프는 다음과 같고 함수 $h'(x)$는 $x=a$에서 극솟값을 갖는다.

이때 ㉠에 의하여 $f'(x)=h'(x)+f'(a)$이므로
함수 $y=f'(x)$의 그래프는 함수 $y=h'(x)$의 그래프를 y축의 방향으로 $f'(a)$만큼 평행이동시킨 것이다.
따라서 함수 $f'(x)$도 $x=a$에서 극솟값을 갖는다. (참)

따라서 옳은 것은 ㄱ, ㄴ, ㄷ이다.

6. 미분

정답 2

문제 다시 보기

> 양수 k에 대하여 함수 $f(x)$를
> $$f(x) = x^3 - 6x^2 + 9x + k$$
> 라 하고, 양수 t에 대하여 좌표평면에서 세 점 $(0, 0)$, $(t, 0)$, $(t, f(t))$를 꼭짓점으로 하는 삼각형의 넓이를 $S(t)$라 하자. $S'(3) = 1$일 때, k의 값을 구하시오.

세 점 $(0, 0)$, $(t, 0)$, $(t, f(t))$를 꼭짓점으로 하는 삼각형의 넓이는

$S(t) = \dfrac{1}{2} t f(t)$ 이므로

$S'(t) = \dfrac{1}{2} f(t) + \dfrac{1}{2} t f'(t)$ 이다.

이때 $f(3) = 27 - 54 + 27 + k = k$ 이고,

$f'(x) = 3x^2 - 12x + 9$ 에서

$f'(3) = 27 - 36 + 9 = 0$ 이다.

따라서 $S'(3) = 1$ 에서

$\dfrac{1}{2} \times k + \dfrac{3}{2} \times 0 = 1$ 이므로 $k = 2$ 이다.

7. 함수의 극한과 연속

정답 2

문제 다시 보기

> 최고차항의 계수가 같은 두 이차함수 $f(x)$, $g(x)$가 다음 조건을 만족시킨다.
>
> (가) $f(1) = 0$
> (나) $\displaystyle\lim_{x \to 1} \dfrac{g(x)}{(x-1)f(x)} = \lim_{x \to 2} \dfrac{f(x)}{xg(x)} = f(0)$
>
> $f(7) - g(7)$의 값을 구하시오.

두 이차함수 $f(x)$, $g(x)$의 최고차항의 계수를
$a \ (a \neq 0)$이라 하면 조건 (가)에서
$f(x) = a(x-1)(x+k)$ (단, k는 상수)
이다.

조건 (나)에서

$\displaystyle\lim_{x \to 1} \dfrac{g(x)}{(x-1)f(x)} = \lim_{x \to 1} \dfrac{g(x)}{a(x-1)^2(x+k)} = -ak$

이므로 $g(x) = a(x-1)^2$이고, $\dfrac{1}{k+1} = -ak$ ······㉠

또한

$\displaystyle\lim_{x \to 2} \dfrac{f(x)}{xg(x)} = \lim_{x \to 2} \dfrac{a(x-1)(x+k)}{ax(x-1)^2}$

$\qquad = \displaystyle\lim_{x \to 2} \dfrac{(x+k)}{x(x-1)}$

$\qquad = \dfrac{k+2}{2} = -ak$ ······㉡

㉠, ㉡에서 $\dfrac{1}{k+1} = \dfrac{k+2}{2}$이므로

$k^2 + 3k + 2 = 2$, $k(k+3) = 0$

에서 $k = 0$ 또는 $k = -3$이다.

또한 ㉠에서 $k = 0$이면 등식이 성립하지 않으므로

$k = -3$이고, $a = -\dfrac{1}{6}$이다.

$\therefore\ f(x) = -\dfrac{1}{6}(x-1)(x-3)$, $g(x) = -\dfrac{1}{6}(x-1)^2$

따라서 $f(7) - g(7) = -4 - (-6) = 2$이다.

8. 적분

정답 88

문제 다시 보기

> 두 자연수 a, b에 대하여 실수 전체의 집합에서 연속인 함수 $f(x)$와 $f(x)$의 한 부정적분 $F(x)$가 다음 조건을 만족시킨다.
>
> (가) $0 \leq x \leq a$에서 $f(x) = 4x^3 - 18x + b$이다.
> (나) 모든 정수 m에 대하여 $F(m+a) = F(m) + b$이다.
>
> $\displaystyle\int_1^{10} f(x)dx$의 값을 구하시오.

조건 (나)에서 $m = 0$을 대입하면 $F(a) = F(0) + b$이므로 정적분의 정의에 의하여

$F(a) - F(0) = \displaystyle\int_0^a f(x)dx = b$,

$\displaystyle\int_0^a (4x^3 - 18x + b)dx = \left[x^4 - 9x^2 + bx \right]_0^a$

$\qquad\qquad = a^4 - 9a^2 + ab = b$,

$(a-1)b = a^2(9-a)$에서 $a = 1$이면 $0 \neq 8$이므로 모순이다.

따라서 $a \geq 2$이고 $b = \dfrac{a^2(9-a^2)}{a-1}$

$a \geq 3$이면 $b \leq 0$이므로

$a = 2$, $b = \dfrac{4(9-4)}{2-1} = 20$이다.

즉, 조건 (가)에서 $0 \leq x \leq 2$일 때 $f(x) = 4x^3 - 18x + 20$

조건 (나)에서 모든 정수 m에 대하여
$F(m+2) = F(m) + 20$이므로

$\displaystyle\int_1^{10} f(x)dx = F(10) - F(1) = F(8) + 20 - F(1)$

$\qquad = F(6) + 40 - F(1) = F(4) + 60 - F(1)$

$\qquad = F(2) + 80 - F(1)$

$\qquad = \displaystyle\int_1^2 f(x)dx + 80$

$\qquad = \displaystyle\int_1^2 (4x^3 - 18x + 20)dx + 80$

$\qquad = \left[x^4 - 9x^2 + 20x \right]_1^2 + 80$

$\qquad = 8 + 80 = 88$

1. ⑤	2. ④	3. ③	4. ②	5. ③
6. 4	7. 28	8. 270		

1. 적분

정답 ⑤

문제 다시 보기

원점을 동시에 출발하여 수직선 위를 움직이는 두 점 P, Q의 시각 t ($t \geq 0$)에서의 속도가 각각 $-t^2+4t$, $2t-3$이다. 점 P의 속도가 최대가 되는 순간 두 점 P, Q 사이의 거리는?

① $\dfrac{10}{3}$ ② $\dfrac{13}{3}$ ③ $\dfrac{16}{3}$ ④ $\dfrac{19}{3}$ ⑤ $\dfrac{22}{3}$

점 P의 시각 t ($t \geq 0$)에서의 속도는
$$-t^2+4t = -(t-2)^2+4$$
이므로 $t=2$에서 최대가 된다.
시각 $t=2$에서 두 점 P, Q의 위치는 각각
$$\int_0^2 (-t^2+4t)dt = \left[-\frac{t^3}{3}+2t^2\right]_0^2 = -\frac{8}{3}+8 = \frac{16}{3},$$
$$\int_0^2 (2t-3)dt = \left[t^2-3t\right]_0^2 = 4-6 = -2$$
이므로 두 점 P, Q 사이의 거리는
$$\frac{16}{3}-(-2) = \frac{22}{3}$$

2. 함수의 극한과 연속

정답 ④

문제 다시 보기

양수 t에 대하여 좌표평면에서 두 점 A(0, 1), B(t, 0)을 이은 선분의 길이를 $f(t)$라 하고, 원점 O에서 직선 AB까지의 거리를 $g(t)$라 하자. $\displaystyle\lim_{t \to \infty} \dfrac{f(t)-g(t)}{t}$의 값은?

① $\dfrac{1}{4}$ ② $\dfrac{1}{2}$ ③ $\dfrac{3}{4}$ ④ 1 ⑤ $\dfrac{5}{4}$

두 점 A(0, 1), B(t, 0)을 이은 선분의 길이는
$f(t) = \sqrt{t^2+(-1)^2} = \sqrt{t^2+1}$ 이다.
한편 직선 AB의 방정식은
$y = \dfrac{0-1}{t-0}(x-t)$, 즉 $x+ty-t=0$이므로

원점 O에서 직선 AB까지의 거리는
$$\frac{|-t|}{\sqrt{1+t^2}} = \frac{t}{\sqrt{t^2+1}}$$ 이다.

$$\therefore \lim_{t \to \infty} \frac{f(t)-g(t)}{t} = \lim_{t \to \infty} \frac{\sqrt{t^2+1}-\dfrac{t}{\sqrt{t^2+1}}}{t}$$
$$= \lim_{t \to \infty} \frac{(t^2+1)-t}{t\sqrt{t^2+1}}$$
$$= \lim_{t \to \infty} \frac{1-\dfrac{1}{t}+\dfrac{1}{t^2}}{\sqrt{1+\dfrac{1}{t^2}}} = 1$$

3. 미분

정답 ③

문제 다시 보기

닫힌구간 $[-3, 2]$에서 두 함수 $f(x) = x^4+a$, $g(x) = 6x^2-8x$의 그래프의 교점의 개수가 2가 되도록 하는 정수 a의 최댓값을 M, 최솟값을 m이라 하자. $M+m$의 값은?

① 18 ② 19 ③ 20 ④ 21 ⑤ 22

$h(x) = f(x)-g(x)$라 하면
닫힌구간 $[-3, 2]$에서
두 함수 $y=f(x)$, $y=g(x)$의 그래프의 교점의 개수가 2가 되도록 하는 상수 a의 값은
함수 $y=h(x)$의 그래프와 x축의 교점의 개수가 2가 되도록 하는 상수 a의 값과 같다. ……㉠
$h(x) = x^4-6x^2+8x+a$에서
$$h'(x) = 4x^3-12x+8$$
$$= 4(x^3-3x+2)$$
$$= 4(x-1)^2(x+2)$$
이므로 함수 $h(x)$는 $x=-2$에서 극솟값을 갖는다.
이때 $h(-3) = h(1) = a+3$이고 $h(-2) = a-24$이므로
함수 $y=h(x)$의 그래프는 다음 그림과 같다.

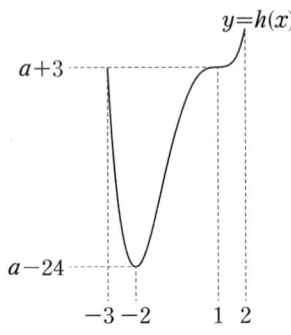

따라서 ㉠을 만족시키려면

$a-24 < 0 \le a+3$, 즉 $-3 \le a < 24$이어야 한다.

$\therefore M+m = 23+(-3) = 20$

4. 미분

문제 다시 보기

함수 $f(x)$를 $f(x) = \dfrac{1}{3}x^3 - \dfrac{1}{4}x^2 + k$라 하자. 양수 a에 대하여 곡선 $y=f(x)$와 직선 $x=a$가 만나는 점을 A라 하고, 직선 OA의 기울기를 $g(a)$라 하자. 양의 실수 전체의 집합에서 정의된 함수 $g(a)$가 3을 최솟값으로 가질 때, 상수 k의 값은? (단, O는 원점이다.)

① 4   ② $\dfrac{13}{3}$ ③ $\dfrac{14}{3}$ ④ 5   ⑤ $\dfrac{16}{3}$

$f(x) = \dfrac{1}{3}x^3 - \dfrac{1}{4}x^2 + k$에서

$f'(x) = x^2 - \dfrac{1}{2}x = x\left(x - \dfrac{1}{2}\right)$이므로

함수 $f(x)$는 $x=0$에서 극대, $x=\dfrac{1}{2}$에서 극소이다.

원점과 점 $A(a, f(a))$ $(a>0)$를 지나는 직선의 기울기의 최솟값이 양수이므로 함수 $f(x)$의 극솟값은 양수이어야 하고, 함수 $y=f(x)$의 그래프의 개형은 다음과 같다.

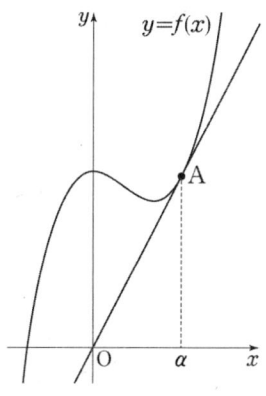

이때 직선 OA의 기울기가 최소일 때는 원점에서 곡선 $y=f(x)$에 그은 접선의 접점이 점 A일 때이다.
이때 접점의 x좌표를 α라 하면 $g(a)$의 최솟값이 3이므로

$f'(\alpha) = 3$이고, $\dfrac{f(\alpha)}{\alpha} = 3$이다.

$f'(\alpha) = \alpha^2 - \dfrac{1}{2}\alpha = 3$에서 $2\alpha^2 - \alpha - 6 = 0$,

$(2\alpha+3)(\alpha-2) = 0$

$\therefore \alpha = 2 \ (\because \alpha > 0)$

$\dfrac{f(\alpha)}{\alpha} = \dfrac{f(2)}{2} = \dfrac{\dfrac{8}{3} - 1 + k}{2} = 3$에서 $k + \dfrac{5}{3} = 6$

$\therefore k = \dfrac{13}{3}$

5. 적분

문제 다시 보기

1 이상의 양수 k에 대하여 함수 $f(x)$를

$$f(x) = \int_x^{x+2} |t^2 - k|\,dt$$

라 할 때, <보기>에서 옳은 것만을 있는 대로 고른 것은?

―〈 보 기 〉―

ㄱ. $k=1$일 때, $f(0)=2$이다.
ㄴ. 모든 실수 x에 대하여 $f(-x-2) = f(x)$이다.
ㄷ. 방정식 $f(x) = 2$의 서로 다른 실근의 개수가 홀수일 때, $k=2$이다.

① ㄱ   ② ㄴ   ③ ㄱ, ㄴ
④ ㄴ, ㄷ   ⑤ ㄱ, ㄴ, ㄷ

ㄱ. $k=1$일 때

$f(0) = \displaystyle\int_0^2 |t^2-1|\,dt = \int_0^1 (1-t^2)\,dt + \int_1^2 (t^2-1)\,dt$

$= \left[t - \dfrac{t^3}{3}\right]_0^1 + \left[\dfrac{t^3}{3} - t\right]_1^2$

$= \dfrac{2}{3} + \dfrac{4}{3} = 2$ (참)

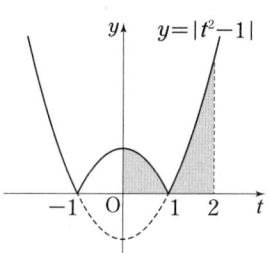

ㄴ. $g(x) = |x^2 - k|$라 하면

함수 $y=g(x)$의 그래프는 y축에 대하여 대칭이므로

모든 실수 x에 대하여 $\displaystyle\int_0^x g(t)\,dt = \int_{-x}^0 g(t)\,dt$가 성립한다.

$\therefore f(-x-2) = \displaystyle\int_{-x-2}^{-x} g(t)\,dt$

$= \displaystyle\int_{-x-2}^0 g(t)\,dt + \int_0^{-x} g(t)\,dt$

$= \displaystyle\int_0^{x+2} g(t)\,dt + \int_x^0 g(t)\,dt$

$= \displaystyle\int_x^{x+2} g(t)\,dt = f(x)$ (참)

ㄷ. ㄴ에 의하여 함수 $y=f(x)$의 그래프가 직선 $x=-1$에 대하여 대칭이다.
따라서 방정식 $f(x) = 2$의 서로 다른 실근의 개수가 홀수이려면

$f(-1) = 2$이어야 한다.

$$f(-1) = \int_{-1}^{1} |t^2 - k| \, dt$$
$$= \int_{-1}^{1} (k - t^2) \, dt = 2 \int_{0}^{1} (k - t^2) \, dt$$
$$= 2 \left[kt - \frac{t^3}{3} \right]_{0}^{1} = 2k - \frac{2}{3} = 2$$
$$\therefore k = \frac{4}{3} \ (\text{거짓})$$

따라서 옳은 것은 ㄱ, ㄴ이다.

6. 적분

정답 4

문제 다시 보기

자연수 n에 대하여 $a_n = (-1)^n \times n$이라 하고 $f(x) = x^2$이라 하자. 두 점 $(a_n, f(a_n))$, $(a_{n+1}, f(a_{n+1}))$을 지나는 직선과 곡선 $y = f(x)$로 둘러싸인 부분의 넓이를 $S(n)$이라 할 때, $S(m) > 100$을 만족시키는 자연수 m의 최솟값을 구하시오.

$$a_{n+1} - a_n = (-1)^{n+1} \times (n+1) - (-1)^n \times n$$
$$= \begin{cases} (n+1) + n & (n \text{은 홀수}) \\ (-n-1) - n & (n \text{은 짝수}) \end{cases}$$

이므로 $|a_{n+1} - a_n| = 2n+1$이다.

따라서 최고차항의 계수가 1인 이차함수 $y = x^2$의 그래프와 이차함수의 그래프 위의 두 점 $(a_n, (a_n)^2)$, $(a_{n+1}, (a_{n+1})^2)$을 지나는 직선의 교점의 x좌표의 차가 $2n+1$이므로

$$S(n) = \frac{(2n+1)^3}{6} \text{이다.}$$

이때 $7^3 = 343$, $9^3 = 729$이므로

$S(m) > 100$, 즉 $(2m+1)^3 > 600$을 만족시키는 자연수 m의 최솟값은

$2m+1 = 9$에서 $m = 4$이다.

7. 함수의 극한과 연속

정답 28

문제 다시 보기

함수 $f(x) = \begin{cases} -1 & (x < 0) \\ 3 & (0 \le x \le 2) \\ -3 & (x > 2) \end{cases}$에 대하여 함수

$\{f(x) - a\}^2 \{(x+1)^3 - b\}$가 모든 실수 x에 대하여 연속이 되도록 하는 두 양수 a, b의 합 $a + b$의 값을 구하시오.

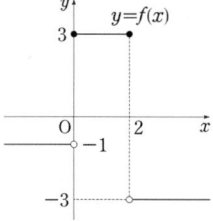

함수 $f(x) - a$는 $x = 0$과 $x = 2$에서 불연속이고

함수 $(x+1)^3 - b$는 모든 실수 x에 대하여 연속이므로

함수 $\{f(x) - a\}^2 \{(x+1)^3 - b\}$가 모든 실수 x에 대하여 연속이기 위해서는

함수 $\{f(x) - a\}^2 \{(x+1)^3 - b\}$는 $x = 0$과 $x = 2$에서 연속이어야 한다.

$g(x) = \{f(x) - a\}^2 \{(x+1)^3 - b\}$라 하자.

$$\lim_{x \to 2+} g(x) = (-3-a)^2 (27-b),$$
$$g(2) = \lim_{x \to 2-} g(x) = (3-a)^2 (27-b) \text{이므로}$$
$$(-3-a)^2 (27-b) = (3-a)^2 (27-b) \text{에서}$$
$$a(27-b) = 0, \ b = 27 \ (\because a > 0)$$
$$\lim_{x \to 0-} g(x) = (-1-a)^2 (1-b) = -26(a+1)^2,$$
$$g(0) = \lim_{x \to 0+} g(x) = (3-a)^2 (1-b) = -26(a-3)^2 \text{에서}$$
$$(a+1)^2 = (a-3)^2, \ 2a+1 = -6a+9, \ a = 1$$
$$\therefore a + b = 28$$

8. 미분

정답 270

문제 다시 보기

최고차항의 계수가 양수인 사차함수 $f(x)$와 최고차항의 계수가 5인 삼차함수 $g(x)$에 대하여 함수 $h(x)$를

$$h(x) = \begin{cases} f(x) & (f(x) \ge 0) \\ g(x) & (f(x) < 0) \end{cases}$$

라 하면 함수 $h(x)$는 다음 조건을 만족시킨다.

(가) 함수 $h(x)$는 실수 전체의 집합에서 미분가능하다.

(나) 부등식
$$\lim_{x \to p-} \frac{|h(x)| - |h(p)|}{x - p} \times \lim_{x \to p+} \frac{|h(x)| - |h(p)|}{x - p} \le 0$$
을 만족하는 모든 실수 p는 -1 또는 1 또는 2로 세 개이다.

(다) $h\left(\frac{3}{2}\right) < 0$

$h(-4)$의 값을 구하시오.

$\displaystyle \lim_{x \to p-} \frac{|h(x)| - |h(p)|}{x - p}$ 의 값은 함수 $|h(x)|$의 $x = p$에서의 좌미분계수를 의미하고

$\displaystyle \lim_{x \to p+} \frac{|h(x)| - |h(p)|}{x - p}$ 의 값은 함수 $|h(x)|$의 $x = p$에서의 우미분계수를 의미한다.

이때 조건 (가)에서 함수 $h(x)$는 실수 전체의 집합에서
미분가능하므로
조건 (나)에서 주어진 부등식을 만족시키기 위해서는
$h(p)=0$이거나 $h'(p)=0$이어야 한다.
또한 조건 (나)에서 이를 만족시키는 실수 p는 -1, 1, 2로
오직 세 개만 존재하므로
함수 $h(x)$의 정의에 의하여 방정식 $f(x)=0$의 서로 다른
실근의 개수를 기준으로 나누어 생각해보자.

i) 방정식 $f(x)=0$이 서로 다른 세 실근을 가질 때
먼저 $f(x)$가 $(x+1)^2(x-1)(x-2)$를 인수로 가질
때를 생각하면 함수 $f(x)$는 구간 $(-1, 1)$에서
$f(x)>0$이고 $f(-1)=f(1)=0$에서 롤의 정리에
의하여 구간 $(-1, 1)$에서 $f'(x)=0$을 만족시키는 실수
x는 적어도 하나 존재한다.
따라서 이 경우는 조건 (나)를 만족시킬 수 없다.
다음으로 $f(x)$가 $(x+1)(x-1)^2(x-2)$를 인수로 가질
때를 생각하면 함수 $f(x)$는 구간 $(-1, 2)$에서
$f(x) \le 0$을 만족시키므로 함수 $h(x)$의 정의와 조건
(가)에서 함수 $h(x)$의 연속성에 의하여
$g(x)=5(x+1)(x-1)(x-2)$이어야 한다. 하지만 이
경우 롤의 정리에 의하여 구간 $(-1, 1)$에서
$g'(x)=0$을 만족시키는 실수 x는 적어도 하나
존재하므로 조건 (나)를 만족시킬 수 없다. (구간
$(1, 2)$에서도 마찬가지이다.)
마지막으로 $f(x)$가 $(x+1)(x-1)(x-2)^2$을 인수로
가질 때를 생각하면 함수 $f(x)$는 구간 $(1, 2)$에서
$f(x)>0$이고 $f(1)=f(2)=0$에서 롤의 정리에 의하여
구간 $(1, 2)$에서 $f'(x)=0$을 만족시키는 실수 x는
적어도 하나 존재한다.
따라서 이 경우는 조건 (나)를 만족시킬 수 없다.

ii) 방정식 $f(x)=0$이 서로 다른 두 실근을 가질 때
서로 다른 두 실수 t, s $(t<s)$에 대하여
$f(x)$가 $(x-t)^2(x-s)^2$을 인수로 가질 때를 생각하면
모든 실수 x에 대하여 $f(x) \ge 0$이므로 조건 (다)를
만족시키지 않는다.
다음으로 $f(x)$가 $(x-t)^3(x-s)$를 인수로 가질 때를
생각하면 롤의 정리에 의하여 구간 (t, s)에서 방정식
$g'(x)=0$의 해는 반드시 존재하므로 $t=-1$, $s=2$, 즉
$f(x)$는 $(x+1)^3(x-2)$를 인수로 가져야하고
$g(-1)=g(2)=0$, $g'(1)=0$, $g'(-1)=f'(-1)$,
$g'(2)=f'(2)$이어야 한다.
$f(x)$가 $(x-t)(x-s)^3$을 인수로 가질 때를 생각하면
$f(x)$가 $(x-t)^3(x-s)$를 인수로 가질 때와 마찬가지로
$t=-1$, $s=2$이어야 하는데 함수 $g(x)$의 최고차항의
계수가 5, 즉 양수이므로 $g(-1)=g(2)=0$,
$g'(2)=0$, $f'(-1)=g'(-1)$을 동시에 만족시킬 수
없다.
마지막으로 두 상수 a, b에 대하여 방정식
$x^2+ax+b=0$의 실근이 존재하지 않을 때 $f(x)$가
$(x-t)(x-s)(x^2+ax+b)$를 인수로 갖는다면

$t=-1$, $s=2$이고 $g(-1)=g(2)=0$,
$g'(-1)=f'(-1)$, $g'(2)=f'(2)$이어야 한다.

iii) 방정식 $f(x)=0$이 오직 하나의 실근을 갖거나 실근이
존재하지 않을 때
모든 실수 x에 대하여 $f(x) \ge 0$이므로 $h(x) \ge 0$이다.
따라서 조건 (다)를 만족시킬 수 없다.

i)~iii)에서
$g(-1)=g(2)=0$이고 $g'(1)=0$, $g'(-1)=f'(-1)$,
$g'(2)=f'(2)$이어야 한다.
$g(x)=5(x+1)(x-2)(x-k)$ (k는 상수)라 하면
$g'(x)=5\{(x-2)(x-k)+(x+1)(x-k)+(x+1)(x-2)\}$
$g'(1)=0$에서
$5\{(k-1)+2(1-k)-2\}=0$, $5(-k-1)=0$
$\therefore k=-1$
따라서 $g(x)=5(x+1)^2(x-2)$이므로 $g'(-1)=0$,
$g'(2)=45$이다.
조건 (가)에 의하여 $f'(-1)=0$이므로 양의 상수 c에
대하여 $f(x)=c(x+1)^3(x-2)$이어야 하고
$f'(2)=45$이어야 하므로
$f'(x)=3c(x+1)^2(x-2)+c(x+1)^3$에서
$27c=45 \Rightarrow \therefore c=\dfrac{5}{3}$

따라서 $f(x)=\dfrac{5}{3}(x+1)^3(x-2)$이다.

$f(-4)=\dfrac{5}{3} \times (-3)^3 \times (-6)=270>0$이므로

$h(-4)=f(-4)=270$이다.

10회

수능고쟁이 미니모의고사

1. ③	**2.** ①	**3.** ①	**4.** ②	**5.** ③
6. 6	**7.** 625	**8.** 32		

1. 함수의 극한과 연속

정답 ③

문제 다시 보기

최고차항의 계수가 a인 이차함수 $f(x)$가

$$\lim_{x \to a} \frac{f(x) - a}{f(x) + a} = \frac{4}{5}$$

를 만족시킨다. $f(0) = f(2) = -6$이 성립하도록 하는 양수 a의 값은?

① $\dfrac{1 + \sqrt{11}}{2}$ ② $\dfrac{2 + \sqrt{22}}{2}$ ③ $\dfrac{3 + \sqrt{33}}{2}$

④ $2 + \sqrt{11}$ ⑤ $\dfrac{5 + \sqrt{55}}{2}$

$f(a) = -a$이면 $\lim\limits_{x \to a} \dfrac{f(x) - a}{f(x) + a}$ 는 발산하고

$f(a) = a$이면 $\lim\limits_{x \to a} \dfrac{f(x) - a}{f(x) + a} = 0$이다.

따라서 $f(a) \neq \pm a$이므로

$\lim\limits_{x \to a} \dfrac{f(x) - a}{f(x) + a} = \dfrac{f(a) - a}{f(a) + a} = \dfrac{4}{5}$ 에서

$f(a) = 9a$이다.　　　　　　　　……㉠

한편 함수 $f(x)$의 최고차항의 계수가 a이고

$f(0) = f(2) = -6$이므로

$f(x) = ax(x-2) - 6$이라 하면

$f(a) = a^2(a-2) - 6$이다.　　　　……㉡

㉠, ㉡에 의하여

$a^3 - 2a^2 - 9a - 6 = 0$

$(a+1)(a^2 - 3a - 6) = 0$

$\therefore a = \dfrac{3 + \sqrt{33}}{2}$

2. 적분

정답 ①

문제 다시 보기

양수 t에 대하여 두 곡선 $y = x^2$, $y = (x-t)^2$과 x축으로 둘러싸인 부분의 넓이를 $f(t)$라 하자. $f'(a) = 9$를 만족시키는 양수 a의 값은?

① 6　　② 7　　③ 8　　④ 9　　⑤ 10

다음 그림과 같이 두 곡선 $y = x^2$, $y = (x-t)^2$은 서로 직선 $x = \dfrac{t}{2}$에 대하여 대칭이다.

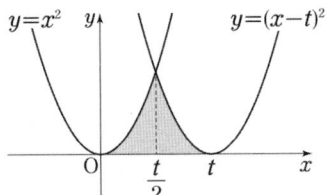

따라서

$$f(t) = 2\int_0^{\frac{t}{2}} x^2\, dx = 2\left[\frac{x^3}{3}\right]_0^{\frac{t}{2}} = \frac{t^3}{12} \text{이고}$$

$f'(t) = \dfrac{t^2}{4}$이다.

$f'(a) = 9$, 즉 $\dfrac{a^2}{4} = 9$를 만족시키는 양수 a의 값은 6이다.

3. 함수의 극한과 연속

정답 ①

문제 다시 보기

두 함수

$$f(x) = \begin{cases} 2x + 4 & (x < 1) \\ a & (x \geq 1) \end{cases},$$

$$g(x) = \begin{cases} b & (x < b) \\ b + 1 & (x \geq b) \end{cases}$$

가 있다. 함수 $f(x)g(x)$가 실수 전체의 집합에서 연속이 되도록 하는 두 실수 a, b의 모든 순서쌍 (a, b)에 대하여 ab의 값의 합은?

① -9　② -10　③ -11　④ -12　⑤ -13

$\lim\limits_{x \to 1-} f(x) = 6$, $f(1) = \lim\limits_{x \to 1+} f(x) = a$이므로

$a = 6$일 때 함수 $f(x)$는 $x = 1$에서 연속이고,

$a \neq 6$일 때 함수 $f(x)$는 $x = 1$에서 불연속이다.

$\lim\limits_{x \to b-} g(x) = b$, $g(b) = \lim\limits_{x \to b+} g(x) = b+1$이므로

함수 $g(x)$는 항상 $x = b$에서 불연속이다.

ⅰ) $b < 1$인 경우

함수 $f(x)$는 $x = b$에서 연속,

함수 $g(x)$는 $x = b$에서 불연속이므로

함수 $f(x)g(x)$가 $x = b$에서 연속이려면

$f(b) = 0$, 즉 $2b+4 = 0$에서 $b = -2$이어야 한다.

이때 함수 $g(x)$는 $x = 1$에서 연속이고 $g(1) \neq 0$이므로

함수 $f(x)g(x)$가 $x = 1$에서 연속이려면

함수 $f(x)$가 $x = 1$에서 연속, 즉 $a = 6$이어야 한다.

이 경우 $ab = 6 \times (-2) = -12$이다.

ⅱ) $b = 1$인 경우

함수 $f(x)g(x)$가 $x = 1$에서 연속이려면

$\lim\limits_{x \to 1-} f(x)g(x) = f(1)g(1) = \lim\limits_{x \to 1+} f(x)g(x)$,

즉 $6 \times 1 = a \times 2$이어야 하므로 $a = 3$이다.

이 경우 $ab = 3 \times 1 = 3$이다.

ⅲ) $b > 1$인 경우

함수 $f(x)$는 $x = b$에서 연속,

함수 $g(x)$는 $x = b$에서 불연속이므로

함수 $f(x)g(x)$가 $x = b$에서 연속이려면

$f(b) = 0$, 즉 $a = 0$이어야 한다.

이때 함수 $f(x)$는 $x = 1$에서 불연속이고

함수 $g(x)$는 $x = 1$에서 연속이면서 $g(1) \neq 0$이므로

함수 $f(x)g(x)$는 $x = 1$에서 불연속이다.

ⅰ)~ⅲ)에 의하여 모든 순서쌍 (a, b)에 대한 ab의 값의 합은 $(-12) + 3 = -9$이다.

참고

실수 전체의 집합에서 정의된 두 함수 $i(x)$, $j(x)$에 대하여

ⅰ) 두 함수 $i(x)$, $j(x)$가 모두 $x = k$에서 연속일 때

함수 $i(x)j(x)$는 $x = k$에서 연속이다.

ⅱ) 함수 $i(x)$가 $x = k$에서 연속, 함수 $j(x)$가 $x = k$에서 불연속일 때

$i(k) = 0$이면 함수 $i(x)j(x)$는 $x = k$에서 연속이고,

$i(k) \neq 0$이면 함수 $i(x)j(x)$는 $x = k$에서 불연속이다.

ⅲ) 두 함수 $i(x)$, $j(x)$가 모두 $x = k$에서 불연속일 때

$\lim\limits_{x \to k-} i(x)j(x)$, $i(k)j(k)$, $\lim\limits_{x \to k+} i(x)j(x)$의 값을 구해야 한다.

세 값이 모두 같으면 함수 $i(x)j(x)$는 $x = k$에서 연속이고,

세 값 중 어느 하나라도 다르면 함수 $i(x)j(x)$는 $x = k$에서 불연속이다.

4. 미분

정답 ②

문제 다시 보기

최고차항의 계수가 1인 삼차함수 $f(x)$에 대하여 함수

$$g(x) = \begin{cases} 2x+1 & (x < 0) \\ f(x) & (x \geq 0) \end{cases}$$

가 실수 전체의 집합에서 미분가능하다. 방정식 $|g(x)| = 1$의 서로 다른 실근의 개수가 3일 때, $f(2)$의 값은?

① $13 - 6\sqrt{2}$ ② $13 - 8\sqrt{2}$ ③ $14 - 6\sqrt{2}$

④ $14 - 8\sqrt{2}$ ⑤ $15 - 6\sqrt{2}$

$h(x) = 2x+1$이라 하자.

실수 전체의 집합에서 미분가능한 함수 $g(x)$는

$x = 0$에서 연속이므로 $f(0) = h(0) = 1$이고

$x = 0$에서 미분가능하므로

$f'(0) = h'(0) = 2$이다.   ······ ㉠

한편 $|g(x)| = \begin{cases} |2x+1| & (x < 0) \\ |f(x)| & (x \geq 0) \end{cases}$이고

$x \leq 0$에서 방정식 $|2x+1| = 1$의 실근은 $x = -1$,

$x = 0$이므로

방정식 $|g(x)| = 1$의 서로 다른 실근의 개수가 3이려면

$x > 0$에서 방정식 $|f(x)| = 1$의 실근의 개수가 1이어야 한다.

이때 $f(0) = 1$, $f'(0) > 0$이므로 $(\because$ ㉠$)$

$x > 0$에서 함수 $f(x)$의 극솟값이 존재하지 않거나 극솟값이 1보다 크면

방정식 $|f(x)| = 1$ $(x > 0)$의 실근은 존재하지 않고,

$x > 0$에서 함수 $f(x)$의 극솟값이 1이면

방정식 $|f(x)| = 1$ $(x > 0)$의 실근의 개수는 1이고,

$x > 0$에서 함수 $f(x)$의 극솟값이 1보다 작으면

방정식 $|f(x)| = 1$ $(x > 0)$의 실근의 개수는 2 이상이다.

따라서 다음 그림과 같이 함수 $f(x)$가 $x = p$ $(p > 0)$에서 극솟값 1을 갖는다고 하면

$f(p) = 1$이고 $f'(p) = 0$이다.

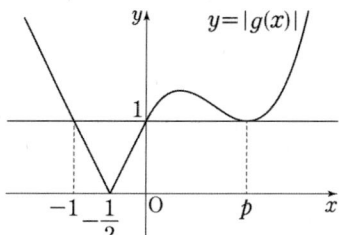

따라서 $f(x) - 1 = x(x-p)^2$이므로

$f(x) = x^3 - 2px^2 + p^2x + 1$이다.

$f'(x) = 3x^2 - 4px + p^2$이므로

$f'(0) = p^2 = 2$, 즉 $p = \sqrt{2}$이다. $(\because$ ㉠, $p > 0)$

즉, $f(x) = x^3 - 2\sqrt{2}x^2 + 2x + 1$이다.

$\therefore f(2) = 8 - 8\sqrt{2} + 4 + 1 = 13 - 8\sqrt{2}$

5. 미분 정답 ③

문제 다시 보기

음의 실수 t에 대하여 닫힌구간 $[t, t+1]$에서 함수
$f(x) = x^3 - 3t^2 x$의 최솟값을 $g(t)$라 할 때, <보기>에서 옳은
것만을 있는 대로 고른 것은?

─────〈보 기〉─────

ㄱ. $g\left(-\dfrac{1}{2}\right) = -\dfrac{1}{4}$

ㄴ. $-\dfrac{1}{2} \le t < 0$일 때 $g(t) = f(-t)$이다.

ㄷ. 방정식 $g(t) = -1$의 서로 다른 실근의 개수는 1이다.

① ㄱ　　　　② ㄴ　　　　③ ㄱ, ㄴ
④ ㄴ, ㄷ　　　⑤ ㄱ, ㄴ, ㄷ

ㄱ. $t = -\dfrac{1}{2}$일 때

　$f(x) = x^3 - \dfrac{3}{4}x$이고 $f'(x) = 3\left(x+\dfrac{1}{2}\right)\left(x-\dfrac{1}{2}\right)$이다.

구간 $\left(-\dfrac{1}{2}, \dfrac{1}{2}\right)$에서 $f'(x) < 0$이므로

닫힌구간 $\left[-\dfrac{1}{2}, \dfrac{1}{2}\right]$에서 함수 $f(x)$는 $x = \dfrac{1}{2}$일 때

최솟값을 갖는다.

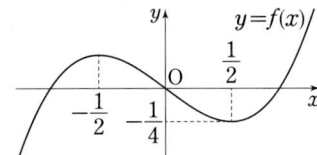

$\therefore g\left(-\dfrac{1}{2}\right) = f\left(\dfrac{1}{2}\right) = \dfrac{1}{8} - \dfrac{3}{8} = -\dfrac{1}{4}$ (참)

ㄴ. $f(x) = x^3 - 3t^2 x$에서

　$f'(x) = 3x^2 - 3t^2 = 3(x-t)(x+t)$이므로
함수 $f(x)$는 $x = t$에서 극대, $x = -t$에서 극소이다.
구간 $[t, t+1]$에서 함수 $f(t)$의 최솟값은
$t+1 < -t$일 때 $g(t) = f(t+1)$이고,
$t+1 \ge -t$일 때 $g(t) = f(-t)$이다.

즉, $-\dfrac{1}{2} \le t < 0$일 때 $g(t) = f(-t)$이다. (참)

ㄷ. $g(t) = \begin{cases} -2t^3 + 3t + 1 & \left(t < -\dfrac{1}{2}\right) \\ 2t^3 & \left(-\dfrac{1}{2} \le t < 0\right) \end{cases}$ 이므로

$g'(t) = \begin{cases} -6t^2 + 3 & \left(t < -\dfrac{1}{2}\right) \\ 6t^2 & \left(-\dfrac{1}{2} < t < 0\right) \end{cases}$ 이다.

이때 $g'(t) = 0$에서 $t = -\dfrac{1}{\sqrt{2}}$이고

구간 $\left(-\infty, -\dfrac{1}{\sqrt{2}}\right)$에서 $g'(t) < 0$이고

구간 $\left(-\dfrac{1}{\sqrt{2}}, 0\right)$에서 $g'(t) > 0$이므로

함수 $g(t)$는 $t = -\dfrac{1}{\sqrt{2}}$에서 극소이자 최소이다.

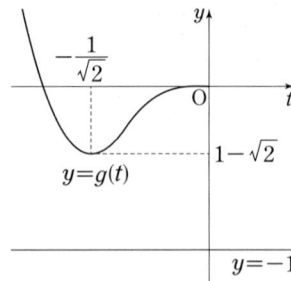

이때 $g\left(-\dfrac{1}{\sqrt{2}}\right) = 1 - \sqrt{2} > -1$이므로

방정식 $g(t) = -1$의 실근은 존재하지 않는다. (거짓)
따라서 옳은 것은 ㄱ, ㄴ이다.

6. 적분 정답 6

문제 다시 보기

최고차항의 계수가 1인 삼차함수 $f(x)$가 모든 양의 실수 x에
대하여

$$-x + 1 \le \frac{f(x)}{x} \le \int_0^x f(t)dt + 1$$

을 만족시킨다. $f(1) = 1$일 때, $f(2)$의 값을 구하시오.

$g(x) = -x+1$, $h(x) = \displaystyle\int_0^x f(t)dt + 1$이라 하면

$\displaystyle\lim_{x \to 0+} g(x) = \lim_{x \to 0+} h(x) = 1$이므로 $\displaystyle\lim_{x \to 0+} \frac{f(x)}{x} = 1$이다.

따라서 $f(0) = 0$이고, 함수 $f(x)$가 삼차함수이므로

$\displaystyle\lim_{x \to 0+} \frac{f(x)}{x} = \lim_{x \to 0} \frac{f(x) - f(0)}{x} = f'(0) = 1$

이다.

따라서 $f(x) = x^3 + ax^2 + x$이고, $f(1) = 1$이므로
$a = -1$이다.

즉, $f(x) = x^3 - x^2 + x$에서 $f(2) = 6$이다.

문제 다시 보기

함수 $f(x) = a\left(\dfrac{x^4}{4} - \dfrac{b}{3}x^3 - b^2x^2\right)$에 대하여 $f(b) > 0$이고

$f'(b) < 0$일 때, 함수 $f(x)$는 $x = 0$, $x = a$, $x = a^2 - 5$에서

서로 다른 극값을 갖는다. $80(a^2 + b^2)$의 값을 구하시오.

(단, a, b는 $ab \neq 0$인 상수이다.)

$f(x) = a\left(\dfrac{x^4}{4} - \dfrac{b}{3}x^3 - b^2x^2\right)$에서

$f'(x) = a(x^3 - bx^2 - 2b^2x)$

$\qquad = ax(x^2 - bx - 2b^2)$

$\qquad = ax(x + b)(x - 2b)$

이므로 함수 $f(x)$는 $x = 0$, $x = -b$, $x = 2b$에서 극값을

가지며

a, b의 부호에 따른 함수 $y = f(x)$의 그래프는 다음 그림과

같다.

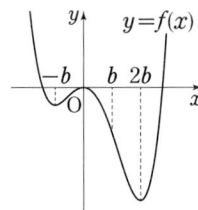

[$a > 0$, $b > 0$일 때]

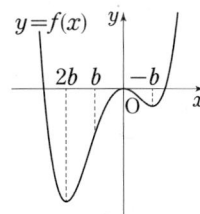

[$a > 0$, $b < 0$일 때]

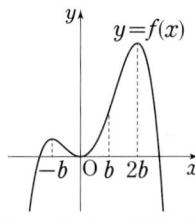

[$a < 0$, $b > 0$일 때]

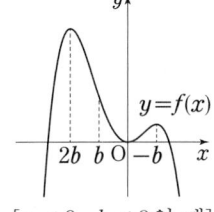

[$a < 0$, $b < 0$일 때]

따라서 $f(b) > 0$, $f'(b) < 0$을 만족시키려면

$a < 0$, $b < 0$이어야 한다.

이때 함수 $f(x)$가 $x = 0$, $x = a$, $x = a^2 - 5$에서 극값을

갖는다고 주어졌으므로

$a = 2b$이고 $a^2 - 5 = -b$이다.

두 식을 연립하여 정리하면

$4b^2 + b - 5 = 0$,

$(4b + 5)(b - 1) = 0$

$b = -\dfrac{5}{4}$이고 $a = -\dfrac{5}{2}$이다. ($\because \ a < 0$, $b < 0$)

$\therefore \ 80(a^2 + b^2) = 80\left(\dfrac{25}{16} + \dfrac{25}{4}\right) = 125 + 500 = 625$

문제 다시 보기

최고차항의 계수가 1이고 $f(0) = 0$을 만족시키는 삼차함수

$f(x)$에 대하여 함수

$$g(x) = \begin{cases} f(x) & (f(x) \geq x) \\ x & (f(x) < x) \end{cases}$$

가 다음 조건을 만족시킬 때, $g(4)$의 값을 구하시오.

(가) 함수 $g(x)$가 미분가능하지 않은 점의 개수는 1이다.

(나) $\displaystyle\int_0^1 g(x)dx = \int_0^1 \{f(x) + x\}dx$

$f(0) = 0$이므로 함수 $y = f(x)$의 그래프와 직선 $y = x$는

원점에서 만난다.

이때 $x > 0$일 때 $f(x) \geq x$이면 $0 < x < 1$에서

$g(x) = f(x)$이다.

따라서 $\displaystyle\int_0^1 g(x)dx = \int_0^1 f(x)dx$이므로 조건 (나)를

만족시키지 않는다. $\left(\because \displaystyle\int_0^1 xdx > 0\right)$

또한 조건 (가)를 만족시키기 위하여 함수 $y = f(x)$의

그래프와 직선 $y = x$는 다음 그림과 같이 $x = 0$에서 접하고,

$x > 0$에서 한 점에서 만나야 한다.

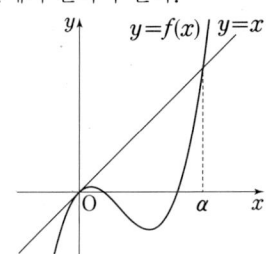

만나는 점의 x좌표를 $\alpha \, (\alpha > 0)$라 하면

$f(x) - x = x^2(x - \alpha)$이다.

ⅰ) $0 < \alpha \leq 1$인 경우

$0 \leq x \leq \alpha$에서 $g(x) = x$, $\alpha < x \leq 1$에서

$g(x) = f(x)$이므로

$\displaystyle\int_0^1 g(x)dx = \int_0^\alpha xdx + \int_\alpha^1 f(x)dx$

따라서 조건 (나)에서 $\displaystyle\int_0^\alpha f(x)dx + \int_\alpha^1 xdx = 0$이다.

$\displaystyle\int_0^\alpha (x^3 - \alpha x^2 + x)dx + \int_\alpha^1 xdx$

$= \left[\dfrac{x^4}{4} - \dfrac{\alpha x^3}{3} + \dfrac{x^2}{2}\right]_0^\alpha + \left[\dfrac{x^2}{2}\right]_\alpha^1$

$= \left(\dfrac{\alpha^4}{4} - \dfrac{\alpha^4}{3} + \dfrac{\alpha^2}{2}\right) + \left(\dfrac{1}{2} - \dfrac{\alpha^2}{2}\right)$

$= -\dfrac{\alpha^4}{12} + \dfrac{1}{2} = 0$

에서 $\alpha^4 = 6$, $\alpha^2 = \sqrt{6}$이므로 $0 < \alpha \leq 1$인 실수 α가

존재하지 않는다.

ii) $\alpha > 1$인 경우

$0 \le x \le 1$에서 $g(x) = x$이므로 $\displaystyle\int_0^1 g(x)dx = \int_0^1 x dx$

따라서 조건 (나)에서 $\displaystyle\int_0^1 f(x)dx = 0$이다.

$$\int_0^1 (x^3 - \alpha x^2 + x)dx = \left[\frac{x^4}{4} - \frac{\alpha x^3}{3} + \frac{x^2}{2}\right]_0^1$$

$$= \frac{1}{4} - \frac{\alpha}{3} + \frac{1}{2} = 0$$

에서 $\dfrac{\alpha}{3} = \dfrac{3}{4}$, $\alpha = \dfrac{9}{4}$이다.

ⅰ), ⅱ)에서 $f(x) = x^2\left(x - \dfrac{9}{4}\right) + x$이고

$x > \dfrac{9}{4}$에서 $g(x) = f(x)$이므로

$g(4) = 16 \times \dfrac{7}{4} + 4 = 32$

MEMO

MEMO